打箭炉志书点校

焦虎三 薛海燕 仲昭铭 点校

四川大學出版社
SICHUAN UNIVERSITY PRESS

项目策划：高庆梅
责任编辑：高庆梅
责任校对：张　露
封面设计：墨创文化
责任印制：王　炜

图书在版编目（CIP）数据

打箭炉志书点校 / 焦虎三，薛海燕，仲昭铭点校
. — 成都 : 四川大学出版社，2021.7
（川藏茶马古道文献集成丛书）
ISBN 978-7-5690-5184-1

Ⅰ. ①打… Ⅱ. ①焦… ②薛… ③仲… Ⅲ. ①康定—地方志—清代 Ⅳ. ①K297.14

中国版本图书馆 CIP 数据核字（2021）第 244399 号

书名　打箭炉志书点校

点 校 者	焦虎三　薛海燕　仲昭铭
出　　版	四川大学出版社
地　　址	成都市一环路南一段 24 号（610065）
发　　行	四川大学出版社
书　　号	ISBN 978-7-5690-5184-1
印前制作	四川胜翔数码印务设计有限公司
印　　刷	四川盛图彩色印刷有限公司
成品尺寸	170mm×240mm
印　　张	16.5
字　　数	284 千字
版　　次	2021 年 12 月第 1 版
印　　次	2021 年 12 月第 1 次印刷
定　　价	78.00 元

◆ 读者邮购本书，请与本社发行科联系。
电话：(028)85408408/(028)85401670/
(028)86408023　邮政编码：610065
◆ 本社图书如有印装质量问题，请寄回出版社调换。
◆ 网址：http://press.scu.edu.cn

四川大学出版社
微信公众号

目　录

总　序　关于加紧抢救少数民族濒危文化的建议 ……………… 冯骥才（ 1 ）
序　言　铸造牢不可破的中华民族共同体意识：跨世纪的藏学汉文文献整理工作概述……………………………………………………………（ 4 ）
前　言　川藏茶马古道与打箭炉志书……………………………………………（ 90 ）

乾隆《打箭炉志略》

建　置……………………………………………………………………………（119）
疆　域……………………………………………………………………………（120）
职　官……………………………………………………………………………（121）
山　川　形胜古迹附…………………………………………………………（122）
津　渡　关隘附…………………………………………………………………（124）
城　垣……………………………………………………………………………（127）
廨　字（宇）　驿馆附…………………………………………………………（129）
营　汛……………………………………………………………………………（131）
坛　庙……………………………………………………………………………（133）
台　务……………………………………………………………………………（135）
关　榷……………………………………………………………………………（137）
土　司……………………………………………………………………………（138）
驿　递　铺司附…………………………………………………………………（151）
夷　赋……………………………………………………………………………（152）

赏　赍…………………………………………………………………………（153）
土　俗…………………………………………………………………………（155）

光绪《打箭厅志》

叙……………………………………………………………………………（160）
卷上目录………………………………………………………………………（161）
星　野…………………………………………………………………………（163）
舆　图…………………………………………………………………………（164）
建置沿革………………………………………………………………………（167）
疆　域…………………………………………………………………………（182）
山　川…………………………………………………………………………（183）
形　势…………………………………………………………………………（184）
关　隘…………………………………………………………………………（185）
城　池…………………………………………………………………………（186）
衙　署…………………………………………………………………………（187）
坛　庙…………………………………………………………………………（188）
津　梁…………………………………………………………………………（189）
古　迹…………………………………………………………………………（190）
赋　役…………………………………………………………………………（191）
盐　政…………………………………………………………………………（192）
茶　政…………………………………………………………………………（193）
邮　政…………………………………………………………………………（194）
乡　里…………………………………………………………………………（195）
物　产…………………………………………………………………………（196）
水　利…………………………………………………………………………（197）
风　俗…………………………………………………………………………（198）
岁　支…………………………………………………………………………（199）
库　储…………………………………………………………………………（200）
仓　储…………………………………………………………………………（201）

税　课…………………………………………………………………………………………（202）
夷　赋…………………………………………………………………………………………（203）

卷下目录………………………………………………………………………………………（204）
兵　制…………………………………………………………………………………………（205）
屯　政…………………………………………………………………………………………（207）
筹　边…………………………………………………………………………………………（209）
土　司…………………………………………………………………………………………（213）
厅至里塘路程…………………………………………………………………………………（226）
里至巴塘路程…………………………………………………………………………………（228）
巴至察木多路程………………………………………………………………………………（229）
察木多至拉里路程……………………………………………………………………………（231）
拉里至藏路程…………………………………………………………………………………（233）
附　录…………………………………………………………………………………………（235）

附　录

渔通问俗………………………………………………………………………………………（241）

参考资料………………………………………………………………………………………（245）

历史在它该在的地方…………………………………………………………………………（252）

总　序

关于加紧抢救少数民族濒危文化的建议[①]

冯骥才

我国有55个少数民族，他们遍布全国，经济多样，生存环境各异，社会历史阶段和经济发展基础不一，其文化底蕴深厚，特征独具，相互迥异，夺目迷人。少数民族为灿烂多姿的中华文明的形成和发展做出了不可磨灭的贡献。他们的文化是中华文明的重要组成部分，是人类文化宝库中的珍贵遗产，也是各个民族安身立命之根本，是他们的身份与各民族精神之所在。

由于历史与地理条件等诸多原因，少数民族地区的经济和社会长期滞后，人民生活相对贫困。在经历新中国建设特别是改革开放以来，少数民族地区进入崭新的发展时期。特别是随着国家扶贫力度的加大和西部大开发的推进，少数民族地区的经济、生活和社会正在发生空前的急速的翻天覆地的变化。这是人民企盼的，也是历史发展和进步之必然。但也要看到，在这巨大的变革中，一些民族的传统与文化面临着濒危与消亡，值得我们特别关注和着意应对。

当前，在强大的经济一体化浪潮中，面对来势迅猛的西方化、汉族化、单一化、消费化，处于弱势的少数民族文化无力应对，只有随着潮流改变自己。很多富起来的地区，少数民族传统民居已经被“小洋楼”取代，民族服装服饰及其工艺日渐式微。由于没有相关的保护法规，古董贩子乃至外国人在少数民

---

① 本文原题《关于加紧抢救少数民族濒危文化的提案》，收入冯骥才《灵魂不能下跪：冯骥才文化遗产思想学术论集》，宁夏人民出版社，2007年。又题为《关于加紧抢救少数民族濒危文化的建议》，发表于《凯里学院学报》2008年2月第26卷第1期。

族地区肆意廉价地搜寻宝贵的文化遗存。越来越多的少数民族年轻一代外出打工，远离自己的传统。不少地方听唱史诗的，已经不是当地的年轻人而是旅游者。学校教育缺少民族文化内容，青年人对自己的文化传统缺乏必要的认识，缺少必要的感情。民间文化的传人——老艺人、匠人、歌手、乐师、舞者、故事家、民俗传人相继去世，很多经典文化已经无人传承。如今，民族语言在不少村寨已不复使用。一些民族语言（如赫哲语、满语、塔塔尔语、畲语、达让语、阿侬语、仙岛语、苏龙语、普标语等），会使用的都不多。随着最后一个鄂伦春人的迁徙和定居农区，他们的狩猎文化至此终结。这些形成并发展了成百上千年的民族文化板块正在瓦解。

在今天这样一个高速发展的时代，如何抢救和保护少数民族文化是一个历史性的大课题，也是全世界都没有找到最佳方案的大挑战。但是如果不加紧抢救、记录、保护，就是对历史的犯罪，有悖于当今国际对待文化遗产的文明观，有悖于先进文化建设的性质规定，有悖于民族平等的社会理想。故此建议：

（1）加快我国非物质文化遗产的保护立法。立法保护的重点应是少数民族文化。

（2）民族区域自治地区的现代化，要持整体的和谐的发展观。要把保护和发展民族文化，作为衡量该地区官员政绩的重要内容。国家要加大民族地区濒危文化抢救和保护的财政投入。

（3）我国民族多，文化繁多，在保护上不能项目化，而应该体系化。项目保护是枝节保护，体系保护是整体保护。故建议由国家民委牵头，建立国家权威的中国少数民族文化数据库。以图片、文字、录音、录像多种技术手段，综合地存录民族文化资料。各民族自治区域应制定文化抢救方案和保护体系。选择一些少数民族自治区域做经济、文化、社会协调发展的试点。取得经验，进而推广，逐步形成严格、严密与科学的中国少数民族文化保护体系和民族发展的科学模式。

（4）对一个小民族的迁徙，一种重要民族文化形式的消失，乃至杰出民间文化传承人的故去，都要给予极大的关注，应做到事前有紧急抢救，即及时开展抢救性记录、调查和整理。有关部门应在财政上给予保障。

（5）设立少数民族文化抢救基金。募资并资助少数民族文化重要形式的抢救，并唤起社会各界对少数民族文化的关爱、尊重与保护。

（6）在全国各地学校教育中开设有关我国各少数民族的文化成就与重要特征的课程，增进民族间的学习与了解；在民族区域自治地区和少数民族较集中地区开展本民族或多民族文化知识的学习与鉴赏，传承民族文化，培养民族情感，强化民族审美。应该组织好此类教材的编写，使之具有科学性、文化性、可读性。

（7）确定和设立少数民族文化遗产日，开展综合性的关涉各个少数民族文化的宣传展示活动，提高少数民族传承自己文化的自觉。

（8）建议由国家民委牵头，定期组织高层次、多部门、多学科的关于少数民族地区文化和经济协调发展的研讨；研究与探索现代化进程中文化保护与经济发展、传统文化与现代文化和谐发展之路；研究民族民间的建筑、服饰、生活用具的设计与民间工艺的发展关系，以使民族文脉循序进展。

当前，我国少数民族文化受到冲击的趋势正在日益加大，濒危是全方位的，抢救和保护已是刻不容缓。少数民族文化不能最终只是一种旅游资源。文化是民族的根本，失去文化便意味着民族的消失，故此希望国家从事关少数民族兴衰存亡的角度考虑这一十分紧迫的工作，尽快制订计划与措施，变被动为主动，使中华各民族的经济与文化共存共荣，交相辉映，永葆中华文明的灿烂多姿。

序　言

铸造牢不可破的中华民族共同体意识：跨世纪的藏学汉文文献整理工作概述

藏族自古以来就是中华民族大家庭中的重要一员，藏族人民的命运与祖国息息相关。

2018 年 8 月 21 日，习近平总书记在全国宣传思想工作会议上强调："中华优秀传统文化是中华民族的文化根脉，其蕴含的思想观念、人文精神、道德规范，不仅是我们中国人思想和精神的内核，对解决人类问题也有重要价值。要把优秀传统文化的精神标识提炼出来、展示出来，把优秀传统文化中具有当代价值、世界意义的文化精髓提炼出来、展示出来。"[①] 2019 年 8 月 19 日，习近平总书记在《在敦煌研究院座谈时的讲话》中又特别指出："要加强对国粹传承和非物质文化遗产保护的支持和扶持，加强对少数民族历史文化的研究，铸牢中华民族共同体意识。"[②] 在历史的长河中，浩如烟海的藏学汉文文献是汉藏民族命运相系、休戚与共的历史见证。

一、藏学文献与藏学汉文文献的概念及分类

依据"文献"的本质属性，根据藏学文献自身实际与特点，学界认为藏学

① 新华社：《习近平：胸怀大局把握大势着眼大事　努力把宣传思想工作做得更好》，《人民日报》2013 年 8 月 21 日 1 版。

② 习近平：《在敦煌研究院座谈时的讲话》，《求是》2020 年第 3 期。

文献是指记录有关藏族及涉藏地区知识的一切载体。“换言之：‘凡记录有关藏族及藏族地区的知识的一切载体都属于藏学文献。’从这个内涵出发，藏学文献的外延也是十分宏广的，它不但包括现代各国图书馆收藏的全部藏学文献，也包括档案馆、博物馆、声像馆、情报中心及藏族地区寺院和其他地区有关寺院乃至私人所藏的一切用文字、图形、符号、声频、视频等手段，记录和描绘有关藏族及藏族地区的知识的一切载体。它不仅包括国内所有的藏学文献，也包括国外用不同文字及其它形式形成和收藏的全部藏学文献。”①

在藏学文献的分类上，有学者按五种标准对其进行了细分②：

划分藏学文献类型一般可采用以下几种标准：

(1) 按藏学文献内容性质划分，主要有：

A、指导性文献：主要指党和政府发表的有关西藏及其他藏区的决议、批示、法令以及领导人的报告、讲话等有关文件。

B、科学著作：包括古今中外藏学专家、学者及一般作者的学术论著和资料汇编等。

C、文学艺术作品：包括古今中外有关藏族文艺理论及小说、故事、民间文学、诗词、图片、画册、唐嘎、戏剧等。

D、通俗读物：主要指藏学中用于普及科学文化知识的出版物，这在藏学古文献中不多见，在现代藏学文献中则大量存在。

E、教科书：主要指根据西藏及其它藏区实际编制印刷的大中小学教材。

F、工具书：包括藏学文献中的参考工具书和检索工具书。藏学文献中的辞书不仅有悠久历史，种类繁多，而且形成了独特的编纂方式。

G、记述性文献：主要指古代藏学文献中的金石铭刻和简牍、档案。

H、特种文献：这是现代藏学文献中的一些出版比较特殊的科学技术资料，主要包括科技报告、会议文献、专利文献、技术标准、学位论文等等，有公开出版的，也有内部发行的。

---

① 吕桂珍：《藏学文献及藏学文献学刍议》，《西藏民族学院学报》（社会科学版）1993年第2期。

② 吕桂珍：《藏学文献及藏学文献学刍议》，《西藏民族学院学报》（社会科学版）1993年第2期。

（2）按学科内容划分藏学文献，主要有哲学文献、政治文献、历史文献、文学艺术文献、文化教育文献、语言文字文献、宗教文献、经济文献、档案文献、科技文献、天文历算文献和藏医文献等等。

（3）按出版形式划分藏学文献，主要有刻写文献（如金石铭文）、手抄文献、印刷文献、缩微文献、机读文献、视听文献。

（4）按文种划分藏学文献，主要有藏文文献（这是藏学文献的主体），汉文藏学文献，英文藏学文献，日文藏学文献，俄文藏学文献，德文藏学文献，拉丁文藏学文献等等。这些文种的文献数量也不少，它们都是藏学文献的组成部分。

（5）按时代划分藏学文献，有古代藏学文献、近代藏学文献和现代藏学文献。

按照以上藏学文献分类，藏学汉文文献是按文种划分的文献。“藏学汉文文献是指用汉文记载下来的有关西藏和藏事的专门著作、专题文献以及汉文古籍中大量散而不聚的涉藏资料。”① 在整理、研究中，有学者又称之为“汉文藏学文献”“涉藏文献（汉文）”“藏事汉文文献”“藏事史料”“藏学汉文历史文献”等，不论名称有何细微差异，其语言载体为汉文，区域以涉藏地区为主，主题为西藏及涉藏事宜，题材为著作、文论与历史档案、资料等，是学界公认的。②

藏学汉文文献依中国传统的文献分类，其涉及门类众多，今简述如下：

（一）史部

纪传体史书：《后汉书·南蛮西南夷列传》首开西南少数民族史书之先河。自此以后，纪传体史书中涉藏文献层出不穷，尤以《清史稿》为盛。

编年体史书：从宋之《资治通鉴》至清之《续资治通鉴》，都有部分涉藏

① 王宝红：《清代藏学汉文文献与大型语文辞书的编纂》，《贺州学院学报》2014 年第 1 期。

② 我们认为“藏学汉文文献”“藏事汉文文献”等为专题文献，现学界一般以区域为划分标准。而“涉藏文献”外延更加宽泛。比如《乾隆雅州府志》、《咸丰天全州志》等，未列入“藏学汉文文献”，但志书中有大量川藏茶马古道的文献史料，将之视为“涉藏文献”也是妥切的。故在本书中，我们对“藏学汉文文献”的指涉持开放的态度。换而言之，本文中“藏学汉文文献”是泛指藏地、藏事与涉藏、言藏的汉文文献。

文献。

纪事本末体：《明史纪事本末》《明史纪事本末补编》《续明史纪事本末》《三藩纪事本末》《续资治通鉴纪事本末》《清史纪事本末》中有部分涉藏文献。

政书：“十通”“会要”“会典”中也存有涉藏文献。如宋之《文献通考》《宋会要辑稿》，明之《大明会典》。

地理：自《水经注》始，举凡地理类下沿革、总志、地方志、地图等藏学汉文文献最为丰富。

（二）集部

历代诗文集中，广布涉藏文献，尤以清季最丰。其较早有唐《孙可之文集》，至宋有《净德集》《山谷别集》等，明有《震川先生集》《王氏家藏集》等，清则蔚为大观，有《墨麟诗集》《白华诗钞》《百一山房诗集》等，民初又有《苌楚斋三笔》《晚晴簃诗汇》《清诗纪事》等。

（三）类书与丛书

类书与丛书以清代官修《四库全书》为代表。其种类繁多，数量庞大，卷帙浩繁。

（四）文物与考古

此类中，举凡简牍、碑刻、敦煌文书与明清档案，均有涉藏文献，尤以敦煌文书、清季档案最为丰富。

在藏学汉文文献整理工作中，有学者将这批文献分为两大类，即基本史料类与专题史料类。基本史料类收录了目前能够看到的所有史料，史料的种类非常多，而且没有加以区分，凡是“涉藏”，全部收录；专题史料类主要包括历史档案、方志、边政、治藏等专题史料。[①]

① 参见王川：《40年来近现代康藏汉文史料的整理与研究》，《四川师范大学学报》（社会科学版）2019年第1期。

二、藏学汉文文献整理的价值与意义

历朝历代沉积的藏学汉文文献浩如烟海，种类繁杂，由于各种客观原因与条件限制，至今无法对这些文献数量作出准确计量。对之进行科学而系统的挖掘、整理，加以校勘、笺注与注释，展开学术研究，创新传播方式，具有重大的现实意义。

第一，藏学汉文文献里历代的皇宫档案、公文与折片中，有大量的西藏地方政府归属中央政府、西藏是中国领土神圣不可分割之一部分的权威记载，铁证如山，对于维护祖国统一与领土完整具有重要意义。

2013年3月9日，习近平总书记来到十二届全国人大一次会议西藏代表团参加分组审议。他强调："西藏是我国重要的国家安全屏障和生态安全屏障，在党和国家战略全局中居于重要地位。治国必治边、治边先稳藏。"①

自从元朝将西藏正式纳入中原王朝版图以后，中央政府与西藏地方政府联系日趋紧密，大量公文、折片往来汉藏之间，其中公文绝大部分为汉文文献，特别是历代治理西藏的法规文献和涉及藏事的奏折、朱批与上谕，几乎全为汉文文献。以清季为例，便有"青海善后事宜"十三条、"西藏善后章程"十三条、"钦定藏内善后章程"二十九条、《钦定大清会典》《钦定大清会典（理藩院）事例》及部分驻藏大臣与中央政府的一些奏折和皇帝的谕旨等。今人整理有《唐宋元明清藏事史料汇编》一书，颇便研究，有学者评价：

> 该汇编中，最突出的是，将"青藏关系""蒙藏关系""驻藏大臣"等向来受到高度重视并一直有许多学者苦心研究的重大问题，立为专辑，与朝代专辑并列。"青藏关系""蒙藏关系"的史料在元、明、清朝代专辑中也有不少，但主要是在方针、政策和中央与地方的关系方面，而在专辑中，多为具体事件，以及大量的地方史料。"蒙藏关系"除收录《亲征平定朔漠》《平定准噶尔纪略》等名著外，重点收录了大批蒙古史志资料，其中有少数是清代抄稿本，例如《古丰识略》《归绥识略》《归绥厅志草

① 新华社：《习近平李克强张德江俞正声王岐山分别参加全国人大会议一些代表团审议》，《人民日报》2013年3月10日1版。

稿》等，都是首次面世。这些都是研究西藏与蒙古政治、文化、宗教关系，以及藏传佛教在蒙古等重大历史问题的难得资料。《驻藏大臣传记史料长编》是一个重大课题，但从学术研究的角度来说，还是一个亟待开发研究的原生态区，除一两本简要介绍和数量有限的论文之外，系统、全面和深入研究的扛鼎之作尚未面世，其重要的原因是史料匮乏。有鉴于此，编者从官书、档案、方志、家乘，以及驻藏官员的奏稿、书信、日记、碑刻、诗文集中，爬梳出有关史料，约计二三百万字，汇为长编（清代驻藏大臣120人左右，得一半），僻为一个专题史料库。①

藏学汉文文献整理工作出版的大批珍稀文献、档案，记载了从元朝伊始，上千年的时间里西藏地方政府归属中央政府的历史事实，给出了西藏是中国领土神圣不可分割之一部分的法理依据。这对于我们今天维护祖国统一与领土完整，仍具有重大意义。

第二，藏学汉文文献中历代的方志类史料，是传承汉藏历史文化、巩固民族团结的重要媒介。

编修地方志是中华民族的优秀文化传统。2013年8月19日，习近平总书记在全国宣传思想工作会议上发表重要讲话，指出："讲清楚中华文化积淀着中华民族最深沉的精神追求，是中华民族生生不息、发展壮大的丰厚滋养；讲清楚中华优秀传统文化是中华民族的突出优势，是我们最深厚的文化软实力。"②

方志是记述地方情况的史志，是研究历史的重要参考资料。现今涉藏的方志类史料，绝大部分为汉文文献，是包括藏族在内的中华民族的标志性传统文化形式之一，是中华民族特有的文化基因。"地方志不仅反映了我国各个时代、各个地区、各个民族的社会实际情况，还记载了各个地区的气候、地貌、山川、城镇、矿产、动植物等分布情况，成为我国自然、政治、经济、社会、文化的历史和现实记载的重要资料宝库、文化宝库、知识宝库，记载了前人和当

① 边吉：《中国藏学研究新硕果——〈唐宋元明清藏事史料汇编〉评介》，《中国藏学》2008年第4期。

② 新华社：《举旗帜聚民心育新人兴文化展形象　更好完成新形势下宣传思想工作使命任务》，《人民日报》2018年8月23日1版。

代人的实践活动和智慧经验。”[①] 如清季的《打箭炉志略》《拉萨厅志》《定瞻厅志》《波密县志》等，民国时期的《日喀则志稿》《阿里补志》等，均弥补了该地区此前无地方志的空白，为后人了解该地区历史与社会方面的情形提供了方便。

乾隆《雅州府志》、咸丰《天全州志》大量记载了茶马古道汉藏交往乃至“汉藏联姻”的史料。作为国内首部清季、民国南路边茶文献集录，《茶马古道“锅庄文化”文史调查与研究辑要》对此类史料，多有收录。又如从康熙王士祯《陇蜀余闻》中所记“打沙鸨”的汉藏联姻习俗，到1933年商务印书馆发行《青海西康两省》所记“（康定）居民约有四万，汉人居十分之六，藏人居十分之四，所有汉人也都能够讲西藏语”[②]，都记录了汉藏交往与民族相亲、文化融合的历史。这批方志史料所载的诸多当地历史、文化资料，为我们今天研究汉藏历史文化提供了重要信息。

第三，科学而系统地挖掘、整理藏学汉文文献，可以为我们治国理政提供智慧经验、历史借鉴。

藏学汉文文献保存了大量历代治藏的方略。去粗取精，去伪存真，以史为鉴汲取力量，对于我们今天建设美丽而和谐、进步而繁荣的涉藏地区，仍有重要的参考价值。比如吴丰培《清代藏事奏牍》中收录的清末张荫棠的奏折、刍议、说帖等，反映了其推行藏事改革的思想与努力；民国时期唐柯三《赴康日记》、黄慕松《使藏纪程》、格桑泽仁《康藏概况报告》等，可以从中总结出民国政府处理涉藏事件的经验与教训。

有学者分析和概括清代前期治疆、治藏方略为：“政治上，借用各民族原有行政管理体制的适用成分，给予各民族地区相应的自治权力。对其体制中不利于中央管辖的因素加以改造。军事上，在新疆采取重兵镇守、强边固防的政策，布防特点是划分防区、据守要冲、北重南轻、以北制南。在西藏采取以少量清军控扼要地，同时借四川、青海两地之力协助西藏稳固边防的政策。宗教方面，在对宗教采取保护、扶持政策的同时，对宗教实行一定程度的管理政策。经济方面，在新疆大力实施屯田垦荒、移民实边，以此带动全疆经济的发

① 王伟光：《盛世修志助力中国梦》，《人民日报》2015年9月10日10版。

② 刘虎如：《青海西康两省》，商务印书馆，1933年，第64页。

展，促进商业的繁荣和城镇的建设。对西藏经济予以扶持，免除全部赋税，以财政补贴方式进行‘输血’，同时加强监管，革除弊端。”① 在民国政府处理涉藏事件的经验与教训方面，有学者认为：“我们可以看出，在历次涉藏事件中，民国中央政府采取了各种因应策略和措施，藏族精英在其中也扮演着相当重要的角色。就西藏而言……独立的政治主张在民国时期的西藏政坛不仅没有占据主导地位，而且始终遭到‘内向’派及僧侣阶层的强烈反对和抵制，在西藏社会中也没有广泛的民众基础。……应该肯定，绝大部分藏族精英在这一时期进行的各方面的政治活动，在不同程度上使西藏能够延续自元以来与中央政府之间所保持的传统的政治隶属关系。对民国中央政府而言，一方面，中央政府以‘五族共和’为宗旨，倡导民族平等，坚持领土主权原则，和平调解藏事纠纷、设立专门机构处理藏务、积极培养藏族精英人才、选拔任用藏族干部等合理政策的实施，对于妥善处理涉藏事务和双方关系的维系起到了重要的作用。但另一方面，中央政府没有足够的实力加以完全贯彻其政策主张，既缺乏熟悉藏事、通晓藏情的人才，对于藏族‘内向’势力和西康省区的力量又不能善加利用，从而多次贻误解决藏事的有利时机，在涉藏事件中政策上的处置不当也为我们留下了值得反思的教训。”② 这些以藏学汉文文献为基础史料所作出的研究，总结和吸取了历史上处理涉藏事件的经验与教训，对我们今天加深民族问题认识、正确处理涉藏问题不无裨益。

方志的重要价值和作用早为人所共知，它集某个地方的天文气象、山川地理、社会状况、历史事件等方面的信息于一身，蕴藏着丰厚的文化知识宝藏。通史有资于治道，通方志亦有资于治道。改革开放以来，西藏和甘青川滇涉藏地区和其他地区一样，物质文明、政治文明和精神文明建设，取得了举世瞩目的巨大成就。西部大开发战略的实施，更为涉藏地区在文明、进步、繁荣的金光大道上阔步前进，创造了难得的历史机遇。大量的实践经验告诉人们，全面、深入、充分地了解和掌握涉藏地区的社会、历史、自然特点，借鉴历史的经验教训，是实施西部大开发战略重要的、必不可少的前提条件之一，这已经成为社会各界的共识和时代的迫切要求。因此，涉藏地区地方志受到社会各界

① 任力：《清代前期治疆治藏方略》，《中国军事科学》2001 年第 2 期。

② 罗绍明、郎维伟：《民国政府处理涉藏事件的经验与教训》，《西藏研究》2018 年第 1 期。

的高度重视。但是，由于历史的原因，涉藏地区地方志编印数量甚少而散佚颇多，很难满足社会各界的急切需求。[①]

第四，科学而系统地挖掘、整理藏学汉文文献，可以在国际上增强国内“藏学”研究与传播的话语权，为文化自信打下坚实的历史根基。

党的十八大以来，习近平总书记高度重视文化自信，提出了新的时代课题。在“四个自信”中，文化自信是更基础、更广泛、更深厚的自信，是更基本、更深沉、更持久的力量。2016 年 5 月 17 日，习近平总书记在哲学社会科学工作座谈会上的讲话中指出：“历史和现实都表明，一个抛弃了或者背叛了自己历史文化的民族，不仅不可能发展起来，而且很可能上演一场历史悲剧。”[②]

藏学在今天已成为世界性的“显学”。中国是藏学研究的故乡，藏文、汉文藏学文献资料非常丰富。在漫长的历史时期，藏族、汉族和其他民族的学者对藏族社会历史文化的记载和对涉藏地区的考察与研究，所积累的藏学文献资料浩如烟海。它们全方位地反映了历史上藏族与涉藏地区的政治、经济、文化情况，体现了内地与西藏的政治、经济、文化交流和联系，表明了历史上中央政府对西藏的有效管理。这是一笔珍贵的藏学遗产和资源。

大力推进包括汉文在内的涉藏文献的整理与研究，同时加大对国内涉藏藏文、蒙古文，国外英文、法文等语种历史文献的挖掘、整理工作，是我们作为“藏学研究之故乡”应尽的职责。在国际上，可以增强国内藏学研究与传播的话语权，撕破西藏分裂主义势力及反华势力的诸多谎言，更可以在全球范围内，建立藏学研究的指导性平台，促进包括国内学界在内的藏学研究与传播的深入发展，为文化自信打下坚实的根基，为统一的多民族中国注入正能量。

第五，科学而系统地挖掘、整理藏学汉文文献，可以为藏学汉文文献数字化建设与互联网传播提供全面而准确的数据资料，与时俱进、推陈出新。

习近平总书记在哲学社会科学工作座谈会上的讲话中指出：“中华民族有着深厚文化传统，形成了富有特色的思想体系，体现了中国人几千年来积累的知识智慧和理性思辨。这是我国的独特优势。中华文明延续着我们国家和民族

① 张羽新主编：《中国西藏及甘青川滇藏区方志汇编·总序》，学苑出版社，2003 年，第 1 页。
② 习近平：《在哲学社会科学工作座谈会上的讲话》，人民出版社，2016 年，第 17 页。

的精神血脉，既需要薪火相传、代代守护，也需要与时俱进、推陈出新。”①

互联网与数字化技术的发展，为藏学汉文文献的现代化传播与使用提供了前所未有的新机遇。但俗话说“巧妇难为无米之炊”，文化资源的数字化建设与共享平台展示，要以文化资源的系统化归纳、科学化整理为前提。《古籍数字化工作手册（V.1修订版）》指出：“文献整理是数字化工作的首要环节。为数字化加工、质检、标引等后续工作提供参考和依据。”② 例如，著名的“喜马拉雅文库”为一家藏文数字文库的网络共享平台，其藏文数字文库的建立，全依赖团队前期的搜集、整理。《伯东班钦全集》（民族出版社，2014年）、《藏族古籍经典系列丛书》（国家民委“十三五”时期全国少数民族古籍重点出版规划项目）等图书，都经历了文献搜集、文献整理、文献出版及文献数字化的流程。其中，文献搜集与文献整理对于后期工作流程以及作品质量产生了决定性的影响。

三、跨世纪的藏学汉文文献整理成果概况

历年来，以清季为主的中国古代涉藏（藏事）文献、档案的搜集整理、校注校勘与研究出版工作一直广受学界关注。“清代藏学历史文献是传统藏学历史文献中最为重要的一部分，这是因为清代西藏地方与中央政府关系较以往更加密切，西藏社会相对稳定，促使史学进一步发展，藏文史著不仅数量增多，史学思想也有很大发展。从汉文藏族史书来看，随着进藏人员的增多，人们对西藏认识更加深入，因此留下数量众多、内容丰富的历史文献。”③ 至2019年止，相关现当代研究资料整理已取得的主要成果如下：《康藏公路修建史料汇编》《川边历史资料汇编》《民国藏事史料汇编》《民国四川藏族档案史料》《民国边政史料汇编》《康区藏族社会珍稀资料辑要》《川藏边历史资料汇编》《西康经济史资料概观》《中国边疆研究资料文库·边疆行政建制初编·西北及西南》《中国边疆研究资料文库·边疆史地文献初编·西南边疆》《中国藏学史料丛刊》《唐宋元明清藏事史料汇编》《〈康藏前锋〉〈康藏研究月刊〉〈康导月刊〉

① 习近平：《在哲学社会科学工作座谈会上的讲话》，人民出版社，2016年，第17页。

② 国家古籍保护中心：《古籍数字化工作手册（V.1修订版）》（标准），国家古籍保护中心，2014年5月。

③ 陈庆英、杨洁：《评〈清代藏学历史文献研究〉》，《西藏研究》2018年第1期。

校勘影印全本》《民国时期西康资料汇编》等，这些成果从不同角度对藏事资料进行了梳理，蔚为大观。我们现将其中主要成果（汉文版图书）分类胪列如下。

（一）大型集成类成果

1. 王锡祺编《小方壶斋舆地丛钞》（合）[①]

我国自古就有编辑舆地志的传统，南朝梁代，顾野王摘抄各种书籍材料编成地理文集《舆地志》，以后各代相关文献层出不穷。但对涉及边地（边疆）文献的系统搜集、全面整理与大规模出版工作，是从清末开始的。王锡祺[②]编撰《小方壶斋舆地丛钞》《小方壶斋舆地丛钞补编》《小方壶斋舆地丛钞再补编》（后世合称《小方壶斋舆地丛钞》）便为其中代表。

《小方壶斋舆地丛钞》（合）卷帙浩繁，其中，《小方壶斋舆地丛钞》共 12 帙 64 卷，收书 1211 种；《小方壶斋舆地丛钞补编》12 帙，不分卷，收书 55 种；《小方壶斋舆地丛钞再补编》也分 12 帙，不分卷，收书 175 种；《小方壶斋舆地三补编》共 12 帙 14 册，收书 96 种。这部丛书共 48 帙，收书 1537 种。就收书种类而言，堪称清代舆地丛书之最。这套丛书辑录的资料，一来源于专书、地志，二来源于清人文集，三来源于各种传抄本、稿本。这些资料编入丛书时，一般皆照原书过录，一字不改，也有少数几篇改动过个别字句。该书卷帙浩繁，内容充实，包括地理总论、中国各省和边区形势、抚绥武功、旅行纪程、山水游记、各地风土人情、少数民族风俗，以及当时世界其他各国的山川地理形势与各大洋情况。该书出版后，引起了朝野人士的重视。《小方壶斋舆地丛钞》（合）收编范围广泛，内容翔实，保存了清代相当完整的珍贵的地理资料，是研究清代中外历史地理很重要的一部丛书。吴丰培评价丛书：“收集

---

① 因《小方壶斋舆地丛钞三补编》为新近发现，故旧有相关资料合称《小方壶斋舆地丛钞》时，并未将之录入。本书合称时，将之计算在内。为便于将合称的《小方壶斋舆地丛钞》与该丛书首辑《小方壶斋舆地丛钞》（又有称“小方壶斋舆地丛钞初编”）相别，本书加“（合）”以示区别。

② 王锡祺（1855—1913 年），光绪年间著名编辑家，字寿萱，清河（今属江苏省淮安市）人。王一生喜好舆地游览之书，“闻人谈游事则色然喜，阅诸家记录与夫行程日记，即欣然而神往”“凡山经、地志以至集部诸书，无不泛览”。《续清河县志》记载，王氏藏书达数万卷。王氏长于地理之学，终日置身书海，埋头著述，于清光绪十七年（1891）辑刊《小方壶斋舆地丛钞》，精装 20 册行世，最后一编《小方壶斋舆地丛钞三补编》于光绪二十七年（1901）成书。

广博，遍及译著。国外则当时各国的行政，舆地的概略，以及辅轩使者所录；国内也博采旧籍，凡游记及地域亲记均加搜辑，特别关于边疆地区，虽有经见之篇，也备罕见之文。更于《补编》《再补编》中多辑秘笈，其中游记一类，遍及各省，为今日的旅游事业，提供了开拓资料。分类明晰，便于检用，王锡祺本人著作17篇亦载各帙之中，他处未见，也属珍品。”①

《小方壶斋舆地丛钞》（12帙）今主要有清光绪十七年（1891）上海著易堂铅印本、南清河王氏铅印本；《小方壶斋舆地丛钞补编》（12帙）、《小方壶斋舆地丛钞再补编》（12帙）存清光绪十七年著易堂铅印本；《小方壶斋舆地丛钞三补编》（12帙）稿本现藏于大连市图书馆。

《小方壶斋舆地丛钞》（合）为清代舆地丛书之最，其收录的1537部作品中，包括大量中国边地（边疆）的舆地资料。涉藏的文献、档案在其中占了重要部分。其主要收录的涉藏文献如下：

《小方壶斋舆地丛钞》②：

第一帙《府州厅县异名录》《甘肃考略》《四川考略》《云南考略》。

第三帙《卫藏识略》《乌斯藏考》《前后藏考》《西藏纪略》《抚绥西藏记》《西藏后记》《西征记》《藏炉总记》《藏炉述异记》《西藏巡边记》《宁藏七十九族番民考》《入藏程站》《藏宁路程》《藏行纪程》《进藏纪程》《由藏归程记》《西征日记》《晋藏小录》《旃林纪略》《康輶纪行》《前藏三十一城考》《察木多西诸部考》《乍丫图说》《墨竹工卡记》《得庆记》《锡金考略》《西招审隘篇》《西藏要隘考》《西藏改省会论》《西藏建行省议》《征廓尔喀记》《廓尔喀不丹合考》《西藏诸水编》《西徼水道》。

第七帙《蜀游纪略》《蜀道驿程记》《秦蜀驿程记》《陇蜀余闻》《使蜀日记》《益州于役记》《蜀輶日记》《蜀游日记》《雅州道中小记》《西征记》《游蜀日记》《游蜀后记》《川中杂识》。

第八帙《平定两金川述略》《蜀徼纪闻》《金川琐记》《八排风土记》《西南夷改流记》《改土归流说》。

《小方壶斋舆地丛钞再补编》：

---

① 吴丰培：《王锡祺与〈小方壶斋舆地丛钞〉及其他》，《中国边疆史地研究》1995年第1期。

② 除有另注，以下《小方壶斋舆地丛钞》（合）册数均为一卷。

第一帙《四川地略》《筹边议》。

第二帙《青海地略》。

第三帙《藏俗记》《西招纪行》《西藏置行省论》《游历西藏纪》。

第七帙《西南边防议》。

第八帙《蜀九种夷记》。

《小方壶斋舆地丛钞三补编》[①]：

《藏印边务录》《西藏纪述》《西藏篇》。

2. 张羽新主编《中国藏学汉文历史文献集成》

该文献集成收录了从7世纪中叶至20世纪中期，1300余年间有关藏事史料汉文文献2000余种。分为《清朝治藏法规全编》《中国西藏及甘青川滇藏区方志汇编》《民国治藏法规全编》《唐宋元明清藏事史料汇编》《民国藏事史料汇编》五部共195册。现分述如下：

（1）《清朝治藏法规全编》：2002年由学苑出版社出版，共5册。该书收录了清朝治理西藏的所有法规文献，资料齐全，包括《清朝善后事宜》十三条、《西藏善后章程》十三条、《钦定藏内善后章程》二十九条、《裁禁商上积弊章程》二十八条、《钦定大清会典》《钦定理藩部则例》《钦定大清会典理藩院事例》及部分驻藏大臣的奏折和皇帝的谕旨等文献。采用清武英殿刊本，照原刊本影印，卷数仍其旧，保证了文献的真实性和可靠性。

（2）《中国西藏及甘青川滇藏区方志汇编》：2003年学苑出版社出版，共54册。该书是有史以来第一部中国西藏及甘青川滇地区地方志和涉藏志乘文献总汇，全面系统地反映了中国西藏及甘青川滇地区地方志文献的收藏状况，囊括了中国西藏及甘青川滇地区地方志文献的基本内容。具有文献搜求齐备、资料翔实可靠、考订精详等特点。全书以全面系统地展示历史文献原貌为原则，凡民国以前的中国西藏和其他涉藏地区的各种方志以及清代、民国期间史乘和稗史中有关涉藏地区方志文献的汉文史料基本网罗无遗。该书目录如下：

第一辑《西藏地方通志》：

---

① 关于《小方壶斋舆地丛钞三补编》发掘与概况，可参见刘镇伟、王若：《再论王锡祺及〈小方壶斋舆地丛钞三补编〉》，《图书馆学刊》1995年第3期。作者认为：“《小方壶斋舆地丛钞三补编》，所收文献十分广博，与前三编相较，在选材上更加精审，成其注重于边疆及沿海地理文献的收录，其中不少著作为稀见的珍籍，具有重要的史料价值。”

第一册《卫藏通志》《卫藏图识》。

第二册《西藏志》《西藏见闻录》《入藏程站志十八种》《大清一统志·西藏》《四川通志·西域志》。

第三册《西招五种》《西藏图考》《西藏新志》(上)。

第四册《西藏新志》(下)《西藏志底稿》《卫藏揽要》《西藏补志》(上)。

第五册《西藏补志》(下)《蒙藏新志》。

第二辑《西藏厅县志》:

第六册《道光拉萨厅志》《拉萨厅志补编》《日喀则志稿》《阿里补志》。

第七册《昌都县志》《波密县志》《冬九县志》《上下波密补志》《太昭县志》《嘉黎县志》《贡县志》《武城县志》《察隅县图志》。

第八册《科麦县志》《同普县志》《察雅县图志》《察雅县志补编》《盐井县志(补遗)》《宣统盐井乡土志》《九族县志》《恩达县志》《定青县图志》《硕督县志》《宁静县志》。

第三辑《甘肃藏区及涉藏方志》:

第九至十一册《甘肃通志》(上中下)。

第十二至十八册《甘肃新通志》。

第十九册《甘州府志》。

第二十册《秦边纪略》《重修肃州新志》。

第二十一册《肃州新志》《临洮府志》。

第二十二册《洮州厅志》《巩昌府志》。

第二十三册《平凉府志》《五凉考治六德集全志》(上)。

第二十四册《五凉考治六德集全志》(下)《凉州府志备考》《甘肃地略》《嘉靖宁夏新志》。

第二十五册《朔方道志》。

第二十六册《岷州志》《岷州乡土志》《嘉靖固原州志》《新修固原州志》(上)。

第二十七册《新修固原州志》(下)《张掖县志》《秦州直隶州新志》(上)。

第二十八册《秦州直隶州新志》（下）。

第二十九册《秦州直隶州新志续编》《阶州直隶州续志》。

第三十册《敦煌县志》《嘉靖河州志》《河州志》。

第三十一册《永登县志》《甘镇志》《庄浪县志》《山丹县志》。

第三十二册《新纂高台县志》《高台县要览》《民勤县志》《重修靖远卫志》《拉卜塄设治记》。

第四辑《青海藏区及涉藏方志》：

第三十三册《西宁府新志》《西宁新志》。

第三十四册《西宁府续志》《天下郡国利病书·西宁卫》《西宁志》《青海记》《青海地志略》《青海志》《大通县志》。

第三十五册《循化厅志》《丹噶尔厅志》《玉树县志稿》。

第三十六册《玉树调查记》《碾伯所志》《贵德县志稿》《贵德县志》《平番奏议》《湟中杂记》。

第五辑《川滇藏区及涉藏方志》：

第三十七册《雅州府志》。

第三十八册《松藩县志》《清溪县志》。

第三十九册《越嶲厅志》《保县志》《里塘志略》[①]《巴塘志略》。

第四十册《打箭炉志略》《章谷屯志》《泸定县乡土志》《定瞻厅志略》《西昌县志》。

第四十一册《雅安县志》《荣经县志》[②]。

第四十二册《汶川县县志》《茂州志》《邓科县志略》。

第四十三册《金川待志》（上）。

第四十四册《金川待志》（下）《康辎纪行》《西康建省记》《西康》。

第四十五册《丽江府志》《新修中甸县志稿本》《民国中甸县志稿》《中甸县志》《永北府志》。

第六辑《藏区宗教志、语文志、江河志文献》：

第四十六册《蒙藏佛教史》《西藏佛教史》《西藏民族政教史》《西藏

① 清代文献中的“里（裡、裏）塘”，即今四川省甘孜藏族自治州理塘县，下同。

② 清至民国，今四川省雅安市荥经县多记为“荣经”，下同。

佛学原论》《宗喀巴大师传》《达赖喇嘛传》《班禅额尔德尼传》。

第四十七册《历世达赖与班禅转世、寻认、坐床、册封史料荟要》《西藏圣迹考》《西藏大呼毕勒罕考》《嘉木样大师历代略传》《册封名号赏赐物品章嘉呼图克图历辈源流清册》《番僧源流考》《西藏宗教源流考》《西藏及其他藏区寺庙志略》《新纂云南通志·宗教考》。

第四十八册《清朝通志·六书略》《清朝通志·七音略》《御制同文韵统》《钦定西域同文志》（上）。

第四十九册《钦定西域同文志》（下）《翻译名义集》（上）。

第五十册《翻译名义集》（下）《藏文文法》《西番译语》《西天馆译语》《增定华夷译语·西天馆卷》《译语》《百译馆译语》。

第五十一册《钦定河源纪略》《河源纪略承修稿》《河源记》《水道提纲》（上）。

第五十二册《水道提纲》（下）《西藏江河山川汇考》《蜀水考》。

第七辑《近现代学者编著涉藏志乘》：

第五十三册《西藏史大纲》《西藏史地大纲》《西藏通览》。

第五十四册《康藏史地大纲》《西康图经·地文篇》《西康图经·民俗篇》《西康图经·境域篇》《西北建设论》《西北垦殖论》《西北盐产调查实录》《西北农业考察》。

（3）《民国治藏法规全编》：2008 年由学苑出版社出版，共 4 册。该书为学苑出版社已出版的《清朝治藏法规全编》的姊妹篇，是国内外全面系统整理和汇编民国时期治藏政策法规的第一部作品。①

（4）《唐宋元明清藏事史料汇编》：2009 年由学苑出版社出版，是书共分十一辑：①唐蕃史料汇编；②宋代吐蕃史料汇编；③元代藏事史料汇编；④明代藏事史料汇编；⑤清代藏事史料汇编；⑥驻藏大臣传记史料长编；⑦蒙藏及青藏关系史料汇编；⑧藏传佛教与藏区风土文献萃编；⑨涉藏典籍辑要；⑩藏区方志补遗；⑪民国藏事补遗。收录文献 690 余种，计 9000 余万字。除最后两辑为此前有关各编补遗外，其余九编基本按朝代为序，突出重点专题，囊括了从 7 世纪中叶至 1911 年清朝灭亡，1600 余年间的涉藏汉文文献。时间跨度

① 央珍：《〈民国治藏法规全编〉评介》，《中国藏学》2009 年第 2 期。

大，涉及面广，文献种类繁多。

（5）《民国藏事史料汇编》：2006 年由学苑出版社出版，全 30 册。

该书共分七部分：①民国时期历届中央政府治藏政策法令以及有关蒙藏委员会史料。其中，《民国治藏政策法令全编》《修订蒙藏委员会法规汇编》等，均为研究民国藏事案头必备的基本文献。②民国藏事档案及重要史料荟要。其中《民国藏事档案编年》，前日本末次研究所（民国时期日本驻北京情报机构）剪辑的《西藏问题》情报资料，以及《东方杂志》《北洋政府公报》等报刊藏事资料辑录，都是难得的第一手史料。③民国成立初期，主管蒙藏事务的中央机构——蒙藏事务局（后改为蒙藏院，再改为蒙藏委员会）主办的《藏文白话报》等，为首次面世的珍稀史料。④民国期间关于西藏问题论著四十余种。其中，谢彬等的《西藏问题》（共六种），尹扶一的《西藏纪要》，石青阳的《藏事纪要》，马福祥的《蒙藏状况》《西藏六十年大事记》，刘曼卿的《康藏轺征》，以及黄慕松、吴忠信、赵守钰等奉命入藏的工作报告书等，向来为研究者所青睐。⑤涉藏边政研究专著。例如《边疆政教之研究》（黄奋生）、《边人刍言》（格桑泽仁）等，在当时都有一定的社会影响。⑥甘青涉藏地区民国社会资料。内容涉及甘青涉藏地区社会考察、风土记事、寺庙与喇嘛、民众生活等，在一定的意义上可以说是民国时期甘青涉藏地区的小百科全书。⑦川滇涉藏地区藏事资料。内容涉及社会历史、民族宗教、风土人情、自然地理等，几乎涵盖了川滇涉藏地区（主要是川边涉藏地区）的方方面面。其中，仅《川康边政资料辑要》一种，就有 200 余万字，完整地保存了松潘等二十九县的社会资料。

该书共收录有关藏事的官方文献、私家著述等各种史料 120 余种：民国时期（1912 年 1 月—1949 年 9 月）凡有关藏事的政府公文秘档、专家论著、社会调查、报刊资料等，大体齐备，内容涉及政治、经济、机构、职官、民族宗教、文化教育、涉外事宜、风土人情等诸多方面，读者可以多侧面、多角度地了解、考察民国期间藏事问题。从这个意义上可以说，它是一个民国期间藏事问题的小型资料库。

3. 陈家琎、拉巴平措主编《西藏学汉文文献汇刻》

是书主要选刊西藏学汉文文献中的善本、孤本和手稿，自成体系。先后由天津古籍出版社、中州古籍出版社、中国藏学出版社、西藏人民出版社等出版。具体情况如下：

吴丰培编辑：《清代藏事辑要》，西藏人民出版社，1983年。

吴丰培编辑：《清代藏事辑要续编》，西藏人民出版社，1984年。

（清）傅恒等撰：《平定准噶尔方略》（1～4册），全国图书馆文献缩微复制中心，1990年。

《卫藏通志》，全国图书馆文献缩微复制中心，1991年。

（清）昆冈等撰：《大清会典理藩院事例》，全国图书馆文献缩微复制中心，1991年。

（清）郑栖山编纂：《平定两金川军需例案》，全国图书馆文献缩微复制中心，1991年。

（清）有泰撰：《有泰驻藏日记》，全国图书馆文献缩微复制中心，1992年。

（清）方略馆纂：《平定两金川方略》（上下），全国图书馆文献缩微复制中心，1992年。

（清）松筠著：《镇抚事宜》，全国图书馆文献缩微复制中心，1992年。

（清）周蔼联著：《西藏纪游》，全国图书馆文献缩微复制中心，1992年。

（清）孟保著：《西藏奏疏》，全国图书馆文献缩微复制中心，1992年。

（清）姚莹著：《康輶纪行》，全国图书馆文献缩微复制中心，1992年。

（清）松溎、桂丰撰：《松溎桂丰奏稿》，全国图书馆文献缩微复制中心，1992年。

（清）鹿传霖撰：《筹瞻奏稿》，全国图书馆文献缩微复制中心，1992年。

张羽新辑注：《清代喇嘛教碑文》，全国图书馆文献缩微复制中心，1992年。

吴燕绍编著：《西藏史大纲》（上下），全国图书馆文献缩微复制中心，1993年。

吴丰培编辑：《清代藏事奏牍》，中国藏学出版社，1994年。

（清）温达等撰：《亲征平定朔漠方略》（上下），中国藏学出版社，1994年。

4. 马大正主编《民国边政史料汇编》

该丛书凡30册，收录了民国时期边政方面的史料，主要为蒙藏院及蒙藏委员会相关史料，包括《蒙藏委员会公报》以及其职员录、王公名录、会议记录、决议案、行政统计、调查报告；此时期的重要期刊如《边政公论》《西陲宣化使公署月刊》等；学者们有关边事、边政、边疆地理人文的著述以及调查报告。丛书涉及边疆各省份，每部按省份分类。2009 年由国家图书馆出版社出版。具体目录如下：

第一至第五册《边政公论》一至七卷。

第六至第七册《西陲宣化使公署月刊》一至九期。

第八至第十三册《蒙藏委员会公报》一至十九期。

第十四册《蒙藏委员会公报》二十至二十一期。

《驻京及年班来京蒙古王公廪饩条例》。

《内外蒙古王公札萨克衔名总表》（民国四年）。

《蒙回藏汗王公札萨克衔名表》（民国六年）。

《蒙回藏王公札萨克衔名表》（民国八年）。

《蒙回藏汗王公衔名表》（民国十四年）。

《蒙藏院行政概要》（民国五年至七年）。

《蒙藏院蒙古职员录》。

第十五册《蒙藏院行政统计表》（民国元、二、三、四年）。

《民国八年度中央蒙藏经费国家岁出预计分册》。

第十六册《蒙藏院调查内蒙沿边统计报告书》（上编）。

《蒙藏院调查外蒙统计表》（下编）。

《蒙藏委员会第一周年会议决案一览表》（第一册）。

《蒙藏委员会第二周年会议决案一览表》（第二册）。

《蒙藏委员会第三周年会议议案一览表》（第三册）。

《蒙藏委员会第四周年会议议案一览表》（第四册）。

《蒙藏委员会职员录》（民国十八年八月）。

《蒙藏委员会职员录》（民国十九年十二月）。

《告各寺庙喇嘛书》（民国二十二年四月）。

《蒙藏委员会行政统计》。

《蒙藏委员会法规汇编》。

《蒙藏状况》。

第十七册《蒙古会议汇编》。

《昌都调查报告》。

《青海玉树囊谦称多三县调查报告书》。

第十八册《伊盟左翼三旗调查报告书》。

《蒙藏委员会蒙藏政治训练班季刊》（民国二十二年）。

《蒙藏委员会蒙藏政治训练班季刊》（民国二十三年）。

《中华民国政府公报分类汇编：蒙藏事务》（自民国元年至民国三年）。

第十九册《蒙藏新志》（上）。

第二十册《蒙藏新志》（下）。

第二十一册《西北地理》。

《西北最近十年来史料》。

第二十二册《西北之地文与人文》。

《宁夏省考察记》。

《宁夏纪要》。

第二十三册《最近之青海》。

《赴新考察记》。

《新疆纪略》。

第二十四册《坎巨提述略》。

《新疆视察记》。

《新疆问题讲话》。

《新疆问题》。

第二十五册《西康省临时参议会第二届第一次大会汇编》。

《西康建省记》。

《边人刍言》。

第二十六至第三十册：《川康边政资料辑要二十九种》。

5. 马大正主编《民国边政史料续编》

该书为《民国边政史料汇编》的续编，主要内容为部分《民国边政史料汇编》未及收录的蒙藏委员会史料，例如此时期的重要期刊如《康导月刊》《边疆通讯》等；重要的政府文件，如《建设委员会开发计划汇编》中的西北、西南专号等；学者们的相关著述。另有边疆垦务、教育、社会调查、经济、游记、风俗方面的史料，涉及边疆各省份，每部仍按省份分类。2010 年由国家图书馆出版社出版。

第一册《边疆通讯》：

第一卷第一期，一九四二年十一月。

第一卷第二期，一九四二年十二月。

第一卷第三期，一九四三年一月。

第一卷第四期，一九四三年二月。

第一卷第五期，一九四三年三月。

第一卷第六期，一九四三年四月。

第一卷第七期，一九四三年五月。

第一卷第八期，一九四三年六月。

第一卷第九期，一九四三年七月。

第一卷第十期，一九四三年八月。

第一卷第十一期，一九四三年九月。

第一卷第十二期，一九四三年十月。

第二卷第一期，一九四四年一月。

第二卷第二期，一九四四年二月。

第二卷第三期，一九四四年三月。

第二卷第四期，一九四四年四月。

第二卷第五期，一九四四年五月。

第二卷第六期，一九四四年六月。

第二卷第七期，一九四四年七月。

第二卷第八期，一九四四年八月。

第二卷第九期，一九四四年九月。

第二卷第十期，一九四四年十月。

第二卷第十一期，一九四四年十一月。

第二卷第十二期，一九四四年十二月。

第二册《边疆通讯》：

第三卷第一期，一九四五年一月。

第三卷第二期，一九四五年二月。

第三卷第三期，一九四五年三月。

第三卷第四期，一九四五年四月。

第三卷第五期，一九四五年五月。

第三卷第六期，一九四五年六月。

第三卷第七期，一九四五年七月。

第三卷第八期，一九四五年八月。

第三卷第九期，一九四五年九月。

第三卷第十期，一九四五年十月。

第三卷第十一、十二期合刊，一九四五年十二月。

第四卷第一期，一九四七年一月。

第四卷第二期，一九四七年二月。

第四卷第三期，一九四七年三月。

第四卷第四期，一九四七年四月。

第四卷第五期，一九四七年五月。

第四卷第六期，一九四七年六月。

第四卷第七期，一九四七年七月。

第四卷第八、九期合刊，一九四七年九月。

第四卷第十、十一期合刊，一九四七年十一月。

第四卷第十二期，一九四七年十二月。

第三册《边疆通讯》：

第五卷第一期，一九四八年一月。

第五卷第二、三期合刊，一九四八年三月。

第五卷第四期，一九四八年四月。

第五卷第五期，一九四八年五月。

第五卷第六、七期合刊，一九四八年七月。

第五卷第八、九期合刊，一九四八年九月。

第五卷第十、十一期合刊，一九四八年十一月。

《中国边疆》：

创刊号，一九四二年一月。

第一卷第二期，一九四二年二月。

第一卷第三、四期合刊，一九四二年四月。

第一卷第五、六、七期合刊，一九四二年七月。

第一卷第八、九、十期合刊，一九四二年十月。

第一卷第十一、十二期合刊，一九四二年十二月。

第二卷第一、二、三期合刊，一九四三年三月。

第二卷第四、五、六期合刊，一九四三年六月。

第二卷第七、八、九期合刊，一九四三年九月。

第二卷第十、十一、十二期合刊，一九四三年十二月。

第三卷第一、二期合刊，一九四四年二月。

第三卷第三、四期合刊，一九四四年四月。

第三卷第五、六期合刊，一九四四年六月。

第三卷第七、八期合刊，一九四四年八月。

第四册《中国边疆》：

第三卷第九期（复刊号第一期），一九四七年三月。

第三卷第十期（复刊号第二期），一九四七年四月。

第三卷第十一期（复刊号第三期），一九四七年十一月。

第三卷第十二期（复刊号第四期藏史专号），一九四八年六月。

《中国边疆建设集刊》创刊号。

《西南边疆》：

创刊号，一九三八年十月。

第二期，一九三八年十一月。

第三期，一九三八年十二月。

第四期，一九三九年一月。

第五册《西南边疆》：

第五期，一九三九年三月。

第六期，一九三九年五月。

第七期，一九三九年十月。

第八期，一九四〇年三月。

第九期，一九四〇年四月。

第十期，一九四〇年七月。

第十一期，一九四〇年九月。

第十二期，一九四一年五月。

第六册《西南边疆》：

第十三期，一九四一年九月。

第十四期，一九四二年一月。

第十五期，一九四二年五月。

第十六期，一九四二年十二月。

第十七期，一九四三年六月。

《康导月刊》：

创刊号，一九三八年九月。

第一卷第二期，一九三八年十月。

第七册《康导月刊》：

第一卷第三期，一九三八年十一月。

第一卷第四期，一九三八年十二月。

第一卷第五期（如何建设新西康专号），一九三九年一月。

第一卷第六期，一九三九年二月。

第一卷第七期，一九三九年三月。

第八册《康导月刊》：

第一卷第八期，一九三九年四月。

第一卷第九期，一九三九年五月。

第一卷第十、十一期，一九三九年七月。

第一卷第十二期，一九三九年八月。

第二卷第一期，一九三九年九月。

第二卷第二期，一九三九年十月。

第二卷第三期，一九三九年十一月。

第九册《康导月刊》：

第二卷第四期，一九三九年十二月。

第二卷第五期（乌拉差徭专号），一九四〇年一月。

第二卷第六期，一九四〇年二月。

第二卷第七期，一九四〇年三月。

第二卷第八期，一九四〇年四月。

第二卷第九期，一九四〇年五月。

第十册《康导月刊》：

第二卷第十期（教育专号），一九四〇年六月。

第二卷第十一期，一九四〇年七月。

第二卷第十二期，一九四〇年八月。

第三卷第一期，一九四〇年九月。

第三卷第二、三期合刊，一九四〇年十、十一月。

第三卷第四期，一九四〇年十二月。

第十一册《康导月刊》：

第三卷第五、六、七期合刊（土司问题专号），一九四一年十月。

第三卷第八、九期合刊，一九四一年十一月。

第三卷第十、十一期合刊（西康影展特辑），一九四二年一月。

第三卷第十二期，一九四二年三月。

第四卷第一期（三周年纪念专号），一九四二年四月。

第四卷第二、三期合刊，一九四二年六月。

第十二册《康导月刊》：

第四卷第四、五期合刊，一九四二年九月。

第四卷第六、七期合刊（芦山新汉石图考），一九四二年十月。

第四卷第八、九期合刊，一九四二年十一月。

第五卷第一期，一九四三年四月。

第五卷第二、三期合刊，一九四三年六月。

第五卷第四期，一九四三年七月。

第十三册《康导月刊》：

第五卷第五期，一九四三年九月。

第五卷第六期，一九四三年十月。

第五卷第七、八期合刊，一九四三年十一月。

第五卷第九期，一九四三年十二月。

第五卷第十期，一九四四年一月。

第五卷第十一、十二期，一九四四年四月。

第十四册《康导月刊》：

第六卷第一期，一九四四年七月。

第六卷第二、三、四期合刊，一九四五年三月。

第六卷第五、六期合刊，一九四五年五月。

第六卷第七、八期合刊，一九四五年七月。

第六卷第九、十期合刊，一九四七年一月。

《蒙藏委员会工作报告：二十六年一至五月》。

第十五册《民国二年度国家预算岁入岁出分表：边疆部分》。

第十六册《民国五年度国家预算岁入岁出分表：边疆部分》。

《民国八年度国家岁入岁出预算分表：边疆部分》。

第十七册《满洲与蒙古》。

《中国边疆》。

第十八册《求实斋边事丛著》。

《中国边疆问题讲话》。

《非常时期之边务》。

第十九册《中国边疆问题十讲》。

《边疆教育》。

《战时移垦边疆问题》。

《边疆屯垦员手册》。

第二十册《边疆教育概况：民国三十六年八月续编》。

《边疆教育》。

《民国行政统计汇报（第五编）：蒙藏类》。

《蒙藏委员会蒙藏政治训练班一览》。

第二十一册《总理对于蒙藏之遗训及中央对于蒙藏之法令》。

《马鬃山调查报告书》。

《伊盟右翼四旗调查报告》。

《西盟会议始末记》。

第二十二册《蒙古调查记》。

《绥远河套治要》。

《呼伦贝尔》。

《呼伦贝尔概要》。

第二十三册《呼伦贝尔问题》。

《内外蒙古考察日记》。

《理想之新绥远》。

第二十四册《内蒙自治史料辑要》。

《蒙古概况与内蒙自治运动》。

《内蒙盟旗自治运动纪实》。

第二十五册《察绥蒙民经济的解剖》。

《蒙古问题》。

第二十六册《前绥远垦务卷宗目录表》。

《绥蒙辑要》。

第二十七册《建设委员会开发计划汇编：西北专号》。

第二十八册《西北问题图书目录》。

《西北情况演讲周演讲集》。

《关于西北农林教育之所见》。

《新疆建设计划大纲草案》。

第二十九册《建设委员会开发计划汇编：西南专号》。

《云南问题》。

《松理茂懋靖汶边务鸟瞰》。

第三十册《西康问题》。

《赴康日记》。

《康藏论文索引》。

《研究康藏问题中外书目举要》。

6. 江措主编《中国少数民族古籍集成》（汉文版）

该书是国家民委“十五”重点文化项目，是新中国成立以来最大的少数民族古籍（汉文版）整理项目，也是中国第一套系统整理出版的少数民族古籍丛书。全书由国家民委全国少数民族古籍整理研究室协调领导，由四川民族出版社于2002年出版。

全编共收书二千余种，九千余册，五万余卷，影印分类编辑为十六开精装一百册。内容涉及中国少数民族的文化、历史、政治、经济、军事、地理、民俗、文学艺术等各个方面，是研究中国少数民族文化必不可少的大型资料丛书。该丛书以收录单册少数民族古籍为主，大型丛书中已收录的少数民族古籍和近期出版过的少数民族古籍基本不予收录。收书下限为 1949 年，其中有不少是明清以来的写本、稿本、抄本和民间刻本，有些甚至是读者很难看到的孤本或库本，极为珍贵。[①]

我国少数民族众多，分布范围遍及全国各地，各民族均有悠久的历史，文献资料繁复。编委会精心策划，将全书分为总类、晋至元民族王朝、汉以后北方各民族、汉以后东北各民族、汉以后西北各民族、汉以后中东南各民族、汉以后西南各民族等七大类，各大类下又分综述、分述等，既照顾到中国少数民族的历史分布状况，又充分体现了古籍文献的特点，方便读者使用。现将该丛书涉藏文献胪列如下：

（1）汉以后西南各民族·古代综述。

第八十一册《钦定续文献通考·四裔考·西南夷》《东征纪行录》《诸番志》《牂牁丛考》《汉书西南夷传地理考证》《后汉书南蛮西南夷列传地理考证》《文献通考·四裔考·夜郎国等》。

第八十二册《西汉会要·西南夷》。

第八十三册《西园闻见录·兵部·属夷后》。

（2）汉以后西南各民族·川边。

第九十册《华阳国志》《川边奏稿》《四厅记程》《方舆考证·四川》《章谷屯志略》。

第九十一册《平定两金川方略》。

第九十二册《平定两金川方略》。

第九十三册《平定两金川方略》。

第九十四册《西康省政之基本动向》《西康省康区北道七县地理交通农林畜牧矿产人民宗教调查报告》《康情杂感》《康青纪游》《雅安县志》《直隶理番厅志》。

（3）汉以后西南各民族·西藏。

第九十四册《文献通考·四裔考·吐蕃》《续文献通考·四裔考·西夷》

① 彭措：《〈中国少数民族古籍集成〉内容介绍》，《高校社科信息》2003 年第 5 期。

《钦定续文献通考·四裔考·西域·乌斯藏》《弘简录·吐蕃》《罪惟录·西蕃》《泣血缉存》《钟颖疑案》。

第九十五册《镇抚事宜》《西域遗闻》《西藏记》《西藏图考》《藏事举要》《三藏防务考》《卫藏图识》《卫藏通志》。

第九十六册《西藏考》《藏纪概》《西藏地理考》《乐真斋奏稿》《西藏地理讲义》《西藏奏疏》《西藏纪游》《康辅纪行》《炉藏道里最新考》《西藏通览》《西藏日记》。

第九十七册《西藏民族政教史》《宗喀巴大师传》《藏事稿本》《筹瞻奏稿》《钦定巴勒布纪略》《西藏内情及其对外关系研究报告》《三省入藏程站记》《西藏小识》。

第九十八册《钦定廓尔喀纪略》。

第九十九册《松溎桂丰奏稿》《有泰驻藏日记》《清代喇嘛教碑文》。

(4) 密宗。

第九十九册《大圆胜慧本觉心要修证次第》《藏密法汇》《菩提道次第修法笔记》。

第一百册《比丘尼德母类大悲十一面观音成就仪轨》《明成道六成就法·附颇哇心要》《大手印法要》《大圆满广大心要前行次第法讲义》《佛说大白伞盖总持陀罗呢经》《大威德文殊成就方便略引》《大圆满教甚深心要三宝总集莲师行仪合编》《金刚怖畏初级道分》。

(5) 画谱。

第一百册《西藏版画》《米札金刚鬘各法主尊像》《密答喇暨金刚佛会主尊像》。

7. 中国西南文献丛书编委会编《中国西南文献丛书》

全书203册(其中《前言卷》《目录卷》《索引卷》各1册,正文200册),共分八个学术专辑:第一辑《西南稀见方志文献》(50册)、第二辑《西南稀见丛书文献》(25册)、第三辑《西南史地文献》(40册)、第四辑《西南民俗文献》(20册)、第五辑《西南少数民族文字文献》(15册)、第六辑《西南文学文献》(30册)、第七辑《西南考古文献》(10册)、第八辑《西南石窟文献》(10册)等。全书坚持以影印为主的出版原则,再现了历史文献的原始面貌。

丛书共收录历代稀有文献八百余种。其中首次公布的稿本为二百余种，约占全书收录文献总量的百分之二十五；明清珍善刻本为四百余种，约占全书收录文献总量的百分之六十；其他稀见珍贵文献约占全书收录文献总量的百分之十五。该书在汉文文献以外，还选录了大量极为珍贵的彝族、傣族、纳西族、藏族、白族、壮族、瑶族等少数民族文字文献，并对部分文献进行了汉译工作。现将该丛书涉藏文献胪列如下：

（1）《西南稀见方志文献》。

卷一～卷八《四川通志》。

卷十六《巴塘志略》。

卷四十八《西藏志》《雅州府志》《清溪县志》《里塘志略》《拉萨厅志》《章谷屯志略》。

卷四十九《卫藏通志》。

（2）《西南民俗文献》。

卷四《西南夷风土记》《蜀语》《益部谈资》《百夷传》《西藏记》。

卷六《边藏风土记》。

卷八《西藏奇异志》《旅藏二十年》。

卷九《使藏纪程》。

卷十《西藏纪要》。

卷十二《康昌考察记》。

卷十三《康人的日常生活与生计》《宣抚康南日记》《康北的圣地——泰宁》《康藏歌谣集》。

卷十六《拉萨见闻记》《西康札记》。

卷十七《西藏纪游》。

卷二十《兰坪、宁蒗两县西番族情况调查》

（3）《西南考古文献》

卷九《唐蕃会盟碑跋》《唐蕃舅甥和盟碑考》。

（4）《西南少数民族文字文献》。

卷一《瓦协》。

卷二《弟吴宗教源流》。

卷三《象雄秘授部大圆满》。

卷四《医药甘露工巧明镜·华丽眼饰》。

8. 吴丰培主编《中国民族史地资料丛刊》

为了响应中央关于积极开展民族研究的号召，1978年，中央民族学院（今中央民族大学）图书馆委托吴丰培等主编了《中国民族史地资料丛刊》，共计46万字，分为17册。选编各书，均属西藏、川边、新疆等地的方志及史料，大部分是未经刊行的罕见本，均保存原书面貌，仅将一书中之人名、地名加以统一，显著错误根据他书校正，并于每书之后，附编了地名索引。在每页下方注明行数，以供索引之用。其中涉藏书目如下：

《藏纪概》（三卷），《西藏见闻记》（二卷），《西藏志》（二卷），《巴塘志略》，《里塘志略》，《定瞻厅志略》，《章谷屯志略》，《打箭炉志略》，《炉霍屯志略》，《巴塘盐井乡志》，《道孚风俗记略》，《藏乱始末见闻记》，《西藏篇》，《藏事陈略》，《藏乱纪略》。

9. 方略馆、吴丰培编《清代方略全书》

《清代方略全书》由北京图书馆出版社于2006年出版，北京图书馆出版社参照吴丰培先生的《清代方略考》，将清代二十四种官修方略统一按军事活动年代的顺序编排影印，凡200册。丛书中涉藏书目及版本如下：

《皇清开国方略》三十二卷（清光绪十三年广百宋斋铅印本），《平定金川方略》三十二卷（清自得园朱丝栏抄本），《平定两金川方略》一百三十六卷（清乾隆刻本，其中卷首至卷七十二为清朱丝栏抄本），《平定准噶尔方略》前编五十四卷、正编八十五卷、续编三十二卷、纪略一卷（清朱丝栏抄本），《廓尔喀纪略》五十四卷（清朱丝栏抄本）。

10. 中国民族图书馆编《民国时期西康资料汇编》

该丛书全54册，由国家图书馆出版社于2018年出版。丛书收录民国时期西康史料106种，大致可分为概况研究类、政务类、经济建设类、教育类、游记类及其他等六类资料。概况研究类主要收录介绍西康历史沿革、行政概况、自然风貌等方面资料；政务类主要收录政府工作报告、施政纲领、政务统计、法规汇编、职员录、预算表、办事细则等方面资料；经济建设类主要收录经济规划、农业建设、畜牧发展、工业发展、交通建设、矿产、会计、税务等方面资料；教育类主要收录小学教育、民众教育、教育概况等方面资料；游记类主要是学者们在西康考察时的记录资料；其他类收录党务建设、民族、妇女工作等方面资料。这些原始资料中既有线装本，也有平装本，既有图书，也有期刊，其中很多资料是首次影印出版，为研究民国时期西康社会发展、经济建设以及西康建省进程、少数民族地区的治理和建设等提供了丰富的资料。现将该丛书目录胪列如下：

第一册《青海西康一瞥》《西康》《西康概况》《西康》。

第二册《西康概况资料辑要》《康定》《昌都调查报告》《西康治理意见》《康藏建省略》《川康滇边区国防经济建设意见书》。

第三册《新西康：创刊号～第一卷第三期》《新西康：第二卷第三～四期)》《新西康：第三卷第六～一〇期》。

第四册《新西康：第三卷第一一期～第五卷第一期》《大凉山：第一卷第一～二期》《康藏研究：第一～四期》。

第五册《康藏研究：第五～二三期》。

第六册《康藏研究：第二四～二九期》《西康政务汇刊》。

第七册《西康建省委员会工作报告》《西康建省委员会办事细则》《西康省施政纲领》《西康省政府廿九年度纪念周报告特辑：第一辑》《西康省政府二十九年度中心工作计划》。

第八册《西康省三十一年度普通政务总合计划》《西康省宁属屯垦委员会两年来工作报告》《西康省财政概况》。

第九册《建省后之西康财政》《调查西康司法报告书》。

第十册《西康省单行法规汇编：第三辑》。

第十一册《西康省现行法规汇编》《西康省卅五年上半年度普通岁出单位决算书》《西康省三十六年度地方岁入岁出总预算书》。

第十二册《西康省三十六年度各县局地方总预算汇编》《西康省统计汇编：第一集》《西康省政府股长以上职员录》《西康省汉源县十九年度之县政与路政：县政篇》。

第十三册《康定县四年来施政概况》《康定县财政》《西康建省委员会公报：创刊号～第二期》。

第十四册《西康建省委员会公报：第三～五期》。

第十五册《西康建省委员会公报：第六～八期》。

第十六册《西康省政府公报：第一～二期》。

第十七册《西康省政府公报：第三～四期》。

第十八册《西康省政府公报：第五～六期》。

第十九册《西康省政府公报：第七～八期》。

第二十册《西康省政府公报：第九～一五期》。

第二十一册《西康省政府公报：第一六～二二期》。

第二十二册《西康省政府公报：第二三～三〇期》。

第二十三册《西康省政府公报：第三一～三九期》。

第二十四册《西康省政府公报：第四〇～四八期》。

第二十五册《西康省政府公报：第四九～五九期》。

第二十六册《西康省政府公报：第六〇～七一期》。

第二十七册《西康省政府公报：第七二～八〇期》。

第二十八册《西康省政府公报：第八一～九二期》。

第二十九册《西康省政府公报：第九三～一〇二期》。

第三十册《西康省政府公报：第一〇三～一一二期》。

第三十一册《西康省政府公报：第一一三～一二七期》。

第三十二册《西康省政府公报：第一二八～一四九期》。

第三十三册《西康省政府公报：第一五〇～一九七期》。

第三十四册《西康省政府公报：第一九八～二〇六期》。

第三十五册《西康省政府公报：第二〇七～二一一期》《西康省参议会会刊：第一～三期》《西昌县政半月刊：创刊号～第六期》《西昌县县政月刊：第二卷第二～六期》《西康监察通讯：第一～二期》《西康会计通讯：创刊号～第六期》。

第三十六册《西康统计通讯：第一卷第一期～第三卷第四期》《西康统计季刊：第一～七期》《边政月刊：创刊号》。

第三十七册《边政月刊：第二～三期》《边政月刊：复刊号～第一二期》《边政月刊：第二卷第一～一二期》。

第三十八册《边政导报：创刊号～第一六号》《西康警察》。

第三十九册《西康警备特刊》《社政季刊：第一～六期》《西康社政：复刊号》《西康粮政：第一卷第一期》《西康户政通讯：创刊号～第一卷第六期》。

第四十册《川康国税通讯：第一卷第一～三期》《川康建设方案》《国民参政会川康建设期成会报告》《邓主任论川康建设》《川康建设问题》《西康经济建设纲领》《川康经济建设计划大纲草案》。

第四十一册《川康经济建设委员会第一次全体委员会议提案类编》《川康经济建设委员会第一次全体委员会议决议案办法表》《指导川康局实施新会计制度报告书》《财政部川康盐务管理局工程处近年工作概要》《金矿丛刊：川康专号》《西康东部矿产志略》《西康交通概要》《军事委员会委员长行营整理川黔康三省公路经过》。

第四十二册《西康农业建设之回顾与前瞻》《雅安周公渠灌溉工程计划》《凉山垦殖公司章程：附计划书》《西康与畜牧》《西康省泰宁实验区之畜牧调查》《西康茶业》《西康洪坝之森林》《川康毛麻工业调查报告》《西康省建设丛刊》。

第四十三册《川康建设：第一卷第一期～第二卷第二期》。

第四十四册《西康经济季刊：创刊号～第六期》。

第四十五册《西康经济季刊：第七～一〇期》。

第四十六册《西康经济季刊：第一一～一七期》。

第四十七册《西康合作：创刊号～第一七期》《西康物价：创刊号～第一卷第一一期》。

第四十八册《三十年来之西康教育：上卷》《西康民教季刊：创刊号》《西康民教季刊：第一卷第二期》《西康民教季刊：第一卷第三期》《西康教育：创刊号～第一卷第二期》《西康木里国小校刊》《西康木里国小周年纪念特号》《西康木里国小校刊：第二～三期》。

第四十九册《川边游记》《西康之神秘水道记》《中华自然科学社西康科学考察团报告书》。

第五十册《国立西南联合大学川康科学考察团展览会特刊》《川青康藏驿路程站及青康藏喇嘛寺庙之分布》《边区行：滇康道上》《康昌考察记》《我怎样通过大小凉山》《凉山夷区去来》。

第五十一册《川康游踪》《大凉山夷区考察记》。

第五十二册《西康省训练团团刊：创刊号～第二七期》《西陲党声》《西康宁属夷务沿革史略》《康藏滇边歌谣集》《中华基督教会全国总会边疆服务部西

康区工作报告》《中华基督教会全国总会边疆服务部工作简报》《康藏论文索引》《日陷沈吉后西康防务之我见》。

第五十三册《戍声周报合订本第一集》《康声：第一卷第二期》《西康妇女：第三期》《西康妇女：第四～五期》《西康青年：创刊号～第二卷第六期》。

第五十四册《西康青年：第二卷第七期～第六卷第五期》。

11. 姚乐野等主编《〈康藏前锋〉〈康藏研究月刊〉〈康导月刊〉校勘影印全本》

该书全本 14 册，首次全面搜集、整理了民国时期极具学术价值和影响力的《康藏前锋》《康藏研究月刊》《康导月刊》三种藏学类专业学术期刊，对三个期刊的全本进行系统整理。系统整理主要包括在忠实于原著的基础上，做必要的背景介绍，同时对一些在今天已十分生僻的事件、人物、词汇及明显的错漏之处做必要的附加说明①，由四川大学出版社于 2011 年出版。

12. 赵心愚、秦和平、王川等主编《康区藏族社会历史资料集》

《康区藏族社会历史调查资料辑要》《康区藏族社会珍稀资料辑要》《清季民国康区藏族文献辑要》这三部书籍合称《康区藏族社会历史资料集》。

（1）《康区藏族社会历史调查资料辑要》，该书共搜集整理了 46 篇资料，资料内容涉及四川甘孜、西藏昌都、青海玉树及云南德钦在内的整个康区，其中甘孜地区 18 个县，每县至少搜集 1 篇，个别县份多至三四篇。② 2004 年由四川民族出版社出版。

（2）《康区藏族社会珍稀资料辑要》主要收录稿本、抄本或市面上少见的资料。由于它们数量少，篇幅不一，难以按照内容加以分类，故依时间先后顺序排列。该书共搜集了各类资料 13 部，其中稿本有 6 部：《西藏改流本末记》《道孚公牍》《治理康区意见书》《昌都历史述》《廿四军机要处有关康区交通档案》以及《玉树地区调查记》，约占资料集的 50%。该书 2006 年由巴蜀书社出版。

（3）《清季民国康区藏族文献辑要》，是书所辑民国年间的资料均是精品，

① 姚乐野：《〈康藏前锋〉、〈康藏研究月刊〉、〈康导月刊〉校勘影印全本》，《全国新书目》2013 年第 10 期。

② 赵心愚、秦和平：《〈康区藏族社会历史调查资料辑要〉概说》，《天府新论》2004 年第 6 期。

反映了当时康区的政治、经济、教育、宗教、风俗、社会组织等方面的面貌，是康区藏族社会史的浓缩画卷。选编者在辑录重要文献的同时，又精心编辑论著及资料的索引，中心论文的分类考虑尤显细致。编者将资料、索引分为上、下册，且索引单独一册，方便携带，利于查寻。[①] 该书 2006 年由四川民族出版社出版。

13. 陈湛绮主编《民国西南边陲史料丛书·康藏卷》

是书 2006 年由全国图书馆文献缩微复制中心出版，共 10 册，为全影印出版。本套丛书重点收集了民国时期我国西南地区的广西壮族自治区、四川省、云南省、贵州省及康藏地区的史料文献，反映了 20 世纪上半叶我国西南地区的政治历史、工农业经济、矿产资源、边疆政策、民俗民风、气候物产、边贸内贸以及人民的生产生活状况、疆土自然风貌等等。该书除了为读者提供大量的文字和图表史料外，还收入了许多珍贵的照片。[②] 丛书目录如下：

第一册《西藏史地大纲》《西藏志》（上卷）。

第二册《西藏志》（下卷）《与西藏人同居记》。

第三册《西藏始末纪要》《西藏之写真》。

第四册《西藏风俗志》《西藏问题》《西藏佛教史》《筹藏政策》。

第五册《西藏政教合一制》《西北游牧藏区之社会调查》《西藏佛教略记》《西藏佛学原论》《我去过的西藏》。

第六册《西康问题》《西康统计季刊》。

第七册《西康》《西康民教季刊》。

第八册《西康之实况》《西康省政府公报》。

第九册《西康纪要》（上卷）。

第十册《西康纪要》（下卷）《西康疆域溯古录》《赴康日记》

14. 任乃强、任新建主编《清代川边（康藏）史料辑注》

是书 2018 年由巴蜀书社出版。全书共五册，辑录了清代后期川边（康藏）

---

① 佚名：《嘉惠士林服务藏学——评〈清季民国康区藏族文献辑要〉》，《中国民族》2003 年第 11 期。

② 陈湛绮主编：《民国西南边陲史料丛书·康藏卷》，全国图书馆文献缩微复制中心，2006 年，《序言》。

所发生的影响重大的历史事件，包括改土归流、赵尔丰平定巴塘变乱等。除辑录《巴塘志略》《巴塘盐井乡土志》《西康建省记》《西康图经》等典籍外，还收录了当时的一些书札等原始资料。

（二）档案类成果

1. 徐彦登辑《历朝茶马奏议》（五卷）

该书内容广泛涉及明中叶以后茶法与马政的各个方面，对研究明代中后期经济、政治、文化、军事等方面问题均有重要的参考价值。今有万历年间刻本，存于南京大学图书馆，为国内孤本。[①]

2. 中国第二历史档案馆、中国藏学研究中心编《中国第二历史档案馆所存西藏和藏事档案汇编》

该书中的档案记载了民国时期中央政府治理西藏的方针政策和具体措施，以及中央政府关于西藏的重大事件、重要问题的处理情况，同时，也记载了这一时期与西藏毗邻的四川、青海、甘肃、云南等地的政治、经济、宗教、文化、教育和社会发展历史。

3. 中国第一历史档案馆、中国藏学研究中心《中国第一历史档案馆所存西藏和藏事档案目录（汉文部分）》

该书辑录条目 17213 条，收录了 1672—1911 年在西藏和涉藏地区发生的重大事件的资料目录，以及有关民族纠纷事宜、政教事务、涉外事件等资料的目录。该书由中国藏学出版社于 2000 年出版。

4. 甘肃省档案馆、中国藏学研究中心编《甘肃省所存西藏和藏事档案史料目录（1412—1949）》

该书由中国藏学出版社于 1997 年出版。

5. 四川省档案馆、中国藏学研究中心编《四川省所存西藏和藏事档案史料目录（1388—1949）》

该书共辑条目 4559 条，其中明代 4 条，清代 1448 条，民国 3107 条。主

---

① 黄吉宏：《儒士“茶法马政”的对策性考略——以徐彦登〈历朝茶马奏议〉为中心》，《农业考古》2016 年第 2 期。

要内容涉及政治、经济、军事、司法治安等八个方面。该书2000年由中国藏学出版社出版。

6. 中国藏学研究中心、迪庆藏族自治州人民政府编《云南省迪庆藏族自治州所存西藏和藏事档案史料目录（1738—1949）》

该书所辑录的档案文献从清朝乾隆三年（1738）十月起至1949年止，共辑录条目11308条，内容涉及政治、经济、军事、民政、司法、警务治安、民族事务、宗教事务、文教卫生、涉外事务等，反映和记载了迪庆藏族人民生活地区的历史面貌。该书2002年由中国藏学出版社出版。

7. 青海省档案馆、中国藏学研究中心编《青海省档案馆所存西藏和藏事档案史料目录（1724—1949）》

该书所辑的档案文献形成时间从清雍正二年（1724）至1949年。这些档案资料反映和记载了清代和民国时期青海省涉藏地区政治、经济、军事、司法、文化、宗教、民族关系及青海与西藏关系、青海与四川阿坝地区关系、青海与甘肃拉卜楞地区关系等诸方面的基本情况，也记录了清代和民国时期青海地方政府对藏族的政策，从不同侧面反映了清朝政府和民国政府对青海涉藏地区二百余年的统治情况以及藏族在这一历史时期的生产、生活、发展演变及民族关系等各方面的历史状况。该书2002年由中国藏学出版社出版。

8. 吴丰培编辑整理涉藏奏稿系列图书

吴丰培先后编辑整理并出版了《联豫驻藏奏稿》（西藏人民出版社，1979年）、《豫师青海奏稿》（青海人民出版社，1981年）、《赵尔丰川边奏牍》（四川民族出版社，1984年）、《景纹驻藏奏稿》（四川民族出版社，1986年）等著作。

9. 四川省档案馆、四川民族研究所编《近代康区档案资料选编》

是书由四川大学出版社于1990年出版。其选取四川省档案馆所藏的种类多样的档案资料，按时间先后顺序排列，全书分为设治与政务、赋税征收、户口与乌拉差役、商业与工交、寺院与土司、文教与社团、康藏关系等七部分，涉及近代康藏社会经济等多方面的内容。

10. 四川省民族研究所等编《清末川滇边务档案史料》（上中下）

该书收集了大量光绪、宣统两朝有关川滇边务的奏折和往来电文。编者为每条档案史料拟出了标题。是书由中华书局于1989年出版。

11. 中国藏学研究中心、中国第一历史档案馆、中国第二历史档案馆、西藏自治区档案馆、四川省档案馆合编《元以来西藏地方与中央政府关系档案史料汇编》

该书1994年由中国藏学出版社出版。该书所辑，以元、明、清三朝及民国时期中央政府与西藏地方政府的官方档案为主。其中绝大部分档案来自参加该书编辑的中国第一历史档案馆、中国第二历史档案馆、西藏自治区档案馆、四川省档案馆的馆藏。历史档案由于自然和人为的原因佚失甚多，距今年代逾远则逾甚。该书所辑档案的编排，一部分是依重大历史事件分节，一部分按相同事例归类。凡两者均可编入者，则编入前者。所辑档案，以政治关系为主，经济、文化从略。该书所辑档案，除汉文文件外，还有相当数量译自藏、满、蒙文文件。译文以忠实原意为原则，适当参照不同历史时期的汉译习惯，用字遣词与各该历史时代的汉文文件大体相称。该书编辑出版的宗旨，就是以大量系统的历史档案史料还原西藏地方七百余年来与中央政府关系的本来面目，使读者从中判明是非，以正视听。

12. 中国藏学研究中心、中国第二历史档案馆编《康藏纠纷档案选编》

该书2000年由中国藏学出版社出版。该书所收档案主要反映了第三次康藏纠纷的始末。为了对这一历史事件进行研究和探讨，中国藏学研究中心与中国第二历史档案馆合作，将该馆所藏反映和记载第三次康藏纠纷始末的主要来往电文档案汇辑成册，以供有关专家、学者研究利用。该书所辑档案史料，包括民国中央政府、行政院、蒙藏委员会、达赖喇嘛、西藏驻京办事处、川康边防总指挥刘文辉、青海省政府、西康政务委员会、西康民众团体、中央特派专员等在处理和交涉康藏纠纷事件中的来往电文，共535件，内容繁多，是记录第三次康藏纠纷始末的第一手资料，绝大部分为第一次公布，弥足珍贵。该书所辑史料，绝大部分为中国第二历史档案馆所藏民国中央政府官方档案。另有少数几件是转选自《近代康区档案资料选编》的四川省档案馆所藏档案，以资补充。所辑史料，一律按档案文件形成时间顺序排列，个别时间不清者，按收文时间排列，并加注说明。

13. 中国第一历史档案馆、中国藏学研究中心合编《清末十三世达赖喇嘛档案史料选编》

是书2002年由中国藏学出版社出版。

14. 扎西旺都编，王玉平译《西藏历史档案公文选·水晶明鉴》

该书是西藏历史档案公文的藏文资料汉译选集，分公文和档案两部分，收录公文60多篇，档案70余篇，中国藏学出版社于2006年出版。

（三）志书类成果

涉藏方志收录整理工作经过了一个由传统方志收录整理工作的附属逐步走向独立的过程，《续修四库全书》已经收录了《卫藏通志》，同样《丛书集成初编》也收录了《西藏记》《西藏考》等涉藏方志文献。然而，现代意义上对清代西藏方志文献的收录工作，要以台湾文海出版社于1966年出版的《近代中国史料丛刊》为肇端，该书在大量汇编近代史料的同时，开始将近代以来多部涉藏史料编入其中，但严格意义上属于西藏方志范畴的唯有《卫藏图识》一部。而后，中国台湾成文出版社于1968年出版的《中国方志丛书》在整理汇编全国方志的同时，也开始留意西藏方志，但因该书为全国方志汇编，所以收录西藏方志数量颇为有限，只以影印的方式收录了《西藏志》《西藏记述》《卫藏揽要》三部。同样，中国台湾华文书局于1969年出版的《中华文史丛书》也只收录了《西域遗闻》《西招图略》《西藏通览》三部方志。以上清代西藏方志整理工作尚属于传统方志收录整理工作的附属阶段，而西藏方志收录整理工作逐渐由附属走向独立的系统汇编，要以《西藏研究》编辑部于1982年出版《西藏研究丛刊》为标志。值得一提的是，《西藏研究丛刊》在收录文献的同时亦对所录文献进行了标点和初步的校订工作，较之简单影印收录有了较大进步，方便了读者查阅使用。此后，清代西藏方志整理与汇编成果陆续出现。1995年出版的《中国地方志集成》收录清代以来西藏方志19种。2003年出版的《中国边疆史志集成》收录西藏方志达到40余种。2003年出版的《中国西藏及甘青川滇藏区方志汇编》收录大量涉藏通志、地区（县）志、江河志、宗教志、语文志等重要文献和研究资料。2016 年北京蝠池书院出版的《西藏旧方志》收录近 40 种清代西藏方志及数种涉藏文献史料，虽然在收录汇编文献方面仍保守地采取影印的方式，且如《西藏小识》等稀见文献未被收录其中，但究其规模和篇制而言实属难得，清代西藏常见的通志和地区志几乎都收录其中，为研究者查阅资料提供了极大的便利。①

1. 陈讲《茶马志》

是书《千顷堂书目·典故类》存目，《四库全书总目提要·政书类》载："此书乃其嘉靖三年（1524），以御史巡视陕西马政时所作。凡《茶马》一卷，为目九，纪以茶易番马之制；《盐马》一卷，为目七，纪纳马中盐之制；《牧马》一卷，为目八，纪各寺苑监畜牧之制；《点马》一卷，为目三，纪行太仆寺各军卫稽核马匹之制。摭叙原委颇详。"据此可知，该书虽为马政之志，"以茶易番马"却为重心所在。

《茶马志》计四万余字，在历代茶书中，其字数算较多的。其编纂体例亦较为独特。首按年代次序纪事写史，大多简明。次为附录，是前面所记茶马之事的原文和史料，大多详尽。其中包括有关茶马的皇帝圣旨敕谕、茶马之法规，尤以茶马奏议为多，偶尔也有作者陈讲本人的点评。是书分九个专题，即《差发》《禁谕》《巡察》《课茶》《商茶》《私茶》《招易》《给领》《食茶》。《茶马志》是我们研究中国茶政史与明代茶马史的重要参考资料。②

另：依史料记载，明代谭宣也著有《茶马志》（1442 年前后撰），该书《千顷堂书目》载目，未见书。蔡方炳著《历代榷茶志》，今已佚失。

2.《西藏研究》编辑部《西藏研究丛刊》

《西藏研究丛刊》以收录近代以来西藏方志等相关文献为主，收录文献包括《通鉴吐蕃史料》《西藏志》《卫藏通志》《西招图略》《西藏图考》《西藏宗教源流考》《番僧源流考》《藏事辑要》《民元藏事电稿》《仓央嘉措及其情歌研究资料汇编》《明实录藏族史料》《清实录藏族史料》《藏事论文选》等，其中方志文献有《西藏志》《西招图略》《西藏图考》《卫藏通志》四种。

① 马天祥：《清代西藏方志整理现状与走向》，《中国图书评论》2017 年第 8 期。

② 王河、朱黎明：《陈讲与〈茶马志〉》，《农业考古》2005 年第 2 期。

3. 西藏社会科学院西藏学汉文文献编辑室《西藏地方志资料集成》

该套丛书共辑有县志、舆地志、纪程、吐蕃传合集、其他方志资料等五大类，六十余种。收入的资料起自汉唐，迄于民国。主要文献包括旧方志中的善本和稀见著作、史书中的方志资料和近人编著的大批稿本及有关公文、奏牍等。民国时期占篇幅较大的是刘赞廷编纂的西藏地方志稿本。该丛书主要收录的文献有《西藏的自然区划》（任乃强）、《西藏种族沿革地理考》（张法隐）、《西藏民族生活诸形态》（余汉华）、《拉萨厅志》（李梦皋）、《太昭县志略》等。

4. 刘赞廷著、四川省地方志编纂委员会编《刘赞廷康区36部图志点校》（上下）

该书系刘赞廷以自己“历边十四年”之经历纂成之图志。重庆市图书馆以所藏刘赞廷手稿为蓝本，与1960年民族文化宫图书馆油印本互为参照点校与编排，改正了错别字句后由四川民族出版社于2017年出版，便于学界利用。[①]该书主要收录有《康定县图志》《九龙县图志》《雅江县图志》《道孚县图志》《丹巴县图志》《泸定县图志》《甘孜县图志》《德格县图志》《邓科县图志》《石渠县图志》《白玉县志》《瞻化县图志》《炉霍县图志》《理化县图志》《巴安县图志》《得荣县志》《定乡县志》等。

5. 西康省通志馆编纂《西康通志稿》

民国时期西康省通志馆编纂的《西康通志稿》由方志出版社于2016年整理出版。该书共四篇110余万字，包括《西康通志撰修纲要》一卷，《交通志》五卷，《社团志》《农牧志》《物产志》《议会志》《选举志》《职官志》《武卫志》《司法志》《财赋志》《水利志》《工商志》《教育志稿》《医方志》各一卷，《宗教志》两卷，对民国时期及中华人民共和国成立初期原西康省所在的四川省阿坝州、甘孜州、凉山州等民族地区的自然地理、社会组织、经济情况、政教方略及历史演变等方面，都做了详细记述。全书分水利、各县关隘渡口桥梁、宗教、职官、物产、农牧、医方、工商、社团、财赋、教育、武卫、交通、司

① 王川：《40年来近现代康藏汉文史料的整理与研究》，《四川师范大学学报》（社会科学版）2019年第1期。

法、选举、议会共16个部分，内容涵盖当时整个西康省的方方面面。为进一步了解和研究西康省以及西藏昌都等地的政治、经济、宗教、文教、风俗等提供了历史资料。

6.《中国稀见地方史料集成》编委会《中国稀见地方史料集成》

该书是一部大型方志类丛书，共收书400余种。除《中国地方志联合目录》未收录的地方志外，还收入了全国各地区的沿革、地形、四至、村寨、道里、水陆程途、事略、图录、文献征略、地名录、采访录、考古录、族姓、民族、宗教、移徙、边防、关隘、文化等方面的文献。丛书先后出了三集，即《中国稀见地方史料集成》（65册）和《中国稀见地方史料集成第二集》（80册）、《中国稀见地方史料集成第三集》（100册），由学苑出版社先后出版。该丛书涉藏书目如下：

第四十二册《四川府州县图》《调查川边各县沿革疆域气候表》《川边各县舆地图说》《川边各县舆地图》《蜀中方物记一》。

第四十三册《蜀中方物记二》《理番县视察述要》《理番县概况资料辑要》《汶川资料概况辑要》《金川琐记一》。

第四十四册《金川琐记二》。

第六十二册《西藏图考一》。

第六十三册《西藏图考二》《西藏全图附说》《西藏志考》《西藏通览一》。

第六十四册《西藏通览二》《筹藏刍言》。

第六十五册《西藏杂俎》《藏事纪要初稿》。

7.《中国地方志集成》编委会《中国地方志集成·四川府县志辑》

《中国地方志集成》是一套国内外选收方志最完整、覆盖面广、实用性强的大型方志丛书。20世纪80年代后期，全国新修方志全面展开，修志人员的读志用志也随之进入高潮。为了开发和利用好地方志书这一我国特有的历史文化载体，江苏古籍出版社（今凤凰出版社）、上海书店和巴蜀书社三家出版单位在全国各大图书馆的协助和支持下，启动了影印出版1949年以前各类旧志的项目，做成了一部《中国地方志集成》书目。该集成以省为单位分辑，选择资料性强、内容丰富的志书逐年推出，1991年起开始出版，其中《四川府县志辑》70 册；《青海府县志辑》5 册；《西藏府县志辑》（第二版）8 册。该丛书涉藏书目如下：

（1）《中国地方志集成·四川府县志辑》。

六十三卷《乾隆雅州府志》。

六十四卷《民国雅安县志》《民国芦山县志》《民国名山县新志》《民国荥经县志》。

六十五卷《民国汉源县志》《咸丰天全州志》。

六十六卷《民国松潘县志》《道光茂州志》《民国汶川县志》《同治直隶理番厅志》《民国懋功县志》《民国抚边屯志略草案》《道光绥靖屯志》《民国崇化屯志》《光绪打箭厅志》。

六十七卷《民国康定县图志》《民国炉霍县图志》《民国甘孜县图志》《民国瞻化县图志》《民国白玉县图志》《民国德格县图志》《民国石渠县图志》《民国邓科县图志》《民国泸定县图志》《民国丹巴县图志》《民国九龙县图志》《民国雅江县图志》《民国道孚县图志》《民国理化县图志》《民国义敦县图志》《民国定乡县图志》《民国稻城县图志》《民国巴安县图志》《民国得荣县图志》。

（2）《中国地方志集成·西藏府县志辑》。

该书共收录今西藏自治区境内各区市县古旧方志 44 种。所收方志包括清代著述 15 种，日本著述 2 种，民国著述 27 种。除了收录《道光拉萨厅志》《民国太昭县志》等 19 种旧方志之外，增加了包括《雍正藏纪概》、《嘉庆西招图略》、《宣统巴塘盐井乡土志》、《民国西藏通志》在内的 25 种史地资料。

（3）《中国地方志集成·青海府县志辑》。

该书收录民国以前青海境内方志 16 种，其中，府志 2 种：《乾隆西宁府新志》《民国西宁府续志》；县志 3 种：《民国玉树县志稿》《民国大通县志》等；厅志 2 种：《乾隆循化厅志稿》《光绪丹噶尔厅志》；风土调查记 3 种：《民国亹源县风土调查记》《民国共和县风土调查记》等；风土调查录大纲 2 种：《民国乐都县风土概况调查录大纲》等。

在方志文献整理汇编过程中，随之也产生了一批目录提要类成果，涉藏的成果主要有《藏族史料书目举要》《稀见地方志提要》《中国地方志总目提要》《西藏志书述略》等。

（四）辑选类成果

1. 张其勤原稿、吴丰培增辑《清代藏事辑要》

是书所收为清代西藏地方史料，共24卷，今存23卷。著者为驻藏帮办大臣联豫随员，光绪末年随联豫入藏掌文案工作，着手编辑此书，凡清代与西藏有关之事件、人物皆自《东华录》《东华续录》一一辑出，而以藏、汉文档案资料充实内容，详其始末，对道光、咸丰、同治三朝因内政紊乱官书失载的边务与藏事，补辑尤多。

2.《近代康藏重大事件史料选编》

西藏社科院、四川社科院合编的《近代康藏重大事件史料选编·第一编》（上下）2001年由西藏古籍出版社出版；西藏社科院、四川社科院合编的《近代康藏重大事件史料选编·第二编》（上下）2004年由西藏古籍出版社出版。

3. 卢秀璋主编《清末民初藏事资料选编（1877—1919）》

该书所收资料起于1877年，止于1919年。所选资料为清末民初国内期刊上公开发表的时论、报道及有关的资料，同时还有这些期刊上译载的国外报刊上有关西藏问题的时论、资料。2005年由中国藏学出版社出版。

4. 郭卿友编著《民国藏事通鉴》

该书由中国藏学出版社于2008年出版，分为上下两卷。上卷《政事纪要》，起笔于清末西藏边疆危机，铺垫民国藏事的背景，收笔于西藏和平解放，中经民国期间的重大历史事件，分设24个专题，按时间顺序，逐题记述每一事件的始末与因果联系，贯通中华民族在这一时期从分裂走向统一的历史进程。下卷《藏志类编》，共设11志，对民国时期涉藏地区的行政建制、政教组织与职官、藏军编建、贵族爵位、寺院活佛、部落土司、经济、自然灾异、教育、文化社团、人物予以专题分类志述。此外，全书设《图表附录》，附有民国时期涉藏地区地图、人物照、文物照、历史文献、西藏地方政教组织系统表、藏语名词汉译解释表和西藏货币、度量衡、赋税名称汉译解释表，《通鉴》编撰资料目录及分类索引等8录。

5. 蒋文中编著《茶马古道文献考释》

是书为《云南省茶马古道系列丛书》之一。全书20万字，为滇藏茶马古道首部史料集成，共分云南茶叶生产及贸易有关史料辑考，云南茶马贸易茶政、茶法、茶税史料辑考，云南地方志有关云南茶叶及生产贸易史料辑录，清末云南思茅海关茶叶贸易方面资料辑录，云南茶叶入藏贸易方面史料辑考，有关茶马古道线路史料辑考，有关道路交通状况、马帮运输等史料记载，有关茶马古道图片文献资料等八大章节。全书收录东晋至清朝文献 47 种，民国文献十数种，1949 年前云南通志、地方志 48 种。

6. 焦虎三、仲昭铭编著《扎坝藏族文史调查与研究辑要》

是书 2017 年由西南交通大学出版社出版，它不仅是一本民国时期与扎坝藏族相关文献的编选合集，也是一本 1949 年后扎坝藏族研究专著与文献的汇编，辑求资料翔实，注求精其要点。全书分为上下两编，上编为“1949 年前扎坝片区珍稀文史资料辑要”，共编选收录民国文献（图书、期刊）近 20 种（册）；下编为“1949 年后扎坝藏族研究文献专题辑要”，其下分五小部分：（1）扎坝藏族研究与调查专著，共收录 18 本专著，均有简介并附详尽目录；（2）扎坝藏族研究与调查文献，按学科分为九类，有文约 382 篇，每篇有摘要等概情，并附有注释，言明文中与“扎坝藏族”相关之观点内容；（3）扎坝藏族宣传与介绍资料，共收文 97 篇，均有简介；（4）扎坝藏族研究与宣传文章精选，共收（摘选）文 12 篇，涉及民族、历史、文化、旅游与宣传等方面；（5）该书课题组关于扎坝藏族的调查资料。

7. 焦虎三、焦好雨编著《茶马古道“锅庄文化”文史调查与研究辑要》

是书 2019 年由西南交通大学出版社出版。该书是国内至今第一部以涉藏地区为中心的茶马古道历史文献专辑，也是首部“锅庄文化”文史资料与研究类编的专辑，全书 70 余万字：（1）《上编》第一章共收录各类文 80 余种，其中清季文著、档案等约计 66 种；民初《清史稿》《清稗类钞》2 种；译著 7 部；《竹枝词》7 种等；（2）《上编》第二章共收录民国时期与茶马古道“锅庄文化”相关的文献（图书、期刊）145 种（篇），附录图书 19 种，译著 10 种，共计 174 种文著；（3）《下编》研究文献专题辑要共收录 1949 年后学者研究茶马古道“锅庄文化”相关论文概要 96 篇。

（五）其他类（文学、杂记类）成果

1. 吴丰培辑《川藏游踪汇编》

该书为吴丰培所辑，前有吴丰培序及《总目》，内收唐刘元鼎撰《使吐蕃经见纪略》（附会盟约文），清焦应旂撰《藏程纪略》，清吴廷伟撰、吴丰培校订《定藏纪程》，清杜昌丁撰《藏行纪程》，清王世睿撰《进藏纪程》，清允礼撰《西藏往返日记》，清允礼撰《奉使纪行诗》，清杨揆撰《桐华吟馆卫藏诗稿》，清林儁撰《西藏归程记》，清孙士毅撰《百一山房赴藏诗集》，清松筠撰《西藏巡边记》《西招纪行诗》《丁巳秋阅吟》，清文干撰《壬午赴藏纪程诗》，清徐瀛撰《西征日记》《晋藏小录》，清黄楙材撰《西辅日记》，清赵咸中撰《使廓纪略》，清佚名撰、吴丰培校订《察炉道里考》，吴崇光撰《川藏哲印水陆记异》，清陶思曾撰《藏辅随记》，张其勤撰、联豫补记《炉藏道里最新考》，范铸编《三省入藏程站纪》，程凤翔撰、吴丰培订《喀木西南纪程》，丁耀奎撰《西康行军日程》（附藏卫矿山纪略），润藩撰《藏游日记》。末附综合索引。是书1985年由四川民族出版社出版。

2. 任乃强《民国川边游踪丛书》

该丛书共三册，是著名历史地理学家、民俗学家、藏学家任乃强先生于1940年起，广泛采集康藏民族资料而撰成的三部长篇考察报告，即《泸定考察记》《天芦宝札记》《西康札记》。中国藏学出版社2010年出版。

3. 雷梦水、潘超等《中华竹枝词》

竹枝词，又称“竹枝”“竹歌”“竹枝歌”“竹枝曲”，是我国古代富有地方特色和乡土风味的诗歌，流行于四川东部地区（巴渝）以及荆楚一带，属于我国古代诗歌的一种体裁。竹枝词之作，首见于唐，至明清则蔚然成风，卷帙浩繁，与唐宋竹枝词创作不同，清代文人创作竹枝词更加平实与写真，以风土之诗的纪事手法，使之成为“地方志、民俗史的注释和补充”①。

《中华竹枝词》全六册，北京古籍出版社1997年出版。该书按作者年代先后分省编排，诗作繁多者又分区排列，所辑自中唐至民初1260多位作者的

---

① 李廷锦：《历代竹枝词赏析》，广西教育出版社，1992年，第3页。

21600多首竹枝词作品。其第五卷西藏部分收录《番行杂咏》《西藏竹枝词》《西藏杂诗六首》《西招杂忆十二首》，青海部分收录《湟中竹枝词》《续湟中竹枝词》，川滇部分也收录了部分涉藏竹枝词。

4. 丘良壬、潘超、孙忠铨《中华竹枝词全编》

《中华竹枝词全编》全七册，2007年由北京出版社出版。该书收录的竹枝词始于唐代，止于民国，精选近500位诗人所创作的近60000首作品。其第六册《四川篇》收录清季、民国《迭克杂咏》《炉城竹枝词》《炉城杂咏》等作品。第七册《西藏卷》《甘肃卷》《青海卷》中收录了部分涉藏竹枝词，其中《西藏卷》收录清季竹枝词11篇，《青海卷》收录清季竹枝词13篇。

5. 赵宗福选注《历代咏藏诗选》

是书由西藏人民出版社于1987年出版。该书为首部中国古代咏藏诗选，也是首部涉及西藏的古代诗歌作品汇集。“由于历史的原因，前人没有作搜集历代咏藏诗的工作，至多也就是在《西藏图考》《四川通志·西域志》中采录了几十首。绝大多数咏藏诗至今仍然散见于全国各地历代诗人别集和一些总集中，搜集起来困难很大。我在几年前大学读书时偶尔读了一些清人著述，发现里面有不少咏藏诗，便产生了汇集的念头，认为汇集后至少可以作为地方文学资料，某些方面还可以补史书之缺。经过几年，果然搜集了将近千首。我便从中选取了一百〇七首，按诗人到藏或写诗的年代先后编排诗歌顺序，详加注解，成了这本诗选。”① 该部诗选从唐朝至清，尤以清诗为重。在注解方面，分作者简介、题解、注释三部分。作者简介部分对相关作者都进行了必要的考证，推定其到藏年代和写诗时间。到过西藏或咏藏诗较多的诗人除生平简介外，还略述其与藏有关的活动并加以评论。其他诗人一概简介其生平。题解主要说明该诗的写作时间和背景，并对诗作加以简评。为了使读者更深一步理解诗歌内客，了解西藏，题解中还附带采录了一些与该首诗主要内容有关的资料。注释的重点是与西藏地理、历史、民族、宗教、物产、习俗等有关的词句及典故等。

6. 赵宗福选注《历代咏青诗选》

是书由青海人民出版社于1986年出版。编者选录历代106位诗人的230

① 赵宗福：《历代咏藏诗选》，西藏人民出版社，1987年，《前言》第1—2页。

余首歌咏青海省的古诗。年代从东晋至民国，尤以清时收录最多。书中注解，一为作者简介，简单介绍作者生平及其著述，与青海有关的部分则适当详写，包括部分名气不大或不见于经传的作者的生卒年及生平；二为题解，对每首诗的写作背景、思想意义、艺术特色以及有关的人名地名等做简单介绍分析；三为注释，这部分较为详细，特别是对涉及青海历史地理、风俗民情、名胜风物诸方面的诗句，更是加以详细说明。

7. 高平编《清人咏藏诗词选注》

该书为涉藏的古代文学作品选集，在藏学汉文文献的古代文学作品选集中较具代表性。作者从八种不同的典籍中，遴选出 23 位作者的 216 首诗词，编成这本《清人咏藏诗词选注》。这些诗词极少纯文人作品，大多是军政官员业余所制，是作者亲身经历的真实记录，具有较高史料价值。2004 年由中国藏学出版社出版。

8. 龚伯勋等编著《康定古今诗词选》

该书为区域性的涉藏文学作品选集，在区域性的涉藏古代文学作品选集中较具代表性。作者将几个不同时期的咏康诗词汇编成册，凡 96 家、370 余首。该书 2014 年由中央民族大学出版社出版。

9. 杨长虹编著《凤全家书笺证》

该书辑录了新近发现的驻藏帮办大臣凤全从成都经打箭炉、理塘、巴塘，直至他在鹦哥嘴罹难之前，寄往家中的全部信件。作者将其整理、标点、校注，根据书信内容和其他史料重新论证巴塘事件发生的原因。是书分两部分：卷一主要对家书进行点校注释，卷二为凤全家书笺证。附录主要收录了清末有关巴塘乙巳事件的档案，兼收后人引用率较高的著述或所载史料比较丰富的札记等，力求客观地为读者阅读凤全家书提供参考。全书共收录凤全家书 22 封，加附影印图版，考据精细，资料丰富，极具价值。该书 2012 年由民族出版社出版。

四、跨世纪的藏学汉文文献整理发展概况

有明一代，虽有《历朝茶马奏议》《茶马志》等著述，但这类著述重点在

于庙堂，严格而言还谈不上是民族文献的整理。我国对涉及边疆（边地）[①] 文献的系统搜集、全面整理与大规模出版工作，是从清中后期开始的。这主要源于清代国家疆域的奠定及其产生的重大影响。有清一代，国家版图在前代王朝的基础上进一步开拓和巩固，奠定了中国的疆域基础。疆域的扩展及管理，以《皇清职贡图》的编绘为代表的对少数民族地区一系列大规模的官方调查，地方志书的编纂，这些都使包括涉藏文献在内的民族文献数量激增，体裁也多种多样。与此相应，民族文献的整理工作也随之起步。

（一）清季藏学汉文文献整理概况

"清代藏学汉文文献是有清一代汉藏民族交往过程中产生的有关西藏的文献，包括史料、档案、方志、方略、典章制度、笔记、诗歌等。其内容涉及西藏历史、政治、宗教、民俗、语言等各个方面，具有多方面的研究价值。"[②]

在清季藏学汉文文献整理工作方面，有学者说："鸦片战争以后至 19 世纪末期，随着英、俄等列强对西藏侵略的加紧和西藏边疆形势的日益危急，广大爱国知识分子对于西藏史地研究逐渐重视起来，并且逐步将西藏史地研究推向深入。从魏源、姚莹等人对西藏史地的一般性介绍、西藏地图的粗线条勾勒及筹边建议的简单设想，到黄沛翘、王锡祺等人对于西藏史地资料的广泛搜集、西藏地图的专注绘制和一系列具体务实的筹边建议的提出及开发建设的远期构想，再到《小方壶斋舆地丛钞》（正编第三帙）和《卫藏通志》刊刻于世提供的丰富、广泛的西藏史地资料，西藏史地研究工作逐步发展，形成了持续高涨的热潮。而综观这三个阶段的研究，又无不贯穿着对祖国的热爱和保卫神圣领土、坚决抗击外国侵略的民族精神，无不体现了爱国知识分子力图把学术研究与筹边抗敌、维护祖国统一结合起来的经世致用学风，正是这种爱国主义与经世致用的优良传统推动了这一时期西藏史地研究不断向前发展，为当时人们了解西藏和筹边抗敌提供了资料，为维护祖国统一做出了重大贡献，也使今天的人们获得了研究西藏和建设西藏的宝贵文献资料。"[③]

在康藏地区，康熙、雍正年间，随着清政府对康区统治的加强，大量禀

---

① 本书所指边疆，实包括我国的边疆区域及有关少数民族地区，故"边疆（边地）"并列。

② 王宝红：《清代藏学汉文文献与大型语文辞书的编纂》，《贺州学院学报》2014 年第 1 期。

③ 李剑虹：《十九世纪中后期西藏史地研究探讨》，《西藏研究》1997 年第 4 期。

文、表册等资料因之出现。除部分文书上缴朝廷，成为档案保存于皇史宬中，尚有若干资料被一些官吏士绅抄录，编入《打箭炉志略》《雅州府志》《理塘志略》《巴塘志略》等书籍。应该说，此为大规模辑录康区资料之始。清代后期，受形势的影响，康区的重要性日渐突出，资料的辑录也更为广泛，其意义也更加重要。①

总体而言，清季可视为我国藏学汉文文献整理工作的伊始期，这一时期，文献整理工作过于松散，即使如文卷浩瀚的《小方壶斋舆地丛钞》，客观上也算不上专门的藏学汉文文献搜集与整理成果。

（二）民国时期藏学汉文文献整理概况

民国时期，中国边疆危机日益深重，边疆问题受到前所未有的关注，全国范围内的边疆（边地）调查工作也普遍展开。民国时期所进行的少数民族社会历史调查，遍及西南、西北、中南、东北、台湾等地，而以西南地区为主，涉及赫哲、瑶、彝、苗、高山、黎、纳西、藏、蒙古、回、傣、羌、畲等众多少数民族，分别由政府组织的或受政府、学术机构委托、派遣的调查组和学者个人所进行。这一时期所从事的少数民族文献的搜集整理和研究，主要包括对传世少数民族历史文献的辑佚、汇编、校勘、考释，对民族调查所得少数民族文献的整理研究，以及对少数民族碑铭的译释和域外有关中国少数民族史料及研究成果的编译。民国时期的少数民族社会历史调查留下了大量具有较高可信度的资料和学术著作，培养了民族学、民族史研究人才，而民族文献的整理研究则为民族史学的发展奠定了史料基础。②

这一时期，藏学汉文文献整理工作主要集中在档案、文件的整理研究上，吴丰培在《禹贡》半月刊上发表了《西藏图籍录》，先后出版了《清代西藏史料丛刊》第一集（1937 年，商务印书馆）、《清季筹藏奏牍》（1938 年，商务印书馆）等著作；王光祈译编有中英对照的《西藏外交文件》（1930 年，中华书局）。吴丰培的《清季筹藏奏牍》、张其勤的《清代藏事辑要》在这一时期较具

---

① 赵心愚、秦和平：《关于康区藏族论著索引及文献辑录的历史考索》，《中国藏学》2003 年第 4 期。

② 赵梅春：《民国时期少数民族社会历史调查与文献整理研究述论》，《郑州大学学报》（哲学社会科学版）2018 年第 5 期。

代表性。《清季筹藏奏牍》辑清咸丰以后有关西藏事务的奏折、文牍，奏者都是这一时期的驻藏大臣，折中大都是反映宗教问题、政治和经济问题等等，充分反映了清朝末年西藏的政治、经济、民族、宗教以及民生的现实状态，其史料价值极高，对研究西藏历史大有裨益。《清代藏事辑要》作者张其勤本为驻藏帮办大臣联豫随员，光绪末年随联豫入藏掌文案工作，即着手编辑此书。凡清代与西藏有关之事件、人物，皆自《东华录》《东华续录》一一辑出，而以藏、汉文档案资料充实内容，详其始末，对道光、咸丰、同治三朝因内政紊乱官书失载的边务与藏事，补辑尤多。

目录提要类的成果主要有邓衍林编《中国边疆图籍录》（1939 年成稿）。是书被誉为“我国学术界第一部甚至可以说是截今为止仅有的一部较为系统的边疆学目录著作”[①]。该书编制上先依地区，再以作者时代先后为序，又加入“西夏史料”“契丹及辽代史料”等专目，总共分为一般论著，边疆舆图，中国边界关系，西夏史料，契丹及辽代史料，元代史料，明代边墙史料，明倭寇史料，丛书及期刊，东北资料，辽宁、吉林、黑龙江、热河、蒙古资料，察哈尔、绥远、西北资料，陕西、甘肃、宁夏、青海、古西域资料，新疆、西藏、西康、西南资料，西南各民族、云南、贵州、广西、四川、台湾、海防资料（附江防资料）等 35 大类。[②] 其涉藏部分，《西藏类》清代编目 150 种，《西藏类》民国编目 102 种，《西藏舆图》编目 32 种；《西康类》明清编目 8 种，《西康类》民国编目 22 种，《西康舆图》编目 10 种。此外，该书《西南资料》编目 68 种、《西南舆图》编目 16 种、《西南各民族》编目 152 种，都有部分涉藏书目。

“特别值得提出的是……为粉碎日本侵略者的阴谋，救亡图存，政界及学术界呈现认识边疆、研究边疆、开发边疆的热潮，其中包括认识和研究康区。如，各主要边疆民族刊物均出版‘康藏专号’，等等，从而激发辑录资料（含论著）工作的开展。”[③]

---

① 林荣贵：《〈中国边疆图籍录〉简介》，《中国边疆史地研究导报》1989 年 6 期。

② 周余姣：《“图写边疆”——邓衍林〈中国边疆图籍录〉研究》，《国家图书馆学刊》2018 年第 3 期。

③ 赵心愚、秦和平：《关于康区藏族论著索引及文献辑录的历史考索》，《中国藏学》2003 年第 4 期。

纵观民国时期的藏学汉文文献整理工作，客观而言，其数量远不及这一时期涉藏文献的新著。西南地区历来是我国少数民族的世居之地，民族种类繁多，人口众多，分布广泛。抗战时期政治势力对西南的倾斜，自然使这一区域的少数民族也受到前所未有的关注。边疆危机的急迫，又助力现代史上“第二次边疆调查、研究高潮期”[①] 的推动，此时，涉藏（藏事）的著述众多，体裁丰富，民族调查类文著层出，对历代藏学汉文文献的系统整理工作，反显滞后。如著名的“新亚细亚学会”，其所属新亚细亚出版科，先后搜集并出版了一批新亚细亚学会边疆丛书，其中较著名的有《西康图经境域篇》（任乃强著，1933 年）、《西康图经地文篇》（任乃强著，1935 年）、《西康图经民俗篇》（任乃强著，1934 年）、《赴康日记》（唐柯三著，1934 年）、《最近之青海》（青海省政府民政厅编，1934 年）、《西藏文文法》（耶司克著、张煦译，1937 年）等，均为新著。又如：1929 年至 1937 年商务印书馆排印了《万有文库》，整理出版了部分藏学汉文文献，《万有文库》第一集录《西藏问题》，《万有文库》第二集收《卫藏通志》等，但与新著相比占比极小，在该文库 4000 余册的体量中，可谓“沧海一粟”。1933 年上海进步书局辑有《笔记小说大观》（石刻），共 35 册，录书 220 余部，第七辑录有《康辅纪行》16 卷，但新旧比例情形与《万有文库》大致相同。

（三）中华人民共和国成立后的藏学汉文文献整理概况

1949 年 10 月 1 日，中华人民共和国成立。在各民族一律平等的宪法原则下，包括藏族在内的全国各族人民空前大团结。遵循“民族平等和民族团结”“积极发展少数民族教育文化事业”“保障各民族使用发展语言文字、尊重少数民族风俗习惯”等富有中国特色的民族政策，在民族团结“三个离不开”方针指导下，包括藏族在内的少数民族文化事业快速发展，少数民族社会历史与文化习俗的调查、研究工作在全国范围内多次系统展开。这一切，都使多语种的涉藏文献整理工作得到党和国家以及学界的高度重视。党的十一届三中全会后，伴随着思想领域的拨乱反正，我国文化事业空前繁荣，藏学汉文文献的整

① 学界一般将 20 世纪三四十年代视为中国边疆研究第二次高潮期。参见孙喆、王江：《边疆、民族、国家——〈禹贡〉半月刊与 20 世纪 30—40 年代的中国边疆研究》，中国人民大学出版社，2013 年。

理工作也迎来了春天。

在抢救和保护少数民族文化遗产方面，“国家成立了全国少数民族古籍整理出版规划小组和办公室，对少数民族古籍进行挖掘、整理、保护。截至2008年底，已搜集少数民族古籍数百万种，整理11万余种。《国家珍贵古籍名录》第一、二批已收录少数民族古籍377种，中国民族图书馆等5个单位列入第一、二批全国古籍重点保护单位。其中，纳西族东巴古籍文献已列入联合国教科文组织‘世界记忆遗产名录’。中国政府设立少数民族三大英雄史诗《格萨尔》（藏族）、《江格尔》（蒙古族）、《玛纳斯》（柯尔克孜族）专门工作机构，收集、整理、翻译和研究取得重大成果。近年来，国家拨付巨资支持校勘出版《中华大藏经》计150部。从20世纪50年代开始，国家组织3000多名专家学者，历时30多年完成了中国少数民族、少数民族简史丛书、民族语言简志丛书、民族自治地方概况丛书和少数民族社会历史调查资料丛刊等五种少数民族丛书的调查、编纂和出版，合计403册，1亿多字，发行50多万册。近年来，国家又组织对这五种少数民族丛书进行了修订再版。自20世纪50年代至今，国家组织开展了三次大规模的民族民间文艺资源的普查、挖掘、抢救整理工作，并组织动员10余万人，历时30年，完成了国家哲学社会科学规划重大课题《十部民族民间文艺集成志书》，出版298卷，全部450册，约5亿字。此外，组织完成了国家艺术学少数民族各类艺术理论著作108种，约2500万字。”①

党的十八大以来，以习近平同志为核心的党中央，高瞻远瞩，高屋建瓴，就治国理政提出了一系列新思想、新战略。2013年两会上，习近平总书记明确提出“治国必治边、治边先稳藏”的重要战略思想。2015年8月，在北京召开的中央第六次西藏工作座谈会上，习近平总书记又系统全面地阐述了“治藏方略”。同时，对“中华传统优秀文化保护与继承”“哲学社会科学工作的发展”“少数民族历史文化的研究”等做了一系列重要讲话。

习近平总书记治边稳藏的一系列重要思想，关于中华传统优秀文化与少数民族历史文化建设的重要论述，给涉藏文献的整理工作指明了方向，鼓舞了士

① 《〈中国的民族政策与各民族共同繁荣发展〉白皮书》，（2011－09－14）［2020－02－09］，http：//www.scio.gov.cn/zhzc/8/1/document/1005878/1005878.htm。

气，使进入新时代的藏学汉文文献的整理工作显现“井喷”之态，迈向全面繁荣之期。

五、跨世纪的藏学汉文文献整理工作特点

从清中后期至21世纪，中国藏学汉文文献的整理工作走过了百年的历史。沧桑起伏，起承转合。大致经历了清中后期的伊始期、民国时期的发展期与1949年后的繁荣期三大阶段。其发展的特点如下。

（一）从无到有，由有渐大；由点及面，全面覆盖

1. 清中后期的伊始期

从上文可以看出，中国藏学汉文文献的整理工作有一个从无到有、由有渐大的发展过程。清季以《小方壶斋舆地丛钞》为代表，其虽广集清季涉藏汉文文献，但并不是专门的藏学汉文文献。其他如孙士毅的《百一山房诗集》卷九大半为其康藏诗歌[①]；《徐玉崖集》收录徐长发的“康藏诗咏”[②]；方积《敬恕堂诗存》收集《康藏杂诗》[③]，均为个人作品汇集。清人周蔼联《西藏纪游》虽收录了孙士毅、杨揆、李若虚、和琳等人的咏藏诗作，但也算不上专门的藏学汉文文献的搜集与整理成果。

2. 民国时期的发展期

这一时期，以藏事档案、文件的整理研究为亮点，《清代西藏史料丛刊》第一集、《清季筹藏奏牍》与《清代藏事辑要》拉开了清季藏事档案、文件整理的序幕。《中国边疆图籍录》“开一代先河”。吴丰培编有《西藏图籍录》，载

① 孙士毅（1720—1796），字智冶，一字补山，浙江仁和县临平（今杭州市余杭区临平镇）人，清朝大臣。乾隆五十六年（1791）授四川总督，为保证平定廓尔喀之役的粮饷供应，孙士毅经邛崃、雅安入康，直抵理塘。其间他所作与康、藏有关的诗文多收入《百一山房诗集》。

② 徐长发，字玉崖，生卒年不详。清乾隆时期官员，上海金山（今上海市）人。今存《徐玉崖集》十四卷，清嘉庆间刻本。

③ 方积（1764—1814），字有堂，安徽定远（安徽省滁州市定远县）人，清朝官吏。嘉庆六年，调夔州，继刘清为建昌道。凉山生叛，率师讨平之。未几，理塘正土司索诺木根登杀副土司，夺其印，副将德宁兵为所困。积单骑往，密授旧头目希拉工布方略，以其众破之。历川北道、盐茶道，擢按察使，迁布政使。积官四川二十余年，驰驱殆遍，山川风土，了然于胸。方积遗诗由后人编辑，嘉庆十九年刊刻，名《敬恕堂诗存》，共六卷。

1935年《禹贡》第四卷二期，后又编《〈西藏图籍录〉拾遗》，载1937年《禹贡》第六卷十二期。郑允明编《〈西藏图籍录〉再补》，载1937年《禹贡》第六卷十二期，同期期刊还有北京图书馆舆图部的《康藏论文索引》。

总体而言，民国时期涉藏著述繁多，但专业历史文献的搜集与整理数量仍然偏少，也存在涉及面过窄的问题。

3. 1949年后的繁荣期

中华人民共和国成立后，中国藏学汉文文献的整理工作才逐步进入正轨，走向系统化、科学化、专业化的繁荣期。尤其党的十八大以后，是高速发展期。这一阶段特点鲜明，与前两阶段不可同日而语。

（1）鸿篇巨制，书集大成。繁荣期成果丰硕，容量巨大，收录广泛的大型集成类图书纷纷出版；各类集成卷帙浩繁，不少丛书堪称文献巨著。以上文提及的部分集成类图书为例，《中国藏学汉文历史文献集成》编纂历时10年，收录了从7世纪中叶至20世纪中期1300余年间有关藏事汉文史料文献约2000余种。分为《清代治藏法规全编》《中国西藏及甘青川滇藏区方志汇编》《民国治藏法规全编》《唐宋元明清藏事史料汇编》《民国藏事史料汇编》五部，凡195册。在严谨选材的前提下，广采博收。即使清史记述有异，观点针锋相对，亦兼收并蓄。取材范围广泛，不拘一格。除正史、实录等基础史料之外，各种史书如《资治通鉴》《册府元龟》《永乐大典》《古今图书集成》《四库全书》中各朝《会典》和《经世文编》《十通》《纪事本末》等，以及信札、日记、碑刻等都在取材之列，史料系统而完备。收入该书的许多珍稀典籍，具有很高的研究价值和收藏价值，为学者研究提供了许多珍贵的一手文献资料。例如，清末驻藏大臣张荫棠“筹藏新政”的亲笔记录——《使藏纪程》（抄稿本）、西宁办事大臣奎顺的《奏稿》（稿本）、清朝知府衔官员嵇志文的《西藏基本全图附说》（抄稿本），以及清末藏事奏稿（清抄本），加上其他清代藏事史料稿本和清抄本等数十种都是第一次面世。另外，像福康安《奏疏》和和琳、孙士毅诗文集等多种驻藏官员的诗文集，丁宝桢、那彦成有关青海的奏稿等也都是清代原刻本影印。

《中国西南文献丛书》全书203册，共分八个学术专辑，共收录历代稀有文献八百余种。其中首次公布的稿本、清稿本为两百余种，约占全书收录文献总量的百分之二十五；明清珍善刻本为四百余种，约占全书收录文献总量的百分之六十；其他稀见珍贵文献约占全书收录文献总量的百分之十五。

其他如马大正主编《民国边政史料汇编》《民国边政史料续编》和江措主编《中国少数民族古籍集成》等都是涉及少数民族历史文献的集成工程。以上集成工程浩大，编纂中力尽“大而全”，成果惠泽学林。

（2）专业突出，专题鲜明。此一时期，专业化与专题化的涉藏文献整理工作多点并发，齐头并进。在追求“大而全”的同时，部分藏学汉文文献整理工作另辟蹊径，追求文献整理工作的主题化特色。加上这些整理工作的编制者大多为该研究方向的专家、学者，故而此一时期的涉藏文献整理工作专业化色彩浓郁。

康藏作为涉藏地区的重要组成部分，在藏学研究中历来占据重要地位。例如西南民族大学博士生导师赵心愚教授一直从事川藏清代方志、康区文献整理的研究工作，四川师范大学王川教授从事川康地区关系史研究工作，他们将涉藏文献整理工作的重心放在康藏，编纂了《康区藏族社会历史资料集》（赵心愚、秦和平、王川等主编）。这套历史资料集共分《康区藏族社会历史调查资料辑要》《康区藏族社会珍稀资料辑要》《清季民国康区藏族文献辑要》三部，为国内至今为止最为系统的康藏历史文献集成。

又如国家社科基金图书馆情报与文献学学科评审组专家姚乐野任主编，四川大学中国藏学研究所副主任、著名藏学研究专家石硕教授担任副主编编撰的《〈康藏前锋〉〈康藏研究月刊〉〈康导月刊〉校勘影印全本》。《康藏前锋》《康藏研究月刊》《康导月刊》作为民国时期有关康区及藏事研究的三种主要学术期刊，汇集了非常丰富的康区及藏族社会情况的调查报告、西康建省资料、当时国人对康藏及藏事问题的评论资料，以及许多极具水准与深度的藏学研究论文，内容涉及边政、历史、社会、文化、经济、宗教及时政等各个方面。其史料及学术价值弥足珍贵。但目前，这三种期刊十分稀见，国内外各大图书馆（包括中国国家图书馆）都无全本收藏，仅国内很少的图书馆有部分收藏，且残缺、破损十分严重。该书以四川大学图书馆和博物馆收藏的一套相对完整的三种期刊为基础（据调查统计，其收藏完整率达到80％以上），收集、汇聚国内其他文献收藏机构有关三种期刊的馆藏形成全本。是书“对目前极为珍稀的民国时期康藏研究期刊的抢救、整理和出版，为藏学研究领域提供丰富的基础性学术资源，对藏学特别是康藏研究具有重要的开拓性学术贡献和价值”。[①]

值得一提的是，这类专业化与专题化的涉藏文献整理工作，多数还带有深入的研究，有学术思想的指导，对相应研究极具指导意义。如《〈康藏前锋〉〈康藏研究月刊〉〈康导月刊〉校勘影印全本》，王川教授便认为：“《全本》第一册前有编者所写之《我国现代藏学的发轫：民国时期康藏研究的三种学术期刊——〈康藏前锋〉〈康藏研究月刊〉〈康导月刊〉》，作为代前言，对三种期刊的创刊背景及其与现代藏学的关系，创刊宗旨、主要文章内容形式、作者概况以及期刊所载文章的史料价值和学术价值意义等进行了全面透彻的总结，尤其是对三种期刊所刊载文章的分类统计，为使用者了解、进一步使用和研究这三种期刊及其价值提供了极大的便捷。编者对期刊乃至部分文章的史料及学术价值的分析与评定尤为中肯，尤见其功力。”[②]

（3）种类多样，题材丰富。1949 年后，特别是在 20 世纪 80 年代以后，藏学汉文文献整理工作显现百花齐放的局面。

一方面，随着学界研究的深入与视界的扩展，藏学汉文文献整理范围得以扩展。以竹枝词为例，其作为一种文体首见于唐，至明代，竹枝词的创作从内地向边地拓展，这以徐渭游历内蒙古一带所作竹枝词为代表。由明代开始，边地竹枝词诗风日盛。“明代竹枝词开始记述少数民族，创作视野从汉族转移到少数民族，传播地域从中原扩散到边地。这在竹枝词发展史上亦当属一个新的突破。可以这么认为，对少数民族生活及风俗的关注和书写，大概始于明代。到清代，则蔚为壮观，其源实出于明代。”[③] 至清季，边地竹枝词几近覆盖我们今天所见境内少数民族生息的主要区域，举凡少数民族地区山川风貌、人物史实、百业民情、风俗信仰都有涉及，对所涉少数民族的风土习俗进行了较为真实的历史记录。“据不完全统计，清代在题材内容上属于少数民族范畴的《竹枝词》，大约有 600 首。这些数以百计的《竹枝词》，或记录各少数民族独特的风俗民情，或描写其聚居地的山川地貌，等等。由于题材的丰富性与内容

---

① 赵心愚：《嘉惠学界的民国康藏研究期刊集成——评〈康藏前锋〉、〈康藏研究月刊〉、〈康导月刊校勘影印全本〉》，《中国西藏》2015 年第 1 期。

② 王川：《〈康藏前锋〉〈康藏研究月刊〉〈康导月刊〉校勘影印全本刍议》，《西藏民族学院学报》（哲学社会科学版）2015 年第 2 期。

③ 孙杰：《竹枝词发展史》，上海人民出版社，2014 年，第 170 页。

的奇特性，而极具个性与风采。在艺术形式方面，这些《竹枝词》多以组诗结构，且不乏大型连章体，如舒位《黔苗竹枝词》（52 首）、黄逢昶《台湾竹枝词》（70 首）、毛贵铭《黔苗竹枝词》（82 首）、祁韵士《西陲竹枝词》（100 首）等。”[①] 雷梦水、潘超等编录的《中华竹枝词》全六册，该书第五卷为《川黔滇藏甘青新》，其中西藏部分收录《番行杂咏》《西藏竹枝词》《西藏杂诗六首》《西招杂忆十二首》，青海部分收录《湟中竹枝词》《续湟中竹枝词》。丘良壬、潘超、孙忠铨等编录的《中华竹枝词全编》全七册，其第六册《四川篇》收录清季、民国《迭克杂咏》《炉城竹枝词》《炉城杂咏》等作品，第七册《西藏卷》《甘肃卷》《青海卷》中收录了部分涉藏竹枝词，其中《西藏卷》收录清季竹枝词 11 篇；《青海卷》收录清季竹枝词 13 篇。这些都可视为传统的藏学汉文文献文学类的组成部分。同时，这两部丛书，还在《四川卷》收录康熙进士徐元禧所作《名山竹枝词》，以及乾隆举人、曾任芦山县令的朱黼的《芦风竹枝词》，嘉庆后期曾在四川汉源作过学官的冯镇峦的《清溪竹枝词》，咸丰贡生、天全人杨甲秀的《徙阳竹枝词》等作品。这些竹枝词中有一些关于茶马古道汉藏贸易的作品，可视为广义上的涉藏文献。

另一方面，在继续深入整理传统史地文献的同时，以咏藏诗词为主题的文学类文献，如以游（杂）记、日记（家书）为主的散文类文献整理工作开始出现。整理工作种类多样，整理题材更加丰富。文学类的典例如上文所列《历代咏藏诗选》《历代咏青诗选》与《清人咏藏诗词选注》等，散文类的典例如上文所列《川藏游踪汇编》《民国川边游踪丛书》《凤全家书笺证》等。

（4）编研相长，理论精专。在搜集整理与出版过程中，重视挖掘与研究，研究中多学科融合，众多重要的研究成果纷纷问世。编纂中追求“大而全”，研究中追求“专而精”成为这一时期涉藏文献整理工作的主流。搜集整理兼研究出版，这是 1949 年后藏学汉文文献整理的主流趋势，文献整理与相应研究工作都硕果累累。

吴丰培先生编辑整理涉藏奏稿的同时，与曾国庆合著有《清朝驻藏大臣制度的建立与沿革》（中国藏学出版社，1989 年）。张羽新主编《中国藏学汉文历史文献集成》的同时著有《清代治藏要论》（中国藏学出版社，2004 年），

① 王辉斌：《清代描写少数民族竹枝词述论》，《南都学坛》（人文社会科学学报）2012 年第 3 期。

收集论文28篇，主要内容包括有关清代前期治藏政策的研究与评说、清朝藏传佛教政策的考察与评论、有关史料的考证与序跋等部分。

赵心愚著有《清代西藏方志研究》（商务印书馆，2016年），该书为一部系统研究清代西藏方志的著作，共5章，另有4篇附录。作者在对清代西藏方志进行长期整理、研究的前提下，通过查阅史料、对照古籍、分析研究，系统地探讨了清代西藏方志的诸多方面。这些研究涉及《西藏志考》《西藏志》等书著者及成书时间的考证，清代西藏方志的资料来源及几部主要著作（《西藏记》与《西藏志》，《西藏考》与《西藏志》《西藏志考》等）的关系考，《西藏志》、宣统《盐井乡土志》等方志的特点及其资料价值。此外，还通过对《西域遗闻》等的研究探讨清代西藏方志的编撰问题。最后，对清代西藏方志的序、跋、例言及目录著录问题进行了分析研究。

王川著有《西康地区近代社会研究》（人民出版社，2009年），该书是作者在多次对中国涉藏地区进行社会调查的基础上，结合四川省甘孜州及西藏昌都地区档案馆的馆藏档案、口碑史料等完成的。全书从政治、文化、经济、人物等四个方面，研究了西康地区的社会与历史。在《政治篇》，作者重新解读了晚清德格土司兄弟争袭事件、近代民族关系史上的西康建省及其历史意义、近代康藏史上的"大白事件"。在《文化篇》，作者论述了民国川康实力派的代表性人物刘文辉与西康地区藏传佛教界的关系，研究了稿本《义敦风土志》及其历史文化价值，考述了近代昌都地区的民间信仰与民间宗教。在《经济篇》，作者主要论述了清末、民国时期西康地区的农业改进及其实际成效，包括民国初期"西康农事试验场"的设置及其实际成效，民国后期"西康省农业改进所"的设立始末及其历史意义。在《人物篇》，作者介绍了格桑泽仁、邦达多吉等近代西康地区僧俗两界的代表性人物，着重研究了诺那活佛在内地的活动及对康藏关系的影响。

以上代表性的著作，均是相关作者在藏学汉文文献整理工作中的研究成果。还有部分学者使用藏学汉文文献整理成果，针对藏学汉文文献研究本身推出了相应专著。如刘凤强著《清代藏学历史文献研究》（人民出版社，2015年），该书共两部分：一是清代藏文历史文献，书中按体裁类别研究了藏文历史文献的编纂旨趣、方法、形式与内容等，并对其史料价值予以论述；二是清代汉文藏学历史文献，书稿对之分阶段研究，分析了不同时期清代汉文藏学历史文献发展的原因、特点，梳理了清代汉文藏学历史文献发展的脉络，反映出有清一代人们对西藏认识不断加深的过程。书稿虽分为藏文与汉文两部分，但从文献学角度上注意比较汉藏文献编纂的异同，总结汉藏文献发展的共性，并从中透视汉藏文化交流及其时代意义。

此外，藏学汉文文献整理与研究相关的论文更是多不胜数，在此不再赘述。如《近十余年来青藏高原历史地理研究综述》一文认为："进入二十世纪九十年代之后，青藏高原区域历史地理学研究有了较大进展，成绩是应当肯定的。从研究内容来看，历史自然地理学方面，与生存密切相关的人地关系及自然灾害的探讨引人注目；历史政治地理学在前人研究的基础上仍在稳步前进，沿革地理学在传统考证方向上更趋精深；历史经济地理学在本期研究中成绩最大，交通、工业、林业、水利等诸多领域都有突破性进展，填补了不少研究的空白点；民族部落、民族发展与演化以及民族文化地理得到了更多的关注；地名学研究不再仅仅局限于对地名的简单考释，已开始用于民族甚至边界问题的研究之中，并取得了一些成果；历史地理文献研究脱出传统的作者、版本的考证及资料评介的束缚，更多的转向文献自身价值的使用和研究。"①

（5）与时俱进，技术创新。数字化与多媒体的介入，使涉藏文献的整理工作面临新的挑战，也迎来前所未有的新变化、新机遇。

"文献资源数字化"是指利用先进的现代化信息技术，对传统的纸质书籍、文件、图片等文献资源通过扫描、人工录入等数字化加工方式输入电脑后进行进一步转换和处理，从而形成可被计算机设备直接存取、检索、阅读、传播、共享和深度处理的形式。对藏学汉文文献进行数字记录与数字保存有利于这些文献的整体性保护，更有利于历史文化资源的有效传承。通过相关数据库建设、数字出版与传播，更可实现历史文化资源最大限度广泛共享，为相关资源的产业化开发提供了广阔空间。

中国的古籍数字化工作始于 20 世纪 80 年代初，当时称为"计算机化"或"电子化"。古籍数字化在中国得到真正发展是 20 世纪 90 年代中期以后的事

① 张保见：《近十余年来青藏高原历史地理研究综述——民族、文化、地名、文献部分》，《康定民族师范高等专科学校学报》2005 年第 3 期。

情。[1] 客观而言，目前我国藏学汉文文献资源数字化工作仍处于起步阶段，但近几年来有关民族文献数字化工作的科学文献的数量已有明显增加，这在一定程度上反映出该领域知识量的增长与共识的凝聚。我们以知网收录的发表时间在1999年1月1日至2019年12月31日的文章为例，以“民族文献＊数字化”“民族文献＊数据库”为检索词进行搜索，分别检索出论文115篇、251篇；以“少数民族＊数字化”和“少数民族＊文献数据库”为检索词进行搜索，分别检索出论文701篇、207篇。

从2011年开始，相应研究文献数量呈明显上升趋势，研究成果稳步发展。少数民族文献、少数民族档案、古籍的数字化建设与数字化保护工作，一直是学界在“少数民族＊数字化”研究方面的主要着力点。

在民族典籍数字化具体论述方面，有学者认为，目前在数字化过程中，藏文、蒙古文、彝文等少数民族文字的字符输入法技术、识别技术等已有初步发展，但仍不完善，不利于传统文化的传承。朱宗晓、何红一等人提出在少数民族古籍数字化传播中，应利用载体还原、场景重现、文化传承这三个循序渐进的传播策略。[2] 也有学者认为，各民族古籍文献载体的形式多样，有文献类、文书类、口传类、金石铭刻类等，对于有文字类的典籍文献，可以通过收集、修复、整理、编目、分类、扫描、影印、建库的步骤来扩大其利用范围，而无文字类的古籍（如口传诗歌、民间故事等）则可以通过采访民族民间艺人、录音录像、田野调查等方法来全方位采集，建立音像资料数据库。[3]

针对藏学文献的数字化工作，有学者论述了西藏高校图书馆藏学文献资源建设现状，并对之进行了评价，分析了建设中存在的问题，认为：“在藏学文献资源的信息组织上，坚持现代化与数字化建设原则，进行特色资源数据库建设。特色资源数据库就是根据本馆的服务任务，依靠自身丰富的传统文献做保障，吸收其他类型文献做补充，围绕固定的用户需求和明确的学科范围所建立的一种在整个网络系统中有着恰当地位，在技术、资料取舍，主页的编辑、管理和维护，服务手段等方面都有着自身特色和唯一性的数据库，要想使馆藏藏

---

① 李林澳、夏南强：《2008—2017年我国典籍数字化研究综述》，《图书馆理论与实践》2019年第11期。

② 朱宗晓、何红一等：《少数民族古籍的数字化传播》，《图书馆建设》2013年第3期。

③ 陈世莉：《论贵州省少数民族古籍数字化建设》，《贵图学刊》2014年第4期。

学文献得到广泛应用，就必须建立一个有自己特色的数据库平台，在此平台下建立多个专题数据库，如藏学研究成果数据库，藏医藏药文献数据库，藏族珍贵典籍数据库，国内外藏学博士硕士学位论文数据库，藏族历史、宗教、经济、文化研究数据库等等。”①

在藏族地方文化资源的数字化方面，有学者分析了地方文化资源现状与文化传承的主要方式，认为数字化是实现地方文化资源有效保护与利用的重要途径。“根据现代技术手段的强大优势，民族地区高校图书馆可以担负起本地区文化资源保护、利用和传播的重任。前面所述的康巴口碑文献的特点和濒临失传的危险更是要借助数字化以保护其文献的活态特性。如传统生态歌舞的音像录制、民间工艺制作流程、古老建筑图片等衣食住行所反映的民俗文化都能够在虚拟空间里得到永久性地复活。这种保护措施在得益于数字化支持后，可以还原场景，使读者零距离感受传统生态文化所带来的那种古老神秘的文化氛围，从而更加深入地解读这些民族的记忆、性格和精神。”②

在数据库建设实践中，有学者建议：“将藏学文献实行数字化管理，使得读者使用方式多元化，是藏学研究和发展的必然方向，更是网络环境下各藏学收藏机构的首要任务。藏学文献数据库的共建共享首先需要符合所有藏学研究和西藏爱好者的要求，通过对所有藏区和藏学文献收藏机构的全面调研分析来确立藏学文献特色数据库的建设方案。其次，若要提升藏学文献的影响力和利用率，还需要对显示界面进行美化和调整，使其更加快速、灵活、高端，为检索、使用和阅读提供方便。此外，还要保证数据库建设的质量和先进性，就要在建库过程中采用成熟先进的数据库和网络技术。最后，需要对产品、应用技术、设计方案的可行性进行检验，降低风险，提高系统的稳定性和可靠性。严格遵循科学、合理、有效的基本原则，切实保证方案的可行性和未来可扩展性。”③

虽然国内至今尚无专门的藏学汉文文献数据库，但西藏大力推进数字文化建设，在藏学文献数据库建设与实践方面取得了不少成就。如西藏自治区图书

① 李子：《关于西藏高校图书馆藏学文献资源建设的实践与思考》，《新世纪图书馆》2013 年第 5 期。

② 凌立、曾义：《论康巴文化资源与馆藏数字化建设》，《四川民族学院学报》2013 年第 2 期。

③ 艾金勇：《藏学文献特色数据库建设实践》，《智能计算机与应用》2016 年第 4 期。

馆建设了地方特色资源数字文化资源项目，2014 年，文化部全国公共文化发展中心在西藏自治区图书馆设立全国文化信息资源共享工程藏语资源建设中心，统领全国涉藏地区资源建设。① 西藏数字文化网（http://www.tdcn.org.cn/）由西藏自治区图书馆（全国文化信息资源共享工程西藏自治区分中心、西藏自治区古籍保护中心）主办，其下设有古籍名录子库，专门收集藏文古籍文献。

涉藏地区不少高校还利用其自身的优势，建有或大或小的局域网内的藏学特色文献与专题数据库。

西藏大学图书馆依托教育部 CADAL（大学数字图书馆国际合作计划）项目，自筹经费完成了对国内藏文期刊、现代图书、西藏大学等民族高校的藏文学位论文的数字化加工和藏文文献资源服务平台研发，建成了国内第一个藏文文献资源中心——中国藏文文献资源网。该网目前已完成 35 种藏文期刊、1000 余篇硕士学位论文和近 4000 种现代藏文图书的建库工作，拟计划建立藏文期刊、图书、古籍文献、学位论文、报纸、视频、音频、图片等 9 个子数据库。2012 年完成了藏文期刊、西藏大学藏文学位论文的数字化加工和藏汉双语藏文文献资源服务平台建设。该平台支持藏文和汉文两个版本，包括资源检索与服务、资源建设与管理两大模块，支持藏文文献的数字化加工、管理、发布、统计、检索、浏览、在线阅读和下载等功能。②

西藏民族大学图书馆建有藏学图书库、藏学期刊库、学位论文库、西藏图片库、西藏视频库、西藏音频库等等。藏学图书库主要收集了关于藏学研究、藏族生活习俗和历史文化等方面的藏文、汉文图书，藏学期刊库主要选择了《中国藏学》《西藏研究》《西藏民族大学学报》《西藏大学学报》《西藏教育》《西藏经济发展论坛》等藏学期刊创刊以来的全部论文的电子版，还通过建立基于藏学主题词和其他检索项联合检索获取的各大门类刊物有关藏学的研究论文，期刊论文来源于中国知网和维普期刊网。学位论文库收集的是西藏民族大学的学位论文数据和其他有藏学相关研究专业的高校学生的学位论文等。西藏图片库目前收集的主要是关于西藏风景、藏族人物、壁画、宗教画像等的图片

① 晓勇：《西藏图书馆数字文化资源建设成果丰硕》，《西藏日报》2017 年 7 月 4 日 1 版。

② 阿贵：《西藏大学藏文文献数据库建设及其意义》，《西藏科技》2017 年第 3 期。

资料。西藏视频库重点储存的则是关于藏学研究的教学性视频、西藏风土人情的介绍性视频、藏族传统艺术以及现代艺术的表演视频等。西藏音频库收集的内容有藏族歌曲、藏族传统艺术以及西藏宗教的音频资源。①

（二）由“单打独斗”到“集团作战”

清季至民国，中国藏学汉文文献的整理工作大多由学者独立完成，他们或心怀理想与使命，或秉持兴趣与喜好，埋头故纸，寒窗秉烛，以一己之力敌万千文海。1949 年后，中国藏学汉文文献的整理工作，虽仍由众多心怀抱负的学者担纲挑梁，但教育的普及、学术的进步，使大批专业人士参与其中，许多重大成果都是专业团体精诚团结、合力而为的结果。

以“中国西南文献丛书”为例，该书就是由中国文献丛书工作指导委员会和甘肃五凉古籍整理研究中心共同组织国内各大院校、研究机构的专家、学者经过两年多的努力而完成的一项重大学术成果。该丛书的编辑出版工程规模浩大，仅日常编辑人员就有 160 余人，最多时达 900 多人。为保证学术质量，编委会设立了学术顾问委员会，并根据学术分类相应设立了八个编辑部。学术顾问委员会由誉满中外的海内外老一辈学者组成。

又如，《西康通志稿》由四川省地方志工作办公室组织专家学者历时四年整理编校而成。由于该书内容极具专业性，在整理编校中，四川省地方志工作办公室特别邀请四川大学历史文化学院、西南民族大学政治教育学院、八一骨科医院的专家对宗教篇、交通志、医方志等进行编校。

（三）由出版主导到政策扶助

清季文献的出版，多为自行刊刻。民国时期，出版业虽空前繁荣，但私刻盛行，旧式书肆与民营出版机构大多以利为重，藏学汉文文献的出版工作极为式弱。1949 年后，少数民族古籍整理受到党和政府的高度重视，中华人民共和国国家民族事务委员会专设全国少数民族古籍整理研究室，承担组织、协调、联络、指导民族地区抢救、搜集、整理、出版少数民族古籍工作；起草少数民族古籍工作的有关政策和法规草案；承担组织制定少数民族古籍重点项目

① 艾金勇：《藏学文献特色数据库建设实践》，《智能计算机与应用》2016 年第 4 期。

规划及全国性重大课题的规划与实施工作；承担指导少数民族古籍人才培养培训和少数民族古籍资料、信息管理工作。

2014 年 10 月 15 日，习近平总书记在北京主持召开文艺工作座谈会并发表重要讲话，强调指出："一部好的作品，应该是把社会效益放在首位，同时也应该是社会效益和经济效益相统一的作品。文艺不能当市场的奴隶，不要沾满了铜臭气。"把社会效益放在首位，使得藏学汉文文献这类政治意义重大、社会效益突出，但创作及出版费用高、周期长、经济效益弱的作品进一步受到社会各界的高度重视，得到了国家更多的政策扶助与财力支持。

以国家出版基金资助项目为例，该项目设立于 2007 年，是继国家自然科学基金、国家社会科学基金之后的第三大国家级基金项目。基金主要来源是中央财政拨款。

国家出版基金资助项目代表当前我国出版业的最高水平，2014 至 2019 年，国家出版基金资助项目中涉藏出版物如下：

表一　国家出版基金资助项目涉藏出版物（2014—2019 年）

年份	分类	项目名称
2014	哲学、宗教	藏传佛教在西域和中原的传播——《大乘要道密集》研究初编
		云南佛教源流与文物
		藏传佛教高僧弘法手迹珍典（第 1 辑）
	政治、法律	维护统一与制造分裂的斗争：1927 至 1950 年中英两国关于西藏问题的较量与争论
	经济	中国西部入境旅游发展研究
	文化、科学、教育、体育	托起明天的太阳·快乐成长阶梯丛书（蒙、藏、维、哈、朝）
		西南少数民族特殊儿童社会适应性研究
	语言、文字	汉藏语系语言的语音和词汇
		藏语言研究丛书
	艺术	汉藏文化艺术交流史
		中国热贡艺术精粹

续表一

年份	分类	项目名称
2014	历史、地理	中国江河流域自然与人文遗产影像档案·三江源
		中国西部民族文化通志
		青藏人文与思想
		美丽西藏
	天文学、地理科学	青藏高原地质理论创新与找矿重大突破——中华人民共和国区域地质调查报告
	医药、卫生	藏药方剂宝库
	工业技术	藏文信息处理技术
	综合性图书	百种藏汉对照惠民图画书
2015	哲学、宗教	中国少数民族哲学思想史
		藏传佛教高僧弘法手迹珍典（第 2 辑）
		西藏著名掘藏师西然吾色文集
	政治、法律	双语（汉藏/汉维/汉蒙）法律文化出版工程
	文化、科学、教育、体育	珞渝文化丛书
	语言、文字	中国民族语言语法标注文本丛书
	文学	中国少数民族文学史
	艺术	天籁——中国 55 个少数民族原生态民歌典藏
		藏戏图文志
		中国宗教美术史
		藏传佛教视觉艺术典藏（第二辑）
		喜马拉雅天珠
	历史、地理	国家图书馆藏地方志珍本丛刊
		中国少数民族文物图典（后 5 册）
		中国西南民族通史
	医药、卫生	晶珠本草正本诠释

续表一

年份	分类	项目名称
2016	哲学、宗教	藏传佛教高僧弘法手迹珍典（第3辑，35册）
	经济	高路入云端（音像制品，汉文、藏文）
	语言、文字	中国少数民族文字珍稀典籍汇编
	文学	2015珠峰大营救——4.25抗震救灾纪实（音像制品，汉文、藏文）
		中国少数民族儿童文学
	艺术	藏族传统装饰图案大全（汉文、藏文）
		璀璨的藏民族手工艺术——唐卡（音像制品，藏汉对照）
		中国民族音乐原声资料抢救与发掘出版工程之民族器乐篇（音像制品）
		唐卡度量（汉文、藏文）
		视觉特写　西藏的制陶（8本）
	历史、地理	中国西部民族文化通志（第二阶段，11—20卷）
		丁宝桢全集（第一辑）
		讲述西藏
		中国历史民族地理
		走近中国少数民族丛书（20种）
		青藏高原考古
		新旧西藏对比——百位老人口述史（音像制品，藏汉对照）
		贤者喜宴（上、下册）
		四川藏区史：政治经济卷
	天文学、地理科学	青藏高原地区成矿地质背景图及说明书
	医药、卫生	藏药古本经典图鉴四种（汉文、藏文）
	工业技术	中国藏传佛教建筑史

续表一

年份	分类	项目名称
2017	哲学、宗教	藏传佛教艺术文库（一）
		安多政教史（汉文版）
		苏曼堪钦白玛襄嘉文集
	政治、法律	藏族古代法典译释考
	文化、科学、教育、体育	藏族服饰研究
	语言、文字	尔苏语词汇通释
	文学	清代诗文集珍本丛刊
		你好！青藏高原
		多元一体视域下的中国多民族文学研究丛书
		“藏族英雄故事”漫画系列
		《格萨尔》汉译丛书（1—5卷）
		中国宗教文学史
	历史、地理	任乃强全集
		格萨尔文库
		四川藏区经济社会发展地图集
	医药、卫生	高原医学
		中华藏医药精粹大系
2018	党史、国史、军史类	西藏百万翻身农奴新旧对比口述史
	哲学、民族、教育类	明清实录藏族史料类编丛书（横排本，共11集）
		“藏羌彝走廊（四川区域）文化资源调查与保护利用研究”丛书（共11卷）
		藏族文字史
		青海世居少数民族金石录
		西藏传统与现实研究丛书——当代藏学精英西藏传统和现实领域研究成果集成（1—22册）
		藏传佛教对藏区学校教育的影响研究

续表一

年份	分类	项目名称
2018	艺术类	西藏绘画风格史
		热贡艺术及传承人·唐卡
		塔尔寺艺术三绝
		西藏音乐舞蹈大全
	文学类	《格萨尔》汉译丛书（6—10卷）
		高原长歌
	文化类	西藏自治区国家级非物质文化遗产传承人
		“视觉特写　西藏”系列《西藏的岩画考古》（8本）
	古籍、辞书、语言类	中华大藏经·苯教甘珠尔
		藏族历史典籍精选
		藏族古籍经典系列丛书·喜马拉雅文库之《小五明文献分类集成》
	自然科学、农业、生命科学类	中国牦牛
	工程技术类	青藏高原现代气候变化特征研究
	医药卫生类	藏药志
2019	深化社会主义核心价值观宣传阐释	家是西藏　国是中国——守护神圣国土　建设幸福家园（藏汉对照）
	哲学社会科学	七至十三世纪汉藏与多民族文明关系史
		青藏高原东部边缘民族多样性研究
		《钦定理藩院则例》满蒙汉诸本整理与研究丛书
	自然科学和工程技术	泛喜马拉雅植物志（英文版，第一批）
		中国藏药资源特色物种图鉴
		西藏常见野生植物图鉴
		四川省甘孜藏族自治州野生动物彩色图鉴（配DVD光盘）
	文化、文艺	象雄文明探源
		中国少数民族文物图典（第二批）
		大藏经·甘珠尔经（蒙古文版）
		国家图书馆藏民族文字古籍丛书

续表一

年份	分类	项目名称
2019	文化、文艺	中国西南地区濒危文字文献抢救与整理丛书（木雅卷、尔苏卷、松潘卷、油米卷）
		藏医药珍稀古籍精选（藏文版）
		萨迦诸贤者所著西藏人文、史籍汇编（藏文版）
		民族瑰宝——中国少数民族戏曲优秀剧目百种
	民族、三农、特殊群体	“人文西藏”丛书（中、英文版）
		居米庞嘉央南杰嘉措文集（藏文版）
		《格萨尔》汉译丛书（11—15 卷）
		数称词释义大全增补部分（藏文版）
		献礼新时代·砥砺奋进的西藏
		狙击“虫癌”——藏族牧区包虫病防治

数据来源：国家出版基金（http：//www.npf.org.cn/）。

从表一可以看出，藏学汉文文献与藏学藏文文献的整理、研究一直受到国家出版基金资助项目的重点关注与立项支持。

我们再以国家社科基金重大项目为例，该基金 1986 年经国务院批准设立，入选项目代表当前我国社会科学研究相关学科的最高水平。2014 至 2019 年，国家社科基金重大项目中涉藏研究立项列表如下：

表二　国家社科基金重大项目涉藏研究立项表（2014—2019 年）

年份	课题名称
2014	藏族哲学通史
	《古象雄大藏经》汉译与研究
	藏文世俗法规古文献整理与研究
	藏传佛教思想史资料选编暨藏传佛教思想史论
2015	藏族民间苯教经书“莱坞四典四部广经”的分类整理及研究
	藏蒙医学历史与现状调查研究

续表二

年份	课题名称
2016	20 世纪中叶以来西藏城市人居环境发展变迁研究
	新中国涉藏五省区民族自治地方建政历史与实践研究
	西藏及四省藏区民族交往交流交融现状调查研究
	藏羌彝文化走廊建设研究
	西南少数民族传统生态文化的文献采辑、研究与利用
	藏文木刻版文献保护传承研究
	藏文典籍文献的整理与全文数字化研究
	西南少数民族医药文献数据库建设及相关专题研究
2017	甘青川滇藏族聚居区藏文地方志资料搜集整理暨《多康藏族史》编纂
	《敦煌本吐蕃历史文书》相关民族、人物、事件研究及分年、分类辑注
	西藏地方志资料的整理与研究
	西藏本教通论
	边疆民族地区濒危少数民族档案文献遗产保护及数据库建设
2018	中国民族思想史研究
	晚清以来中国西藏与周边国家边界问题文献整理与研究
	西藏历史地图集
	美英涉藏档案文献整理与研究
	边疆多民族地区红色文化资源调查、保护与传承研究
2019	民族大调查的学术回顾、文献整理和当代价值研究
	藏族传统科技文献收集整理研究
	西藏阿里后弘期初的佛教遗存与多民族交融研究
	“万里茶道”茶业资料搜集整理与研究
	俄藏《格萨尔》文献辑录及电子资料库建设

数据来源：全国哲学社会科学工作办公室（http：//www.nopss.gov.cn/）通知公告。

从表二同样可以看出，藏学汉文文献与藏学藏文文献的整理、研究也一直受到国家社科基金重大项目的重点关注与立项支持。前文提及的诸多藏学汉文文献的整理与出版成果，不少是国家出版基金支持项目，或有相关研究项目配套支持。如赵心愚的“西藏地方志资料的整理与研究”为 2017 年国家社科基金重大项目；《中国少数民族古籍集成》（汉文版）为国家民委“十五”重点文化项目；《民国时期西康资料汇编》为国家图书馆“民国时期文献保护计划”2015年项目，该项目自2012年启动以来，均由财政部每年拨付专项资金；《〈康藏前锋〉〈康藏研究月刊〉〈康导月刊〉校勘影印全本》是2008年教育部人文社会科学重点研究基地项目“民国时期康区研究的三种学术期刊的整理出版与研究”最终成果，同时又获2011年国家出版基金立项资助；《扎坝藏族文史调查与研究辑要》《茶马古道“锅庄文化”文史调查与研究辑要》均为甘孜藏族自治州政协领导的“康巴藏族中国传统村落文史调查工程”项目，又分别为四川省社会科学重点研究基地区域文化研究中心2017年重点项目与四川历史文化故事普及基地项目2018年重点项目，等等。

六、跨世纪的藏学汉文文献整理经验

正如前文所列，中华人民共和国成立以后，藏学汉文文献整理工作取得了前所未有的成就，在文献整理与学术研究两方面均全面繁荣，硕果累累。这是中华人民共和国成立后，特别是中国特色社会主义进入新时代，民族文献整理工作飞速发展、繁荣昌盛的一个缩影。

纵观1949年后包括藏学汉文文献整理工作在内的民族文献整理工作发展过程，特别是中国特色社会主义进入新时代以来的巨大成果，总结其成功经验，我们认为以下几点值得借鉴与弘扬。

第一，民族文献整理工作是贯彻与实践中华人民共和国民族政策的重要组成部分。促进各民族平等团结、发展进步和共同繁荣，是正确认识和处理民族问题的重要行为准则，也是民族文献整理工作必须坚持的指导原则。

中国是全国各族人民共同缔造的统一的多民族国家。在漫长的历史进程中，中国各族人民密切交往、相互依存、交流融合、休戚与共，形成了中华民族多元一体的格局，共同开发了祖国的大好河山，共同推动了国家发展和社会进步。2019年9月27日，习近平总书记在全国民族团结进步表彰大会上的讲话指出：“一部中国史，就是一部各民族交融汇聚成多元一体中华民族的历史，就是各民族共同缔造、发展、巩固统一的伟大祖国的历史。各民族之所以团结融合，多元之所以聚为一体，源自各民族文化上的兼收并蓄、经济上的相互依存、情感上的相互亲近，源自中华民族追求团结统一的内生动力。正因为如此，中华文明才具有无与伦比的包容性和吸纳力，才可久可大、根深叶茂。”①

民族平等，是中国民族政策的基石。实行民族平等是中国的宪法原则。民族团结，是中国处理民族问题的根本原则，也是中国民族政策的核心内容。“在中国这样一个多民族国家，维护民族团结有着特别重要的意义：其一，民族团结是国家统一的重要保证。只有实现了民族团结，才能维护国家统一。没有民族团结，必然是民族矛盾、冲突不断，导致国家四分五裂、一盘散沙。其二，民族团结是社会稳定的重要前提。只有实现了民族团结，社会才能安定和谐，人民才能安居乐业，国家才能长治久安。其三，民族团结是各项社会事业发展的重要保障。各民族只有团结一心，才能聚精会神搞建设，一心一意谋发展，使经济社会取得长足进步、各族人民生活不断得到改善。”②

各民族发展进步和共同繁荣，不仅包括人民生活水平与社会经济的发展进步和共同繁荣，更包括文化事业和精神文明的发展进步和共同繁荣。文化是民族的重要特征，是民族生命力、创造力和凝聚力的重要源泉。少数民族文化是中华文化的重要组成部分，是中华民族的共有精神财富。“中国宪法规定，国家根据少数民族的特点和需要，帮助少数民族加快各项文化事业的发展。中国政府通过各种政策措施，尊重和保护少数民族文化，支持少数民族文化的传承、发展和创新，鼓励各民族加强文化交流，繁荣发展少数民族文化事业。”③

正确认识和践行“各民族平等团结、发展进步和共同繁荣”的行为准则，以对党和政府、对历史和民族高度负责的政治态度，进行民族文献的整理工作，行动便有了指南，工作便有了指向。以《中国少数民族古籍集成（汉文版）》为例，这是新中国成立以来最大的少数民族古籍（汉文版）整理项目，也是中国有史以来第一套系统整理出版的少数民族古籍丛书。有学者认为“中国历史上有许许多多大型丛书和类书，如《四库全书》《古今丛书集成》《四部备要》《万有文库》《小方壶斋舆地丛钞》《太平御览》《册府元龟》等，近来又有《四库全书存目丛书》《四库禁毁书丛刊》《续修四库全书》等等，不胜枚

① 习近平：《在全国民族团结进步表彰大会上的讲话》，（2019－09－27）［2020－02－10］，http：//www. xinhuanet. com/politics/leaders/2019－09/27/c _ 1125049000. htm。

② 中华人民共和国国务院新闻办公室：《〈中国的民族政策与各民族共同繁荣发展〉白皮书》，（2011－09－14）［2020－02－09］，http：//www. scio. gov. cn/zhzc/8/1/document/1005878/1005878. htm。

③ 中华人民共和国国务院新闻办公室：《〈中国的民族政策与各民族共同繁荣发展〉白皮书》，（2011－09－14）［2020－02－09］，http：//www. scio. gov. cn/zhzc/8/1/document/1005878/1005878. htm。

举。但是，有关中国少数民族古籍方面的大型丛书却从未有人编纂，至今仍然是一片空白。这套《中国少数民族古籍集成》不仅弥补了这一缺憾，也是政府关心和保护少数民族文化遗产、繁荣少数民族文化的重要举措，有利于加强民族团结和维护祖国统一。”①

第二，高举爱国主义旗帜，维护祖国统一，以文献为武器，以学术为阵地，是包括藏学汉文文献整理工作在内的民族文献整理工作的崇高使命。

我国少数民族大多集中生活于边疆地区，处于维护祖国统一、反对民族分裂斗争的最前线，在有些领域的斗争形势还十分严峻。藏学汉文文献整理工作，对于维护祖国统一、反制民族分裂分子歪曲历史的企图有着重要意义。维护祖国统一、加强民族团结是西藏各族人民的根本利益所在。正确认识西藏历史，把被民族分裂分子歪曲的历史纠正过来，这是维护西藏社会稳定和长治久安的治本之策，也是维护祖国统一、促进西藏社会进步的根本之策。

2015 年 8 月 24 日至 25 日，中央第六次西藏工作座谈会在北京召开。习近平总书记指出，西藏工作的着眼点和着力点必须放到维护祖国统一、加强民族团结上来，把实现社会局势的持续稳定、长期稳定、全面稳定作为硬任务，各方面工作统筹谋划、综合发力，牢牢掌握反分裂斗争主动权。

歪曲、编造、篡改历史，是民族分裂分子错误的、反动的思想体系之源。藏学汉文文献整理工作，就是要辨伪存真，揭穿谎言，就是要将西藏历史的真相还之世人，让人们更清楚地了解西藏的历史和现实。前文所列诸多藏学汉文文献出版物，特别是集成类图书，以厚重的历史史实，丰富的文件档案，无可辩驳地说明西藏自古以来就是中国领土的一部分，西藏事务纯属中国内政，不容任何外国势力干涉，充分发挥了维护祖国统一、加强民族团结的作用。故新华社在有关专访中认为“(《中国藏学汉文历史文献集成》)近两亿字的文献史料，字字句句都说明西藏自古就是中国不可分割的重要组成部分”②。

第三，实事求是、尊重历史是包括藏学汉文文献整理工作在内的民族文献整理工作的基本原则。

---

① 彭措：《〈中国少数民族古籍集成〉内容介绍》，《高校社科信息》2003 年第 5 期。

② 李斌：《“所谓‘西藏问题’是帝国主义侵略中国的产物”——〈中国藏学汉文历史文献集成〉主编、藏学专家张羽新教授专访》，(2008－04－28) [2020－02－10]，http://www.gov.cn/jrzg/2008－04/28/content_956579.htm。

实事求是作为党的思想路线，始终是马克思主义中国化理论成果的精髓和灵魂。习近平总书记指出："实事求是，是马克思主义的根本观点，是中国共产党人认识世界、改造世界的根本要求，是我们党的基本思想方法、工作方法、领导方法。"①

包括藏学汉文文献整理工作在内的民族文献整理工作，主要是针对历史古籍展开整理、编纂与出版，以实事求是的科学态度对待这批历史的文献资料，以尊重历史的工作态度进行校勘、注释，以史为鉴，古为今用，以史育人，继往开来，不仅能使民族文献整理工作沿着辩证唯物主义与历史唯物主义的康庄大道继续前进，而且还能为社会主义文化大繁荣、大发展提供源于历史的智慧与动力。

前文所列诸多文献整理成果在编纂过程中，始终坚持在发掘整理的基础上，以全面系统地展示区域历史文献为原则，实事求是、尊重历史，保持了高度的学术严肃性。以《中国西南文献丛书》为例，全书由文字资料、拓片资料和图片资料组成。选录文献以稿本、木刻本、铜泥活字本、石印本、铅印本、传抄本为片本顺序，对同一文献，由于版本不同，观点有异，且版本孤善者，同时进行了收录；对原稿中出现的明显错误进行了简明的校注；对部分严重漫漶不清和较为重要的稿件进行了重新整理和排版，并将原稿本和新排本同时选录；对所有收录文献根据实际情况分别做了版本源、编著者、收藏者、刻版者（或书写者、印刷者）、出版者（仅限石印或铅印本）等版本注录和发掘时间、发掘地点、发掘者、简要发掘过程等注录。全书不仅对西南文献进行了全面的概述，同时各专辑还从专业角度对所收录文献进行了极为详尽的阐述；为保持原著作者的思想，全书对稿本中出现"飞笺""眉批"等现象统一以校注格式进行了处理，从而使全书不仅在规模上，同时在学术上也更具权威性。

第四，继承传统、文化自信是包括藏学汉文文献整理工作在内的民族文献整理工作的发展动力。

"我们灿烂的文化是各民族共同创造的。中华文化是各民族文化的集大成。我国各民族创作了诗经、楚辞、汉赋、唐诗、宋词、元曲、明清小说等伟大作

---

① 习近平：《在纪念毛泽东同志诞辰120周年座谈会上的讲话》，人民出版社，2013年，第15页。

品，传承了格萨尔王、玛纳斯、江格尔等震撼人心的伟大史诗，建设了万里长城、都江堰、大运河、故宫、布达拉宫、坎儿井等伟大工程。中华文化之所以如此精彩纷呈、博大精深，就在于它兼收并蓄的包容特性。展开历史长卷，从赵武灵王胡服骑射，到北魏孝文帝汉化改革；从'洛阳家家学胡乐'到'万里羌人尽汉歌'；从边疆民族习用'上衣下裳'、'雅歌儒服'，到中原盛行'上衣下裤'、胡衣胡帽，以及今天随处可见的舞狮、胡琴、旗袍等，展现了各民族文化的互鉴融通。各族文化交相辉映，中华文化历久弥新，这是今天我们强大文化自信的根源。"①

2017年新年伊始，中共中央办公厅、国务院办公厅便印发了《关于实施中华优秀传统文化传承发展工程的意见》（以下简称《意见》）。这是我国官方第一次以中央文件形式专题阐述中华优秀传统文化的传承发展，也意味着在新时期对传统文化的传承，已由积极倡导、媒体引领上升到国家意志层面。《意见》专门指出："开展少数民族特色文化保护工作，加强少数民族语言文字和经典文献的保护和传播，做好少数民族经典文献和汉族经典文献互译出版工作。"②

继承传统是包括藏学汉文文献整理工作在内的民族文献整理工作的源动力。藏学汉文文献整理工作，是少数民族特色文化保护工作的重要组成部分。藏学汉文文献时间跨度大，内容包罗万象，对少数民族特色文化的记载尤为见长。对之加以系统整理，去其历史糟粕，取其民族文化的精华，对于我们深入研究阐释民族文化的历史渊源、发展脉络、基本走向，深刻阐明丰富多彩的民族文化是中华文化的基本成分，深刻阐明中华文明与其他文明的交流互鉴历程，对于着力构建有中国底蕴、中国特色的思想体系、学术体系和话语体系，增强国家文化软实力，具有重要的参考价值。

文化自信是包括藏学汉文文献整理工作在内的民族文献整理工作的强大底气。2014年，国家主席习近平在联合国教科文组织总部的演讲中指出："每一

① 习近平：《在全国民族团结进步表彰大会上的讲话》，（2019－09－27）［2020－02－10］，http：//www.xinhuanet.com/politics/leaders/2019－09/27/c_1125049000.htm。

② 新华社：《中共中央办公厅　国务院办公厅印发〈关于实施中华优秀传统文化传承发展工程的意见〉》，（2017－01－25）［2020－02－10］，http：//www.gov.cn/zhengce/2017－01/25/content_5163472.htm。

种文明都延续着一个国家和民族的精神血脉，既需要薪火相传、代代守护，更需要与时俱进、勇于创新。中国人民在实现中国梦的进程中，将按照时代的新进步，推动中华文明创造性转化和创新性发展，激活其生命力，把跨越时空、超越国度、富有永恒魅力、具有当代价值的文化精神弘扬起来，让收藏在博物馆里的文物、陈列在广阔大地上的遗产、书写在古籍里的文字都活起来，让中华文明同世界各国人民创造的丰富多彩的文明一道，为人类提供正确的精神指引和强大的精神动力。”① 文献整理不是与现实毫无关联的工作，以古知今，以古鉴今，是中华优秀传统文化的基因，也是我们民族精神的组成部分。

我们可从藏学汉文文献资源宝库中提炼题材、获取灵感、汲取养分，推出一大批既有时代特点又有传承价值的学术研究成果；运用丰富多样的艺术形式进行当代表达，推出一大批底蕴深厚、涵育人心的优秀文艺作品。还可以注重实践与养成、形式与内容相结合，把藏学汉文文献资源宝库的内涵更好更多地融入社会建设各方面，为藏族非物质文化遗产的挖掘提供历史素材；为藏族城市建设、传统村落建设提供历史依据；加强涉藏地区“美丽乡村”文化建设与文旅事业发展，全面助力涉藏地区乡村扶贫攻坚战略。

例如，2014 年康定以申请撤县设市为发展契机，组织一批专家、学者启动了“康定城市历史文化记忆重构”课题，分重构康定城市历史文化记忆总体策划、重构康定城市历史文化记忆实施方案、重构康定城市历史文化记忆保障措施等内容。其指导思想之一即为尊重历史：“重构历史文化记忆必须坚持尊重历史的原则。要遵循科学的历史观，根据史料史实，对康定历史文化进行挖掘、整理、归纳、总结和提炼，严禁随意杜撰和歪曲；重构的文化记忆必须有可靠的史料依据、深入的研究论证，能反映历史的真实和文化的特色内涵，经得起历史的检验。”② 课题所有策划，均依据历史上的相关文献、老照片等资料，广泛参考、采用从清季至民国的藏学汉文文献。一大批埋于故纸堆的文献，古为今用，成为城市规划与风貌改造的重要参考。如该课题中依清季《打箭厅志》所载文献设计了城市坐标，打造康定三大城关；依民国任汉光所撰《康市锅庄调查报告书》等设计了“锅庄广场”。一大批陈旧的历史文献在藏族

① 习近平：《在联合国教科文组织总部的演讲》，《人民日报》2014 年 3 月 28 日 3 版。

② 段毅君主编：《复兴康定——康定城市历史文化记忆重构》，四川人民出版社，2014 年，第 89 页。

现代城市建设中焕发了青春，造福了社会，产生了良好的社会与文化效益。

七、跨世纪的藏学汉文文献整理工作的发展趋势

纵观现当代涉藏文献的整理工作，其特点与经验值得重点关注与研究，不足之处也不必讳言。科学预测其今后的发展趋势，将有利于其更加健康、有序的发展，使涉藏文献的整理工作全面提升至新的阶段，有助于民族研究的深入发展。

我们认为，在习近平总书记关于民族团结、关于弘扬中华优秀传统文化一系列重要讲话精神指引下，藏学汉文文献整理工作定将迎来更大的发展、更大的进步。新时代藏学汉文文献整理工作的发展有以下几点值得期待。

（一）藏学汉文文献整理工作臻于完善，相应的研究工作有待深入，以期推出一大批高质量、高水平的藏学研究成果

1949年至今，特别是进入新时代后，藏学汉文文献的整理工作受到党和政府以及学界高度重视，佳作迭出。不少集成类与方志类出版物，堪称巨卷，已使相关领域藏学汉文文献整理工作臻于完善，整理内容趋于齐备。但相应的研究工作不足，配套的研究成果偏少。

以康藏为例，有学者指出："改革开放40年来，国内学术界对于康巴藏区的相关汉文史料与文献的搜集、整理工作，已经取得了较大的进展，整理出版了大量的文献资料，其中尤以汇编资料、历史档案、方志、边政、治藏等汉文文献基本史料和专题史料的分类、编年以及政治与藏传佛教类资料的整理出版成果丰硕，为康藏学术研究奠定了重要而良好的史料基础"①。研究方面已取得了一定成果，"康藏汉文史料非常多，一些史料非常珍稀，学术价值非常高。但是，目前史料搜集、抢救得还不够，尚有大量珍贵文献存留世间。此外，对于已经公布、出版的上述史料的整理，虽有多种目录行世，但是，对于其的研究，目前开展得非常不深入"②。不少领域，对"有关少数民族历史文献的整

---

① 王川：《40年来近现代康藏汉文史料的整理与研究》，《四川师范大学学报》（社会科学版）2019年第1期。

② 王川：《40年来近现代康藏汉文史料的整理与研究》，《四川师范大学学报》（社会科学版）2019年第1期。

理研究还处于起步阶段”[①]。虽然不少藏学汉文文献整理学者，在工作中即对相关内容同步展开了研究，但面对这些浩繁的文献，更多专业研究力量的加入仍显必要。以清代藏学汉文文献为例，“传统藏学历史文献是指藏族学者或汉族学者所编纂的关于藏族社会发展的史书，清代藏学历史文献是传统藏学历史文献中最为重要的一部分，这是因为清代西藏地方与中央政府关系较以往更加密切，西藏社会相对稳定，促使史学进一步发展，藏文史著不仅数量增多，史学思想也有很大发展。从汉文藏族史书来看，随着进藏人员的增多，人们对西藏认识更加深入，因此留下数量众多，内容丰富的历史文献，对藏汉历史文献进行全面的研究和梳理，是藏族史学史的重要任务。学术界在很长时期中对这一问题研究非常薄弱，孙林的《藏族史学史纲要》是一部系统论述藏族史学史的专著，代表了藏族史学史研究的最新成果，但书中没有涉及汉文藏族史书，更缺乏汉藏史书体系的比较，其他论著基本上都是对个案史书的论述，局限性非常明显”[②]。目前该领域成熟的研究著作也只有赵心愚《清代西藏方志研究》（商务印书馆，2016 年）、王宝红《清代藏学汉文文献词汇研究》（中国社会科学出版社，2016 年）、刘凤强《清代藏学历史文献研究》（人民出版社，2015 年）、安海燕《明代汉译藏传密教文献研究》（中国藏学出版社，2019 年）以及《黄明信藏学文集》（中国藏学出版社，2007 年）等，相应的研究成果与文献整理的出版成果极不相应，亟待大力发展。

在已有的研究中，学科分布不平衡的现象亟待改善。有学者总结了百年来（1911—2010 年）汉藏关系史研究，据相关资料统计（目录索引及 CNKI 查检），百年来共发表汉藏关系史研究方面的论文约 1200 篇，出版汉藏关系史相关的著作二三百部（册）。数量可谓众多，但“从学科领域看，重视政治关系史研究，而经济、文化交流等方面的关系史研究不够”[③]。

同时，一些新学科、新类型的文献研究有待开拓。如口述史记录与研究、非物质文化遗产文献资料整理与研究等。“今天，历史学人已经充分认识到单

① 赵梅春：《民国时期少数民族社会历史调查与文献整理研究述论》，《郑州大学学报》（哲学社会科学版）2018 年第 5 期。

② 陈庆英、杨洁：《评〈清代藏学历史文献研究〉》，《西藏研究》2018 年第 1 期。

③ 王启龙：《百年来汉藏关系史研究及相关问题》，《西南民族大学学报》（人文社会科学版）2016 年第 2 期。

凭文献资料研究历史，局限性很大……口述史料是民国藏族历史研究中非常重要的一类材料，与档案文献相比有着其独特的价值。但是我们对此关注不够，特别是一些涉藏日记。尽管日记通常被认为是私人书写，难免有偏颇之处，但是，它的特点亦较明显，可补公共叙事之不足，具有特殊的研究价值。近代史上，有很多人在西藏等地生活过，留下的日记堪称珍贵。同时，一些看起来与藏事关系不大的人，在日常工作与生活中由于各种原因也与藏事有所接触，从而为我们的研究另辟蹊径。相关近代藏族史的日记等史料十分丰富，通过仔细梳理与比较，定可弥补相关研究的缺陷。”①

（二）“小而精”的专题化、主题化藏学汉文文献整理工作着力不足，有待系统性加强与突破，辑要类文献整理成果有待“细化”

前文列举的藏学汉文文献成果，特别是集成类、志书类与档案类成果，可谓“大而全”。这些成果固然难能可贵，但藏学汉文文献涉及方方面面，内容包罗万象，专题化、主题化藏学汉文文献整理工作的针对性强，指向鲜明，更有利于藏学汉文文献的使用与参考。

以茶马古道研究为例，有学者将 2010 年至今视为应用研究的繁荣期，应用研究成果最为丰盛。“2010 年 6 月，通过‘文化遗产保护普洱论坛——茶马古道遗产保护’会议的举办，在国家文物局和云南省人民政府所达成的‘普洱共识’中，发展和完善了‘茶马古道’的概义与内涵，明确地拓展了茶马古道的时空范围，研究成果更为理性、回归与反省，成为茶马古道研究步入第三个阶段的标志。这一时期茶马古道文化产业逐步形成，出现了多个国家自然基金与社科基金支持项目，研究走向纵深。2011 年 3 月，200 多个茶马古镇整体纳入了茶马古道保护计划。2011 年 6 月茶马古道在《国家文物博物馆事业发展‘十二五’规划》中被列为 4 条文化线路之一。一系列的事件及后续效应引爆茶马古道的研究热潮，截至 2016 年底，期刊论文与硕博士论文共计 1827 篇，研究内容集中于探寻茶马古道的主要路线，历代茶马贸易制度、特点和历史作用，沿线经济文化交流及与旅游业发展相结合等问题；在硕博士论文比上一阶

① 喜饶尼玛、马睿：《近代边疆史研究中不可或缺的特殊史料——以涉藏日记研究为中心》，《西藏大学学报》（社会科学版）2019 年第 2 期。

段增长了395.65%的同时，期刊论文的增长却从原来的一路上升演变为在迂回中曲折上升的形态，表现出对茶马古道研究的反省与冷思考；研究方法上日趋多元化，各种学科视角对茶马古道均有渗透，并以应用研究为主要特色，在以昌都最早打出茶马古道旅游品牌之后，各地区相继都加强了对茶马古道文化旅游的规划与开发，茶马文化的营销实践活动也借力后发先至，这显著地与这一时期丝绸之路的研究仍多停留在理论层面的状况相区别。”①

在基础研究方面，滇藏道有木霁弘等著《滇藏川“大三角”文化探秘》（云南大学出版社，1992年）、李旭著《九行茶马古道》（作家出版社，2004年）与《藏客——茶马古道马帮生涯》（云南大学出版社，2000年）、蒋文中著《茶马古道研究》（云南人民出版社，2014年）与《云上的茶路——大地史诗·茶马古道》（云南人民出版社，2014年）等代表性专著；川藏道有陈书谦等著《茶马古道与藏茶文化探源》（中国农业出版社，2018年），陈书谦主编《雅安藏茶的传承与发展》（四川师范大学电子出版社，2010年）、《蒙顶山茶文化口述史》（中国农业出版社，2019年），李朝贵等著《藏茶》（四川民族出版社，2007年）等代表性专著；青藏道有张承荣、蒲向明主编《陇蜀青泥古道与丝路茶马贸易研究》（四川大学出版社，2018年）等。但学界至今还没有对相关历史文献进行全面而系统的整理，相关研究更是滞后。在历史文献整理方面，各地区各自为政，至今滇藏道也只有蒋文中编著的《茶马古道文献考释》（云南人民出版社，2013年），川藏道只有李炳中编的《茶马古道——雅安段文献索引掇英》（巴蜀书社，2018年）与焦虎三编著的《茶马古道“锅庄文化”文史调查与研究辑要》（西南交通大学出版社，2019年）等廖廖数本专著，青藏道以及陇蜀茶马古道历史最为悠久，宋代历史记载十分丰富，但至今尚无文献整理成果问世，针对茶马古道文献研究的专著更为稀缺。

论文方面，大多都参考和引用了大量的历史文献，但专事茶马古道文献研究的文章却极少（见表三），更缺少对茶马古道的系统化研究与理论提升，研究方法和理论都有待提高。

---

① 龙肖毅：《茶马古道25年研究文献回顾与评述》，《大理大学学报》2017年第11期。

表三　2010—2019 年茶马古道研究论文一览表

年份	茶马古道研究论文（篇）	茶马古道研究学位论文（篇）	茶马古道会议报刊文章（篇）	茶马古道文献研究论文（篇）
2010	63	1	1	
2011	64	4	24	
2012	50	4	26	
2013	63	2	32	
2014	77	4	56	
2015	84	14	27	
2016	90	4	20	
2017	84	6	34	1
2018	94	6	21	1
2019	28	3	24	2

数据来源：中国知网（https：//www. cnki. net/）。

此外，藏学汉文文献整理成果仍存在“政治与宗教类资料汇集可观，经济文化与社会风俗方面资料的汇集有所欠缺”① 的局面。比如文化风俗、经济贸易、文学艺术等专题化、主题化藏学汉文文献整理工作仍在起步阶段，不少还是空白。

又以康藏历史文献为例，“仍存在着经济文化、社会风俗以及其他方面资料的汇集不足，需要进一步推进近现代重要康藏各界知名人士的公私文献以及存藏在各地公私机构和人员手中的文献资料的搜集、整理与研究出版，以丰富学者的资料来源、推进康藏地区的深入研究”②。

再以文学类中的咏藏诗搜集、整理而言，“现阶段咏藏诗歌作品比较分散，相关整理不是很多，已整理出版物以选集为多，有很多作者、诗篇还被遗漏在历史文献中，等待我们去发现和整理。出版的诗文集中咏藏诗专著太少，寻觅咏藏诗专集较为困难，还需要我们继续投入精力，做详细的分析梳理工作。对

① 王川：《40 年来近现代康藏汉文史料的整理与研究》，《四川师范大学学报》（社会科学版）2019 年第 1 期。

② 王川：《40 年来近现代康藏汉文史料的整理与研究》，《四川师范大学学报》（社会科学版）2019 年第 1 期。

咏藏诗的研究，虽已初具规模，却也未成系统，仍待拓展和深入”[①]。

其他如藏学汉文文献中涉藏口述史料、风俗习为、歌舞音乐等方面的专题历史文献系统搜集、整理工作多为空白，亟待填补。

与此同时，已有的部分整理成果仍有待“精细”。有学者将当代藏学汉文文献整理工作（涉藏文献）的整理工作分为两个阶段[②]：第一个阶段为“泛化”阶段，就是依托目前大量文献收录汇编成果，以及“大数据”技术，尽可能地将这些影印保存下来的文献内容电子化，以便研究者检索和使用。第二个阶段为“精化”阶段，是在目前文献收录汇编成果的基础上，依据类别划分，对某类文献中的经典作品遵循古籍整理的传统路数，进行高水平、高质量的文献整理，对一批具有较高文献和史料价值的经典文献进行精校、精注，推出若干高水平的整理作品，这是当务之急。如《清代咏藏诗词选注》，这是藏学汉文文献文学类首部咏藏诗词汇集，“是近年来咏藏诗研究中的一个新成果。该书配以必要的注释，本为方便读者。但由于清人咏藏诗的用语状况较为复杂，致使注释中出现了不少错误”[③]。这些都需要在今后的文献整理中进一步精雕细刻、精益求精。

（三）涉藏文献的数据库建设成为藏学汉文文献整理工作的新热点，藏学汉文文献的数据库建设已刻不容缓

民族文献是少数民族文明成果的重要表现之一，藏学汉文文献是汉藏民族团结互助、文化融合的重要表现成果之一，是铸造休戚与共的中华民族共同体意识的重要精神源泉与历史财富。由于历史的局限性与文献本身的特殊性，藏学汉文文献普遍存在文献收藏地分散、损毁情况恶劣、利用困难等特点，已有的文献出版物，又普遍价格高昂，流通不畅，严重限制了文献的使用与传播，故加快建设包括藏学汉文文献在内的涉藏文献的数字化系统尤显必要与紧迫。

虽然现在学界对“文献资源数字化”的意义与价值已取得共识，但目前专业化、专题化的藏学汉文文献数据库仍属空白，有待建设。现已建设的涉藏汉

---

① 于素香：《咏藏诗研究述略》，《语文教学通讯》2018 年第 3 期。

② 马天祥：《清代西藏方志整理现状与走向》，《中国图书评论》2017 年第 8 期。

③ 王宝红：《〈清人咏藏诗词选注〉注释商榷》，《西藏民族学院学报》（哲学社会科学版）2011 年第 5 期。

文文献资源数字化平台，分散于各文献数据库的子库中，至今未有专题化的数据库。已建数字化平台又存在共享性不足、商业色彩过于浓厚等缺陷，不利于相关资源的传播与共享。以西藏为例，有学者指出："近年来随着信息化的发展和国家对于西藏文献建设的大力投入，西藏各图书馆也开始关注藏学文献资源的收集和科学化管理，这些都使得藏学文献在收藏质量和数量上均已获得可观的发展，但是由于西藏所处地理位置的限制，在信息获取和技术交流上与内地保有天然差距，所以藏学文献管理方式在整体上还是稍显落后，而且藏学文献收藏机构在观念、体制、资金等方面还存在诸多因素的制约，使得藏学文献资源的共享检索还未能切实做到真正全面的实现。虽然目前已经有些藏书机构建成了可检索查询的藏学资源库，但是资源库建设中缺乏系统性和完整性，且未形成统一的规范和标准，因此在资源的全面性和标准性上都亟待改进和发展，既没有实现共享检索，也没有实现数据资源的异地共建，所以对于其他藏学研究者来说藏学文献的获取比较困难，更遑论直接满足西藏经济发展和读者的实际需求。"①

虽然中国数字方志库和中国方志库、边疆史地研究资料数据库等数字化系统已经取得了一定的成果，但国内至今尚无专门的藏学汉文文献数字化平台，涉藏文献的数据库建设严重滞后于涉藏文献的整理出版工作，仍值得重视与改善。

同时，学界在建立众多精专的研究方向与项目时，应以"主题研究及数据库建设"同步为主打方向，明确目标，加强学术引领。与专事精选、精校、精注相关涉藏文献配套，同步进行数字化研究及处理工作，一石数鸟，一方面可以节约大量人力、财力，另一方面又可使传统文献整理与数字文献建设同步前进。

值得欣喜的是，这个问题已引起学界的高度关注，以近几年国家社科基金重大项目立项为例，许多涉及少数民族文献整理与档案文献遗产保护的项目，都将数字化研究及数据库建设列入其中。我们深信，在藏学汉文文献整理工作已取得丰硕成果的今天，包括藏学汉文文献在内的涉藏文献资源数字化工作一定会迎来更加辉煌的明天。

① 艾金勇：《藏学文献特色数据库建设实践》，《智能计算机与应用》2016 年第 4 期。

总之，百年来藏学汉文文献整理与研究工作由小及大、由弱至强的过程，就是西藏与祖国大家庭、藏族同胞与包括汉族在内的各兄弟民族共同团结、共同奋斗的沧桑历史的缩影。这部历史告诉我们一个真理：没有国家的强盛与统一，就没有民族文化的生存与发展；没有民族的团结与和谐，就没有民族文化的保护与繁荣。

新时代，在习近平总书记一系列重要讲话精神的指引下，我们坚信：藏学汉文文献整理与研究工作必将迎来更加全面深入、有序发展的新阶段，将对维护国家主权与统一、维护民族团结、促进民族地区发展、保护与传承民族优秀传统文化，产生更为积极与深远的影响。

焦虎三

2020 年 2 月 12 日

前　言

川藏茶马古道与打箭炉志书

2018年10月10日，中共中央总书记、国家主席、中央军委主席、中央财经委员会主任习近平主持召开中央财经委员会第三次会议时，就川藏铁路规划建设问题发表了重要讲话，强调规划建设川藏铁路对国家长治久安和西藏经济社会发展具有重大而深远的意义："规划建设川藏铁路，是促进民族团结、维护国家统一、巩固边疆稳定的需要，是促进西藏经济社会发展的需要，是贯彻落实党中央治藏方略的重大举措。"①

习近平总书记的重要讲话，明确指出了大力发展交通运输事业对于国家稳定与发展的战略地位，指明了大力提升川藏交通对于促进民族团结、维护国家统一、巩固边疆稳定的重大战略意义。对民族地区而言，"只要建立正确的观点，把交通运输业作为经济发展中的重要一环，明确它在经济发展战略中的地位，制定合理的长、短期发展规划，采取切实可行的措施，保证重点，真正做到交通运输业先行一步，则农业、牧业、林业、工业生产就会如虎添翼，民族地区的经济起飞定将随之逐步实现"②。

众所周知，历史上的"茶马互市"是中国中央政府与西北、西南地区，包括汉族在内的各民族与以藏族为主体的少数民族之间展开的贸易活动，活动历史悠久，持续时间长达千年，对边疆（边地）政治经济、社会文化的影响甚为巨大，连接这条贸易大动脉的商道后来被形象地誉为"茶马古道"。今天，我

① 《大力提高我国自然灾害防治能力　全面启动川藏铁路规划建设》，《人民日报》2018年10月11日1版。

② 李仲楹：《试论交通运输在民族地区发展战略中的地位》，《中央民族学院学报》1984年第3期。

们积极梳理与研究川藏茶马古道，对于我们加深对习近平总书记就川藏铁路规划建设问题重要讲话的认识，全面理解升级现代化交通方式对于维护国家统一、促进西藏经济社会发展的重要意义，具有重要的历史参考价值。

一、茶马古道的概念与历史意义

在中央第七次西藏工作座谈会议中，中共中央总书记、国家主席、中央军委主席习近平强调："要挖掘、整理、宣传西藏自古以来各民族交往交流交融的历史事实，引导各族群众看到民族的走向和未来，深刻认识到中华民族是命运共同体，促进各民族交往交流交融。"[①]

沧桑千年，纵横万里的川藏茶马古道，反映了汉藏民族共同发展的奋斗史，也反映了汉藏民族交流交融的团结史。在历史的长河中，逶迤万里、密织八方的茶马古道正是各民族休戚与共的历史见证，筚路蓝缕、跋山涉水的茶马古道也是各民族团结奋进的现实写照。

今天，我们积极挖掘与保护川藏茶马古道文旅资源与非物质文化遗产，创新开展川藏茶马古道文旅数字化工作，就是落实习近平总书记在中央第七次西藏工作座谈会的重要讲话，以及习近平总书记《在敦煌研究院座谈时的讲话》精神的具体行动。这将为全面保护川藏茶马古道优秀文化遗产，创新利用川藏茶马古道文旅资源，促进民族地区社会经济的发展，助力民族地区脱贫攻坚，推动川藏茶马古道研究的纵深发展，产生重大而积极的影响。

从原始名词与文化发生学角度而言，"茶马古道"是当代的新生词汇。[②]在古代的不同时期，该词有不同表述，如"茶马互市""帛马互市""定茶易马""茶药互市"等等，其外延虽略有差异，但内涵是固定的，指中央政府与包括西藏地方政府在内的西北、西南地区，以汉族为主体的各民族与以藏族为主体的少数民族之间的贸易联动机制。该机制以贸易为基础，以茶为核心商品，以易货为主要交易手段，其影响力广泛而深远。这一点，从众多权威文献的相关定义中可见一斑。

---

① 《全面贯彻新时代党的治藏方略　建设团结富裕文明和谐美丽的社会主义现代化新西藏》，《人民日报》2020 年 8 月 30 日 1 版。

② 木霁弘、陈保亚等：《滇藏川"大三角"文化探秘》，云南大学出版社，1992 年，第 19—27 页。

茶马互市：中国古代历史上西部和北部从事畜牧业经济的少数民族，用马匹等牲畜和畜产品，与内地换取茶叶、布匹、铁器等生产、生活必需品的比较集中的大规换集市性贸易活动。始于唐代，盛于宋、明、清，长达千余年。唐开元十九年（731），占据青藏高原的吐蕃政权要求与唐划界互市，提出交马于赤岭（今青海湖东岸日月山），互市于甘松岭（在今四川松潘境）。唐允许交马、互市均在赤岭。输往北方的茶叶主要来自四川、汉中地区。正式的茶马互市贸易由此开始。宋代，在北方相继出现了少数民族建立的辽、夏、金政权，长期与宋作战，威胁着宋的安全。于是宋加强了对茶马互市的控制，先期在成都、秦州（今甘肃天水）各置榷茶买马司，经办购运川茶赴秦、凤（今陕西凤翔）、熙（今甘肃临洮）、河（今甘肃临夏）易马。后又改设都大提举茶马司，全面负责茶马交易与市场监督。明代，政府制定茶法和马政，在西宁、河州、洮州等西北边地重镇设茶马司，在北部的宣府（今河北宣化）、大同、张家口和东北的广宁（今辽宁北镇）、开原、抚顺等地设茶市、马市，推行严格的茶叶征税法和马匹摊派法，交易双方必须在固定的官市按照规定的茶马比价进行交易。实际上成为明王朝的一种“以马代赋”制度，用以控制、剥削少数民族，并攫取战马。各族人民不堪忍受这种盘剥与限制，于是在辽东、内蒙古、甘青、川康一线的数万里沿边地区，纷纷进行自由贸易，是为“私市”。官府起初严加取缔，后被迫认可，称“民市”。清代，政府采取了不再征收牧民马匹和允许民间自由贸易的政策，延续了近千年的茶马互市制度遂告终。茶马互市在中国历史上对繁荣农牧业经济、促进民族团结曾起过重要作用。①

茶叶之路：西藏的茶叶主要来自四川和云南两省，从四川雅安、云南芒康经康定至拉萨，是历史上最著名的“茶叶之路”。这条道路全程2000多公里，途中雪山摩天，江河切割，悬崖峭壁，盗贼横行，气候又变化无常，不时遭遇泥石流、雪崩和地震，因此是世界上最为艰险的运输线。“茶叶之路”的中转站康定，在宋朝以前还是不毛之地，元明时仅为一个小村庄，清初为明正土司驻地，设打箭炉厅，抚领周围50多个部族，从此商业日盛，成为康藏交通的枢纽和茶叶贸易中心。清初康定代理茶叶贸易的“锅庄”仅4家，到清代中叶

① 中国大百科全书总编辑委员会：《中国大百科全书（第二版）》第3册，中国大百科全书出版社，1985年，第199—200页。

已发展到48家。当时一般情况是，雅安、荥经、天全、名山、邛崃5县所产边茶（砖茶），先由背夫背运到康定，再由商队运往西藏。从西藏来说，很多个世纪中，各地僧俗首领均组织大型商队，到康定用藏区土特产交换茶叶，因此可以说是“茶土交换”。这些商队名为“朵巴”，意为“达泽朵（康定）贩运茶叶的人”。每年藏历三四月，高山冰雪开始融化，商队离开家乡，向东方进发。当地男女老少均出来欢送。商队组织极为严密，如同一支远征部队。全权指挥者称为“朵噶本”，意为达泽朵营之首领。商队由商人、骡夫、骑士组成，人数往往达数百人，骡马数千匹以上。每十匹骡马编成一组，藏语称“纳”，每“纳”骡马由一名骡夫管理。行进途中，骑手们手持武器，随巡于商队两侧，以防盗匪攻击。商队日出开拔，日落宿营。“朵噶本”帐篷居中，商人围绕他的帐篷扎营，骡马圈围有序，如同一个军纪森严的营垒。经过半年左右的风餐露宿，大约藏历十月可抵康定。他们将西藏带来的土特产如氆氇、藏垫、药材、佛画、皮毛等交给有传统关系的锅庄，只留少数人办理交换茶叶或购买茶叶的业务，其他人赶着骡马重翻折多山，将牲畜放牧在米娘的广阔山野上。他们要在这里过冬，并且购买牛皮缝制包装茶砖、瓷器的皮袋。来年冰消雪化时，他们重返康定，将茶叶、瓷器等藏地需要的物资包装妥当，装上骡马，在朵噶本的率领下，日行夜宿，跋山涉水，朝故乡行进。在离家乡大约3日路程的时候，商队要派出报喜人，携带少量茶叶，交乘脚力最好的骡马，提前赶回家乡报信，同时请各家各户尝新茶。商队返回家乡时，民众要在村外举行盛大的欢迎仪式。其时，歌舞欢腾，热烈隆重。清朝末年前后，康巴巨商代替“朵巴”商队，从此在茶叶之路上就很难看到如此威武壮观的行列了。①

茶马政策：唐代以来各朝制定推行的一种以茶和其他货币与边疆少数民族易马的政策。以茶易马，始于唐代。大抵在唐贞元年间，封演在《封氏闻见记》中称：“（茶）始自中原。流于塞外。往年回鹘入朝，大驱名马，市茶而归。”此为中国现存文献中有关以茶易马的最早记载。但西北少数民族向中原市马或献马，“中原按值回赐金帛”的时间，可上溯到唐开元年间。其时驱马市茶，并未形成一种定制。至宋神宗熙宁七年（1074），遣李杞入蜀置买马司，

① 王尧、陈庆英主编：《西藏历史文化辞典》，西藏人民出版社、浙江人民出版社，1998年，第34—35页。

于秦、凤诸州及熙河路设官茶场，规定以川茶交换“西番”马匹，才确立为一种政策。南宋吴曾《能改斋漫录》中有“蜀茶总入诸蕃市，胡马常从万里来”。这是对熙宁、元丰年间茶马互市成为一种常制的描写。明代丘濬《大学衍义补》载：“（熙宁）李杞入蜀，经画买茶，于秦、凤、熙河博马。”王韶又言：“西人颇以善马至边，所嗜惟茶。”茶马互市，内地供应边民游牧生活所必需的茶叶，边境少数民族以“善马”付供给缺马的中土，增强和促进了中国国防、交通和农业的发展。元因其本部蒙古产马，未实行茶马交易之制。明、清两代均沿用宋制，在川、陕设立专门机构。清康熙四年（1665），在陕甘之外，更增设云南北胜州茶马市，用于对藏族易马。民国郭则沄《竹轩摭录》载：“康熙时，敕遣专官管理茶马。至四十四年（1705），始由甘抚兼管。”茶马交易的政策，才渐自行废止。①

定茶易马：明洪武初，因急需军马，朝廷于西北设茶马司，以茶与“番人易马”。开始无定数，后来，为使两不吃亏，即将马匹分为上、中、下三等，然后再规定易各等马每匹的茶叶斤数。明代申时行等重修《明会典·茶课》载：“（洪武）二十二年（1389），定茶易马：上等马每匹一百二十斤，中等马每匹七十斤，下等马每匹五十斤。”但各代或一代不同时期，定茶的数字常有变化。②

茶马古道指连接云南、四川等传统茶叶产区，以马帮等载体运输茶叶等物品到涉藏地区和其他传统茶叶市场，换取皮毛、酥油、马匹等产品的交通运输网络。广义上它以云南、四川、西藏为中心，覆盖了周边的湖南、贵州、广西、甘肃、陕西、宁夏等省区，还进一步向外延伸到了缅甸、印度、老挝、泰国等东南亚、南亚国家和地区。③

茶马古道兴于唐宋，盛于明清，在漫长的历史岁月中，不断变化与发展。但总体而言，维系这种互动机制的要件主要有两个：其一，以“茶马互市”为中心的官方管理机制；其二，以“茶马互市”为重心的汉藏商贸通道。古道从内地出发，遍涉我国西南、西北少数民族地区，更远及尼泊尔、不丹等南亚诸国。历史上，对于维护祖国统一与主权、领土完整，加强西藏地方与中央政权

① 陈宗懋：《中国茶叶大辞典》，中国轻工业出版社，2000年，第18页。

② 陈宗懋：《中国茶叶大辞典》，中国轻工业出版社，2000年，第27页。

③ 凌文锋、罗招武、木霁弘：《茶马古道研究综述》，《云南社会科学》2018年第3期。

之间的联系，融合各民族感情以及促进少数民族地区的经济发展，都产生了重大作用。2013 年，茶马古道被国务院列为第七批全国重点文物保护单位。

历史上的“茶马互市”，有青藏道（由四川、陕西等省经甘肃省集中，再转青海省入西藏）、川藏道（由四川省进入西藏）和滇藏道（由云南省进入西藏）三条主线，这其中，川藏一线持续时间最长，交通条件最为复杂，其交易量也最为庞大，对于明清中央政府与西藏地方政府之间的互动关系的影响最为深远。川藏一线茶马古道又分西路（由今都江堰市、北川县、平武县等分至松潘汇集再入甘青）与南路（以雅安地区为中心分至康定市汇集再入西藏，又称“南路边茶”“川藏茶马古道”）两路，两路中尤以南路为盛。可以说，川藏茶马古道是茶马古道沧桑历史与绚丽文化的典型代表与集中体现。

（一）川藏茶马古道为维护国家统一和主权完整，作出了独一无二的贡献

千年的茶马古道如一条坚固的纽带，紧密串联起内地与涉藏地区，加强了中央政府与西藏地方政府、汉族与藏族之间的联系。明代王廷相在《严茶》中言：“蜀中有至细之物，而寓莫大之用，君子不可以轻视之者，茶是也。五谷饔飧，非不美也，食牛、羊奶酪者，则不以为急；布帛帷帐，非不丽也，御穹庐、毡裘者，则不以为重。茶之为物，西戎吐蕃，古今皆仰给之。以其腥肉之食，非茶不消；青稞之热，非茶不解，故不能不赖于此。是则山林草木之叶，而关系国家政理之大。经国君子，固不可不以为重而议处之也。”①

客观而言，如果说在封建时代“茶马互市”是封建王朝“羁縻政策”的缩影，从清中期开始至民国时期，随着川藏官道地位的确立和打箭炉的兴起，加上旧时茶马交易政策的废止，“边引”与“茶课”的先后废除，汉藏民间贸易全面兴盛，边茶的交易在维护国家统一与主权完整，抵御英帝国主义对涉藏地区侵蚀方面的作用便日显突出。如寿景伟便言：“考边茶一物，不仅为一种商品，可称为汉藏间经济上之重要联系，抑且涵有政治联系意义。”② 众所周知，20 世纪中叶，由于腐败而积弱的国民政府无力治理边疆，加上帝国主义势力

---

① ［明］王廷相：《王氏家藏文集》，《明经世文编》卷一百四十九，明崇祯平露堂刻本。

② 寿景伟：《我国西南新茶区之开发及其进展》，《西南实业通讯》，1940 年第一卷第二期。

的侵入与西藏地方分裂分子的躁动，中央政府与西藏地方政府之间的联系近于瘫痪，英印势力大肆侵入，印度商品更是趁机倾销入藏，然而印茶系热性，而边茶性凉，故印茶终不为藏人所乐用。川藏茶马古道的边茶贸易事实上成为维系汉藏关系最为牢固、也是最后的一根纽带，以至民国时有政治家敏锐地指出：今康藏之关系，只余茶一物也！1940 年《西康省财政概况》便云："近年西康军队不能踏入西藏，而中央政治人员亦不能过昌都以西一步，故康藏隔阂殊甚，惟茶则为联络康藏唯一之使者，确能使之发生密切关系，故茶非但为局部关系之商品，且与社会、国家有整个关系。尤其在建省以后，本省已由边防线之责任，进而负起国防线之责任，于是边茶更进而为国防商品。近年西藏与中央能发生关系者，全恃茶叶之维系。英人窥藏，早具野心，故积极以印茶行销藏，藉作侵藏之媒介。于是我国边茶备受胁迫。"①

（二）川藏茶马古道为维护民族团结、加强汉族与包括藏族在内各少数民族情感交流作出了重要贡献

茶马古道不仅是商品流通的交易通道，更是各民族交往与融合的情感通道，也是不同文化交流互鉴的人文通道。康熙时的《陇蜀余闻》《定藏纪程》，雍正时的《四川通志》，乾隆时的《西藏纪游》《卫藏图识》《清溪竹枝词》，皆言汉商或娶或雇"番女"，埃里克·泰克曼（Eric Teichman，即台克满，又名赵锡孟）《一位领事官员在中国西北的旅行》（*Travels of a consular officer in North West China*）记载在涉藏地区贸易的"老陕"（指来自陕西之商人）"彼等之习惯与衣装完全西藏化，其第二代、第三代子孙，或将与西藏人一切皆相似，全无分别。彼等不仅能贸易于川藏边境，且能深入四川人不能到之边远地域"②。金飞在《南路边茶与康藏》中更言："茶既为康藏民族所必需，故莫不以茶为命，年来虽印茶、滇茶侵消，而康藏人民，仍笃嗜边茶，上流僧俗，得茶多加碱，糜烂梗叶而并饮之，平民即烂梗亦不易得。以边茶性凉，解燥除腻，尤感需要，莫不奉为上品，故边茶实为康藏人民必要之连系，藏人因嗜边茶故，常结驮队，载其土产来康易茶，土产不足，则转贸中央亚细亚与印

① 钟廷栋编撰：《西康省财政概况》，西康省政府财政厅，1940 年，第 175—176 页。

② ［英］埃里克·泰克曼著，高上佑译：《一位领事官员在中国西北的旅行》，《康藏前锋》1934 年第 2 卷第 3 期。

度海外之物以足成之……边茶驮队运茶入藏，不空来去，亦不能不运藏货返康，多数不必由藏运康之货物，亦皆麇集康定，因藏货麇集康定，川、康、滇之货物，亦麇集康定与之交易。因茶而交易盛，因交易盛而汉藏接触频繁，因汉藏之接触频繁，而汉藏之感情易生，了解亦易。感情既生，了解既易，则政治之施设不难推行，故边茶由陆路运藏，不独使荒山狭谷间之康定变为政治、经济之中心，而实别有微妙之作用也。”①

“无论是‘茶马互市’，还是‘茶药互市’（或‘茶土互市’）形成的汉藏民族经济、政治交往的大通道，最终成为了以汉藏民族为主的民族文化大走廊，康定，形成了民族文化和谐交融和多姿多彩的特殊文化现象。各地的商帮带来了各自家乡的文化，陕西、山西帮等商人，在这里既保留家乡的习俗，同时又接受了不少藏族的习俗，有不少还会说藏语了。”② 以川藏茶马古道一线普遍的汉藏通婚现象为例，其大大促进了汉藏民族间的交往与团结。“汉族的大量迁入也带来了汉族发达的商业文化，大批商人在此开店设市，形成街市。都市的大部分建筑也以汉族样式为主。在婚姻家庭方面也通行一夫一妻制，同姓不婚，家庭关系稳定。受藏族文化影响，大多数人家又和藏族有姻亲关系，他们大都采用汉姓藏名，如王扎西、张尼玛等。同时，世居康定的汉族大都信仰藏传佛教。家中有大事，都会请喇嘛念经。寺庙有重大活动，亦积极参加，成为虔诚的信徒。少数汉族人士还入喇嘛寺为僧。”③

（三）川藏茶马古道为发展民族地区经济、改善人民生活作出了积极贡献

川藏茶马古道贸易的兴盛，直接促使了近代一批城镇在涉藏地区的产生。以川藏茶马古道的重镇康定（打箭炉）为例，这完全是一座因市而生、由茶而旺的新兴城市。依文献记载，最迟至明末清初，四川、江西、湖广等茶商，便纷纷拥入打箭炉，“五属茶商”赴炉交易已蔚然成风。乾隆《打箭炉志略》有记：“炉地旧无城垣。国朝既定，藏番设立文武衙署、仓库、税关。雍正始建东南北三门，各筑城垣数十丈，以资闭。乾隆二十一年，改建全城。”康熙四

① 金飞：《南路边茶与康藏》，《新西康》1938 年第 2 期。

② 亮炯·朗萨：《恢宏千年茶马古道》，中国旅游出版社，2004 年，第 65 页。

③ 赵勍：《四川藏区近代史上的藏汉民族通婚》，四川师范大学硕士论文，2009 年。

十七年（1708）刊刻的《打箭炉志略》又记："官分驻以来，地方宁谧……邛、雅、荣、天各州县商人领引运茶，皆于炉城设店出售。"康熙三十五年（1696），康熙准行打箭炉市，蕃人市茶贸易，茶马交易中心便由岩州（今四川省甘孜藏族自治州泸定县岚安乡）西移至打箭炉，雍正七年（1729）又设打箭炉厅，于是汉藏商人纷至，"商贾辐辏，遂成巨镇"。川藏茶马古道一线的其他城镇，情况也大抵如此，或邻通道（官道），或为贸易枢纽，皆因市而立，因市而兴。

自古以来，茶与藏族人民的生活息息相关，"惟上下一般，无老、无幼，均最嗜茶。每饭食间非茶不可"①。川藏道南路以五属茶县为始，汇于打箭炉，经道孚、雅江、巴塘、理塘、乡城、芒康、邦达、昌都、林芝等地，又汇集于拉萨，再至江孜、亚东，越境进入尼泊尔、不丹等南亚诸国；西路以灌县（今都江堰市）、平武县、北川县等始，汇于松潘直隶厅（今阿坝藏族羌族自治州松潘县），经甘肃入青海。在中国西北、西南的广阔大地上，川藏茶马古道铺设起一条以"茶"为核心的商业网络，其广布藏人生活的每一处区域，直达藏人生活的每一户住地，极大地便利了藏族人民饮茶的需求。

（四）川藏茶马古道对于维系中央政府与西藏地方政府的直接联系发挥了重要作用

明代中期以后，以青藏道为汉藏主要通道的情况有所改变。经康区南部，连接内地与朵甘、乌思藏的川藏道被定为"官道"，逐渐成为明代涉藏地区僧俗往来和进行茶叶贸易的另一交通要路。明王朝的这一举措是自唐、蕃时代以来朝廷在对藏交通问题上的一次重大转向，使得汉藏间交通的重心由西北南移至四川和康区。② 从明代到清代，南路边茶另一个显著的变化在于，随着中央政权对边地控制力的加强、政权影响力的加深，边茶交易中心由东向西延伸，由汉地深入至汉藏交界的枢纽地点，次一级中心更深入康区各地。

首先，《明太祖实录》记"（明洪武十七年）是岁四川碉门茶马司以茶易马，骡五百九十"，洪武二十年六月壬午，"四川雅州碉门茶马司以茶一十六万

① 李安陆：《西藏风俗记》，《地学杂志》1912年第11、12期。

② 刘立云：《从"玉石之路"到"茶马古道"：论丝绸之路青海道的演变及其意义》，《西藏研究》2018年第1期。

三千六百斤，易驼、马、骡、驹百七十余匹”，这里是以碉门（今四川省雅安市天全县）为交易中心；后“番民所处老思冈之地，土瘠人繁，专务贸贩碉门乌茶、蜀之细布，博易羌货，以赡其生。若于岩州立市，则此辈衣食皆仰给于我，焉敢为非”[①]，交易中心又西移至岩州（今四川省甘孜藏族自治州泸定县岚安乡），康熙三十五年（1696），康熙准行打箭炉市，交易中心便西移至打箭炉，于是汉藏商人纷至，“四方商贾辐辏，为川茶、夷货交易之所”。同时，清政府为稳固边地，控制涉藏地区，一方面修筑泸定桥，打通大渡河交通的瓶颈；另一方面鼓励汉商深入涉藏地区，并视打箭炉为其要冲。如《康熙起居注》记大学士松柱奏曰：“喇藏题请将打箭炉地方发还伊等之事，现交部内。此系大事，请交议政大臣议之。”“上曰：‘何必交议政大臣，着下部议，且此事部议甚易。前此所议之事，亦载在册籍。至打箭炉原系本朝地方，我朝之人实处其地，于彼大有裨益。我朝之人若行掣回，则茶市亦停，既无益于伊等，伊等人内必生大乱’。”[②]

从明后期至民国时期，发生在川藏茶马古道上的一系列重大历史事件，如“西炉之役”“金川之役”“瞻对事件”“理塘事变”“炉城设厅”“铸造藏币”“西康建省”等，均对中央政府与西藏地方政府的互动关系产生了直接影响，有些历史事件，如“金川战役”“铸造藏币”“西康建省”等，更直接影响了中国历史的发展。

（五）川藏茶马古道上沉淀的各种文化遗产是茶马古道文明的杰出代表

川藏茶马古道是一条商贸通道，也是一条多元文化的走廊，更是一座文化遗产的宝库。这条古道穿行于有名的“藏羌彝走廊”，古道上生活着十数个少数民族，数百万人口。众多民族南来北往、沟通交流、繁衍迁徙，几千年的民族交融，使这一区域各民族的语言、宗教、节庆、习俗、服饰等既有其独特性、差异性，又有关联性、共同性，进而建构了一个文化形态多样、文化资源富集的独特地带，各族群和谐共生、水乳交融的民族文化生态，促成了苯波文

① ［清］张廷玉等：《明史》卷三百三十二，清乾隆武英殿刻本。

② 中国第一历史档案馆整理：《康熙起居注》，中华书局，1984 年，第 2106 页。

化、牦牛文化、石室重屋文化、石棺葬文化、母系文化、猪膘文化、藏缅语多元文化等众多的、独特的文化景观带。佛教、道教、伊斯兰教、基督教多教派并存，神秘、原始的苯波教和毕摩文化、释比文化在此得以传承。同时，在古道上又存在许多语言孤岛，构成了一个包罗万象的文化语言体系。以列入第二批国家级非物质文化遗产名录的“南路边茶制作技艺”、康定市的“打箭炉锅庄文化”、享誉世界的《康定情歌》等为代表，古道与“茶马互市”相关的非物质文化遗产项目众多，特征明显而独特。

同时，川藏茶马古道一线分布着众多中国传统村落，如以甘孜藏族自治州为例，至 2019 年住建部公布第五批中国传统村落名录为止，全州共有 71 个村入选中国传统村落名录，位列四川省榜首。这些“中国传统村落”大多分布于川藏茶马古道重要城镇与节点之上。今天我们以川藏茶马古道为观察主线，以线串点，由点带面，可串联起沿途大多数“中国传统村落”，这对于促进民族地区社会经济、文旅事业的发展，助力民族地区脱贫攻坚都具有重大战略意义。

川藏茶马古道，恢宏千年，纵横万里，如一行行书写在青藏高原上的史诗，一首首回响着唐宋风韵的壮歌。它是一条团结之路：穿越深山峡谷的羊肠小道，如密布的血管，流淌着各民族的同胞情谊；它又是一条发展之途：跋山涉水的马帮，用原始的运输方式，沟通了内地和边地的联系，使边地与内地相互依存，共同繁荣发展。面对历史，川藏茶马古道的功绩与作用怎么褒扬都不为过。如果说，“一带一路”中的“丝绸之路”，在中国北部以“和平合作、开放包容、互学互鉴、互利共赢”的丝路精神，从古至今加强了中国同世界各国的合作交流，促进了各国文明对话和文化交流，构建了亚欧命运共同体；那么中国南方的“川藏茶马古道”，则以“民族团结、发展进步”为内涵加强了我国汉族同藏族等少数民族的密切合作交流，促进了汉藏文明的对话和文化交流，构建了中国国内的“汉藏命运共同体”。这两条线路，一外一内，一南一北，共同促进了人类文明的进步与社会的发展，为构建“人类命运共同体”，在茫茫戈壁与皑皑雪山之间，分别了写下了富有中国特色的浓墨重彩的壮丽史诗。

二、清季打箭炉方志概要

在明清两季，随着川藏道被定为官道，康藏一线也受到中央政府的高度重视，人员进出频繁。加上当时入康进藏官员大多为经学之士，喜舞文弄墨，又好记游抒怀，同时川藏道又多与茶马古道“南路边茶”交通线路重叠，当时的打箭炉是汉藏贸易重镇、茶马互市的中心，故清季以打箭炉为中心而涉及康藏茶马古道历史的藏学文献十分繁杂，其体裁也多种多样，既有如《康熙起居注》《大清圣祖仁皇帝实录》之类的档案汇编，也有如《钦定续通志》《钦定皇朝文献通考》之类的官修史书；既有如《四川通志》《打箭炉志略》《藏纪概》《西藏志》之类的志书，也有如《陇蜀余闻》《进藏纪程》《西藏纪述》之类的游记。其中乾隆《打箭炉志略》与光绪《打箭厅志》[①]，作为古代打箭炉地区仅有的两部地方官修志书，其历史价值更显珍贵。

（一）打箭炉名称的由来

打箭炉原称“打煎炉”，史书对其较早的确切记录在明初。《明史》卷三百三十一记：

> 长河西、鱼通、宁远宣慰司，在四川徼外，地通乌斯藏，唐为吐蕃。元时置碉门、鱼通、黎、雅、长河西、宁远六安抚司，隶吐蕃宣慰司。
>
> 洪武时，其地打煎炉、长河西土官元右丞剌瓦蒙遣其理问高惟善来朝，贡方物，宴赉遣还。[②]

《明太祖实录》卷一百八十八又记洪武二十一年：

> 天全六番招讨司八乡之民，宜悉免其徭役，专令蒸造乌茶，运至岩州，置仓收贮，以易蕃马。比之雅州易马，其利倍之。且于打煎炉原易马

① 两书并举时，本书简称打箭炉志书。

② ［清］张廷玉等：《明史》卷三百三十一，清乾隆武英殿刻本。

处相去甚近，而价增于彼，则番民如蚁之慕羶，归市必众。[1]

从这段史实中可以推测，其一，“打煎炉”的名称在明代以前就已存在；其二，“打煎炉”作为茶马古道的集市地（原易马处），在明代以前就已确立。但明代对茶马互市一直坚持“汉不入番，番不入汉”的壁垒政策，故此交易点可能只单纯用于易马，而没有易茶。

至清代，“打箭炉”一词才开始普遍使用，人们认为三国时期蜀相诸葛亮南征时遣部将郭达安炉造箭于其地，故名之，清代史志书籍多持此观点。但查考明代文献，并无此说，若其名果源于郭达安炉造箭，“打箭”一词便应由三国沿袭下来，为何又有“打煎”一词。故罗长裿在诗中便言“征南造箭语无稽”[2]。笔者认为，“打煎炉”或“打箭炉”，均应为康巴藏语的音译。其实，“打箭炉”一词的释义，在民国时期便有争议，除了“主流”的“郭达说”，也有部分学者提出了不同看法。如1943年王登便刊文提出了三种看法：

一，两水交汇之处曰“多”。大炮山之“大曲”（“曲”为河，“大”为河名。下同。）与折多山之折曲交汇于此，故称“大折多”，此说极近情理，惟藏文大炮山之“大”与大折多之“大”；折多山之“折”与大折多之“折”，音虽相近，字各不同，且折多山之“折多”，应作“解妥”，为舌上之意；又两河之名，亦鲜称为“大曲”“折曲”者。故此说尚待考证。

二，大折多原隶藏王管辖，为汉藏通商之唯一适中地点，故藏王命名为“大折多”：“大”为发达之意，“折”为第一之意，“多”为商埠或码头。此说依照藏文字义之解释，颇有可能，但于情理方面，似逊于第一说。

三，康人甚尊视神山，辄挂旗巾之属于其顶。康定附近之郭达山，危峰突起，土人均尊为神山。“大”为旗巾之属，“折”为顶，故称“大折”；“多”为两水交汇处，故称“大折多”。此说“大折”与“多”似无关联，

---

① ［明］夏原吉监修：《明太祖实录》卷一百八十八，明永乐十六年刊刻本。

② 焦虎三、焦好雨：《茶马古道“锅庄文化”文史调查与研究辑要》，西南交通大学出版社，2019年，第97页。

而情理亦有待商榷之处。[①]

王登在文中认为“总上三说，互有短长”，这三种看法均源于康人的认知，又以藏文（语）为底本，较孔明遣将造箭之说无疑更加合理与实际。但客观而言，除非有古代藏文文献与古代汉文文献相对应，关于打箭炉名称的由来，或为王登文中所列之一，或另有新解，现今仍难明确。

（二）打箭炉历史概要

康定是我国西南地区重要的历史名城。古为羌氐之地，唐属吐蕃。《元史·百官三》记有“碉门、鱼通、黎、雅、长河西、宁远等处军民安抚使司，秩正三品，达鲁花赤一员，安抚使一员，同知一员，副使一员，佥事一员，经历、知事、照磨各一员，镇抚二员”，其下设招讨司、万户府等，计有“六番招讨使司，达鲁花赤一员，招讨使一员，经历一员，知事一员。雅州严道县、名山县隶之”。“天全招讨使司，达鲁花赤一员，招讨二员，经历、知事各一员。鱼通路万户府，达鲁花赤一员，万户二员，经历、知事各一员。黎州隶之。”“碉门、鱼通等处管军守镇万户府，达鲁花赤一员，万户二员，经历、知事各一员，镇抚二员，千户八员，百户二十员，弹压四员；长河西管军万户府，达鲁花赤一员，万户二员；长河西里管军招讨使司，招讨使二员，经历一员；朵甘思招讨使一员；朵甘思哈答、李唐、鱼通等处钱粮总管府，达鲁花赤一员，总管一员，副总管一员，答刺答脱脱禾孙一员，哈里脱脱禾孙一员，朵甘思、瓮吉剌、灭吉思千户一员”[②]。康定属安抚使司管辖，又隶吐蕃宣慰司。

明时，打箭炉等地番民于“洪武十年始随碉门土酋归附”，隶长河西、鱼通、宁远宣慰司。《明史·西域三》记：

长河西、鱼通、宁远宣慰司，在四川徼外，地通乌斯藏，唐为吐蕃。元时置碉门、鱼通、黎、雅、长河西、宁远六安抚司，隶吐蕃宣慰司。

洪武时，其地打煎炉、长河西土官元右丞剌瓦蒙遣其理问高惟善来

① 王登：《打箭炉——康藏地名小释之二》，《康导月刊》1943年第5卷第2、3期合刊。

② ［明］宋濂：《元史》卷八十七，清乾隆武英殿刻本。

朝，贡方物，宴赍遣还。十六年复遣惟善及从子万户若剌来贡。命置长河西等处军民安抚司，以剌瓦蒙为安抚使，赐文绮四十八匹，钞二百锭，授惟善礼部主事。二十年遣惟善招抚长河西、鱼通、宁远诸处，明年还朝，言：安边之道，在治屯守，而兼恩威。屯守既坚，虽远而有功；恩威未备，虽近而无益。今鱼通、九枝疆土及岩州、杂道二长官司，东邻碉门、黎、雅，西接长河西。自唐时吐蕃强盛，宁远、安靖、岩州汉民，往往为彼驱入九枝、鱼通，防守汉边。元初设二万户府，仍与盘陀、仁阳置立寨栅，边民戍守。其后各枝率众攻仁阳等栅。及川蜀兵起，乘势侵陵雅、邛、嘉等州。洪武十年始随碉门土酋归附。岩州、杂道二长官司自国朝设，迨今十有余年，官民仍旧不相统摄。盖无统制之司，恣其猖獗，因袭旧弊故也。其近而已附者如此，远而未附者何由而臣服之。且岩州、宁远等处，乃古之州治。苟拨兵戍守，就筑城堡，开垦山田，使近者向化而先附，远者畏威而来归，西域无事则供我徭役，有事则使之先驱。抚之既久，则皆为我用。如臣之说，其便有六。

通乌斯藏、朵甘，镇抚长河西，可拓地四百余里，得番民二千余户。非惟黎、雅保障，蜀亦永无西顾忧。一也。

番民所处老思冈之地，土瘠人繁，专务贸贩碉门乌茶、蜀之细布，博易羌货，以赡其生。若于岩州立市，则此辈衣食皆仰给于我，焉敢为非。二也。

以长河西、伯思东、巴猎等八千户为外番掎角，其势必固。然后招徕远者，如其不来，使八千户近为内应，远为乡导，此所谓以蛮攻蛮，诚制边之善道。三也。

天全六番招讨司八乡之民，宜悉蠲其徭役，专令蒸造乌茶，运至岩州，置仓收贮，以易番马。比之雅州易马，其利倍之。且于打前（箭）炉原易马处相去甚近，而价增于彼，则番民如蚁之慕羶，归市必众。四也。

岩州既立仓易马，则番民运茶出境，倍收其税，其余物货至者必多。又鱼通、九枝蛮民所种不陆之田，递年无征。若令岁输租米，并令军士开垦大渡河两岸荒田，亦可供给戍守官军。五也。

碉门至岩州道路，宜令缮修开拓，以便往来人马。仍量地里远近，均立邮传，与黎、雅烽火相应。庶可以防遏乱略，边境无虞。六也。帝从之。[①]

清雍正七年（1729）设打箭炉厅，隶雅州府，光绪三十年（1904）升为直隶厅，宣统三年（1911）设康定府于此。《清史稿·志五十一》下注文曰："康定府隶康安道。明，长河西、鱼通、安远宣慰司。康熙初，明宣慰司以地归附。雍正七年，移雅州府同知来治，置打箭炉厅，仍隶雅州府。光绪三十年，升直隶厅。三十四年升府，改名康定，隶康安道，升里化县为里化厅，并以河口、稻成二县同隶府。宣统三年，旧隶打箭炉之宣慰、宣抚、安抚、长官各土司，全体改流，先后分别设治，并先各就其地置委员、理事等官。"[②]

1913 年改为康定县。1939 年建西康省，设省会于康定。[③]

1949 年 10 月 1 日，中华人民共和国成立，1950 年 3 月康定解放，改设西康省藏族自治区，康定为自治区人民政府驻地；1955 年第一届全国人民代表大会第二次会议决议撤销西康省，原西康省所属地区分别并入四川省和西藏自治区筹备委员会（今西藏自治区），金沙江以西的昌都地区并入西藏，金沙江以东并入四川省，设甘孜藏族自治州，州府定于康定县。2015 年 3 月，经国务院批准撤县设市，以原康定县的行政区域为康定市的行政区域，康定市人民政府驻炉城镇，康定市由甘孜藏族自治州管辖。[④]

（三）乾隆《打箭炉志略》概要

从目前已知的资料来看，乾隆《打箭炉志略》是康定成书时间最早的地方志，也是四川涉藏地区成书较早的地方志之一。是书原无序、跋，书中不著撰

---

① ［清］张廷玉等：《明史》卷三百三十一，清乾隆武英殿刻本。

② ［民国］赵尔巽：《清史稿·志五十一》，民国十七年清史馆本。

③ 西康省：简称康。清末就曾拟建西康省，至 1914 年傅嵩炑请设西康省云："边地方古康地，其地在西，拟名西康省。"1925 年设西康屯垦使，1929 年改设西康政务委员会，1939 年正式建西康省，省会在康定县。西界西藏，北界青海，东界四川，东南界云南。辖境相当于今四川西部雅安地区（雅属）、凉山彝族自治州（宁属）与甘孜藏族自治州及西藏昌都地区（康属）。1955 年撤销，金沙江以西昌都地区划属西藏自治区，金沙江以东划归四川省。

④ 四川省政府办公厅：《四川省人民政府关于同意撤销康定县设立县级康定市的批复》（川府函〔2015〕43 号），［2015 年 03 月 18 日］，http：//www.sc.gov.cn/10462/10883/11066/2015/3/18/10329912.shtml。

人名氏，成书时间亦无明确记载。乾隆《打箭炉志略》采用了地方志平目体的结构，以事立类，每类一门，全书共16门。是书著者为何人，16门内容中都没有明确提及，也无任何较明显的线索。从内容及语气来看，《打箭炉志略》明显为官修志书，应成于地方官员之手。雍正七年（1729），清王朝在打箭炉设厅，由雅州府管辖。次年，清以新设分驻打箭炉雅州府同知管理打箭炉厅事务，即以雅州府同知为打箭炉厅的行政长官。《打箭炉志略》的修纂与驻打箭炉厅的雅州府同知有关，是书著者应为历任同知中的某一位或某几位。《打箭炉志略·坛庙》中有一处记载明确记为“乾隆五十九年重修”。由此推断，《打箭炉志略》成书时间应在乾隆五十九年（1794）或六十年（1795）。赵心愚推测，从打箭炉同知任职的记载来看，当时的在任者为衷以壎。①

此书资料来自三个方面：一是来自档册，主要见于《城垣》《职官》《营汛》《台务》《关榷》《赏赍》等门中。二是调查与实地考察。如《山川》一门中，就有数处结合史志记载进行了一些调查和实地考察，部分记载即调查与考察的结果。三是摘抄自乾隆《雅州府志》。其中抄自《雅州府志》的资料占有相当比重，应为主要来源。除这三个方面的资料外，此志还引用了一些史志著作以及碑刻资料。

此志略分16门附3门，约2.5万字。以土司门记载最为详细，占全书之半，约1.2万字。分别记述本境冷边、沈边、明正、章谷、瞻对等土司、宣慰司、长官司、安抚司和数十个土千户、土百户之地域、授职日期、民族、赋税等情，史料价值较高。其次是山川、温泉等名迹，城垣、桥梁、公署之修建，营汛、粮台、驿递等设置，土俗民风等记略亦较详尽而有价值。16门几乎每门都有摘抄自《雅州府志》的资料，总的采用量是相当大的。

其采用《雅州府志》资料主要为三种方式：一是明确注明“雅州府志载”“俱见府志”“见府志”“据府志”等，表明资料来自《雅州府志》，这种方式在前几门中较多出现；二是基本上全文照抄《雅州府志》的有关内容，但不注明出处，这种方式主要用于《土司》，《驿递》中也有。除这两种方式外，也有一些部分摘引《雅州府志》的资料，也不注明出处，再结合档册资料及调查材料

---

① 赵心愚：《乾隆〈打箭炉志略〉著者及资料来源考》，《西南民族大学学报》（人文社科版）2003年第9期。

改写续写，这种方式见于各门，不对照便难以发现其中有引用的府志资料。总之，乾隆《打箭炉志略》是以打箭炉厅（今康定一带）为中心的第一部地方志，也是四川涉藏地区成书较早的地方志之一，对康定及周围地区的历史以及清王朝前期用兵西藏军事行动等研究都具有值得重视的史料价值。①

是书原版本今已佚失，只存清史馆旧藏写本、初校本、初校传抄本与中央民族学院图书馆油印本四种。清史馆旧藏写本出处已不可考，又多重、漏、缺处。1917 年谭新嘉出任北平京师图书馆中文编目组组长。1930 年，谭以国立北平图书馆馆员身份重抄并初校此书，铅印刊行（初校文为红字）。初校本又有传抄本（末标明初校文），此为今通行版本。1979 年，吴丰培收录此版本，由中央民族学院图书馆油印后内部发行。

（四）光绪《打箭厅志》概要

光绪《打箭厅志》由刘廷恕纂，共两卷。刘廷恕（1832—?），字仁齐，湖南善化（今湖南省长沙市）人。光绪元年（1875）署松潘厅同知，任上曾捐修岷江书院。光绪六年（1880）任灌县水利同知。光绪十九年（1893）任石柱厅同知。光绪二十五年（1899）署打箭炉同知。

刘热衷修志，熟习边情。其任石柱厅同知时，增刻王槐龄纂修的《补辑石砫厅新志》，鉴于厅志“舆图阙如”，又延请乡贡陈守立、丰邑画工汪之纪“历览形势，成舆地八景”，绘图二十三幅编为《石砫厅志舆地图》。署打箭炉同知时，又编有《打箭厅志》。1905 年“巴塘事变”，刘因“年老糊涂，几误边事”被革职，心甚不屈。

刘廷恕在纂修此厅志时，未能得见乾隆年间纂修的志乘，因言：“控制关内外诸土司蛮部，幅员极其辽阔，乃藏卫之通借，边荒之重镇。盖厅无学校士习，故文献无可征。”又云“因附雅州郡志，于厅志阙如”，“今日纂修之不可缓图者也，廷恕不敏，谨按郡志摘录缮呈，容当采拾成书，邀巨卿厘正付梓”。其实不仅《雅州府志》，早于府志之前的省志中便有关于打箭炉及其各土司之记述。

---

① 赵心愚：《乾隆〈打箭炉志略〉著者及资料来源考》，《西南民族大学学报》（人文社科版）2003 年第 9 期。

此志分34门，另有附录，约4.3万字。记事虽详于乾隆旧乘，但各门类多少繁简不等，多者为土司门，约万余字，增编了各土司管辖之疆界、土民户口等史料。其次是筹边门和自厅署经里塘、巴塘、察木多而达于拉萨之程站道里。前者约3000字，记清初于打箭炉等地改流设官事。后者约5000字，所经之地名、里程记之极详。部分门类极简，如形势、乡里、水利、风俗等，不过三五十字，赋役门则有目无文。而书首所载同治、光绪年间省、府、厅各级官员之奏疏则多达1.5万字，对于打箭炉以至巴塘、瞻对等地改流设官等史实记述极详。首附厅舆图一幅，图考增编里塘、巴塘、察木多、拉萨四则。书末附载雍正年间果亲王奉使泰宁所作之《泰宁惠远寺碑文》，同治年间四川盐运使、藏夷务督办史致康的《泰宁惠远寺碑记》，以及《禁种烟示》等文。

此书未见刻本，仅有清末的抄本流传。是书今存清末抄本和1961年传抄本。

三、清季打箭炉志书的历史价值

编修方志是中国悠久的文化传统。所谓方志，概为记述地方情况的史志，可分全国性的总志与地方性的州郡府县志两类。其分门别类，取材丰富，详尽记载某一区域（地区）的地理、沿革、风俗、教育、物产、人物、名胜、古迹以及诗文、著作等，为后人研究历史，特别是地方史提供了重要的参考资料。

我国地方志的纂修，到清代达到了极盛。清代地方志不但是研究清史的重要史料来源之一，而且是研究其他学科包括自然科学的资料宝库。① 上述两部打箭炉志书，作为康藏珍稀的地方性志书，为我们今天了解清代打箭炉历史，研究清季康藏社会的方方面面，梳理清季中央政府与康藏地方的关系，都提供了丰富的第一手素材。

首先，打箭炉志书的编修，源于康藏地方在清廷治藏方略中战略地位的提升。志书收录了一批清廷治理康藏的珍稀档案资料，这是西藏地方政府归属中央政府、西藏是中国领土神圣不可分割的一部分的历史铁证。

《打箭厅志》体量大、字数多，举凡康藏的地理、政治、经济、社会、文化、军事等情况，在其中均有反映。《打箭厅志》收录了清季影响康藏历史进

① 朱士嘉：《清代地方志的史料价值（上）》，《文史知识》1983年第3期。

程的重要历史事件的相关折片，对今天研究清季治藏的历史与政治方略极具史料价值。这些折片中，有《奏为拟请升打箭炉同知为直隶厅折》，是研究打箭炉建厅历史的珍稀政治档案，其他如《骆制军奏折》《丁制军奏折》《奎大臣奏折》《鹿恭制军奏折》《恭将军奏折》《文大臣奏折》《阜和协副将陈均山、打箭炉同知刘廷恕上川藏宪禀》，均围绕历史上影响康藏历史进程的重大事件进行编录。如“瞻对事件”，“在整个清代，前后八次大规模的用兵于瞻对，这在全国各民族地区也是罕见的。瞻对地区的每次动乱都影响着川藏全局，可说是藏族地区社会诸矛盾的焦点。”① 打箭炉志书收录的折片，或为平定瞻对奏，或为善后事竣奏，较为详尽地提供了清廷从头至尾处理“瞻对事件”的一批权威档案。

《打箭炉志略·赏赍》所载恩准达赖喇嘛派员赴打箭炉买茶的记录，《打箭厅志略·附录》中所收《御制惠远庙碑文》等，均是中央政府对西藏地方政府进行有效管理的明证。

其次，打箭炉志书的编修，开康藏撰史修志之先河，受其影响，康藏诸地先后撰史修志，为我们今天保留了一批珍贵的康藏历史文献。

乾隆《打箭炉志略》是四川涉藏地区成书较早的地方志之一，也是康藏重地、明清两季汉藏交往枢纽重镇打箭炉最早的地方志书。四川涉藏地区撰史修志年代滞后，数量又少，是书的编纂，开历史之先河，拉开了康藏撰史修志的序幕。

清季康藏地方志书一览表

书名	年代	编撰者	备注
《打箭炉志略》	乾隆	佚名	
《里塘志略》	嘉庆	陈登龙	二卷
《巴塘志略》	道光	钱召棠	二卷
《章谷屯志略》	同治	吴德煦	
《打箭厅志》	光绪	刘廷恕	二卷
《四川新设炉霍屯志略》	光绪	李之珂	

① 陈一石：《清代瞻对事件在藏族地区的历史地位与影响（一）》，《西藏研究》1986 年第 1 期。

续表

书名	年代	编撰者	备注
《定瞻厅志略》	光绪	张继	
《巴塘盐井乡土志》	宣统	段鹏瑞	二卷

从上表可以看出，今所见清季康藏地方志书凡8种，《打箭炉志略》的编纂年代最早，无疑对康藏其他地方的志书编制起了示范作用。

再次，打箭炉志书是研究清季打箭炉与康藏的史志类“百科全书”。

打箭炉的这两部志书，均依传统地方志书体例编修而成。两书繁简虽有差异，但地方志书主要的纲目均有涉及，为研究清季打箭炉与康藏社会经济、政治军事、文化风俗、历史地理提供了较为全面的资料。

关于自然地理和历史地理的情况，在两部志书星野、舆图、建置、沿革、疆域、城垣、驿站、山川、津渡、古迹等门，都有所反映。

关于政治的情况，在两部志书城池、衙署、赋役、筹边、赏赉、土司等门有所反映。

关于军事的情况，在两部志书地形、城池、关隘、营汛、台务、职官、屯政等门有所反映。

关于经济的情况，在两部志书盐政、茶政、邮政、岁支、库储、仓储、税课、夷赋等门有所反映。

关于社会的情况，在两部志书乡里、风俗、坛庙等门有所反映。

关于文化的情况，在两部志书图说、星野、土俗（风俗）、坛庙、古迹等门有所反映。

关于交通的情况，在两部志书驿递、山川、津渡、路程考记等门有所反映。

最后，打箭炉志书是记载清季汉藏民族团结发展、文化交融历史的重要文献。

打箭炉志书对于当地的社会经济、人文风俗多有记录。历史上，打箭炉因市而生，因茶而盛，“茶马贸易”对于这座城市的发展具有举足轻重的地位。川藏茶马古道主要是由汉藏人民在号称“世界屋脊”的青藏高原筚路蓝缕创造出来的贸易通道，历时千年，纵横古今。没有各民族之间的团结奋斗，古道就不可能诞生；没有各民族之间的水乳交融，古道就不可能长久。故一部川藏茶马古道的历史，就是一部汉藏民族休戚与共、命运相系的教科书；一部川藏茶马古道的历史，就是一部汉藏民族共求发展、文明互融的博物志。

《打箭厅志·茶政》记载："厅城乃藏卫番夷购茶总汇之处。由邛州、名山、雅安、荥经、天全五州县商人运茶到炉，与番民赴炉互易。行销额行茶引九万五千四百一十五道，每百道税银十八两，闰月加一两五钱。茶票每张课银一两。"市场的兴盛，汉藏交流的增加，使民族团结互助、和谐相处、文化交融成为当地世风的主流。如《打箭炉志略·土俗》载：

> 官分驻以来，地方宁谧，明正司世济恭顺。邛、雅、荥、天各州县商人领引运茶，皆于炉城设店出售。西藏、金川、巴勒布、廓尔喀连次出师，客民贩运食用货物，来者益众。军务竣后，贸易渐减，而主客相安，多有留住。土民耳濡目染，日渍华风。近时，多通汉语，敬官，畏法。

这是汉藏"茶马贸易"给打箭炉带来变化的真实记录。《打箭炉志略·坛庙》记"在城及口外各乡喇嘛寺甚多，番人崇奉敬礼"，该门又记"先农坛：在东门外柒里。藉田□亩。明正司选番民耕种，岁收稞麦□硕，粜价置备品。每岁季春亥日祀□先农神耕藉。同知率同明正司行礼"，"将军庙：在北门内协署，石祀蜀汉郭达，番民敬畏。香火甚盛"。这是汉藏民族团结、文明互融的实证。

众所周知，清代以前，关于打箭炉的历史资料极度匮乏，据笔者考证，现有的史料不仅记载零散，而且大多集中于筹边与土司两门，内容相对单一。有清一代，清政府加强与巩固了对康藏的治理与管辖，打箭炉方志的纂修与刊刻，正是这一重大历史背景的缩影与印证。从乾隆《打箭炉志略》到光绪《打箭厅志》，两部志书间的变化与差异，体现了清政府对康藏认知的细化与治边方略的调整。刘廷恕在《打箭厅志·叙》中便言："（打箭炉）重障边陲，奏升直隶厅，管辖巴、里两台。并事权而资捍卫，檄取厅志以备考察。诚意洞悉边情，此今日纂修之不可缓图者也。"

《打箭炉志略》分16门，《打箭厅志》分34门，多出的18门，大多集中于政务与程站，特别是筹边门，所载极为详尽。盐政、茶政、岁支、库储、仓储、兵制、屯政等的设立，代表了清政府对康藏治理机制的完善。而自厅署达拉萨之程站的记录，表明作为中央政权与地方政府交往的官道，川藏茶马古道一线，已经完全担当起汉藏交往的纽带角色。

在对民风与土俗的记录中，乾隆《打箭炉志略》有土俗一门，而光绪《打箭厅志》有乡里、风俗二门，《乡里》云"汉夷商贾贸易"生聚日繁，而民众四乡杂处，反映了民族经济的快速发展与民族融合的加深。

不仅如此，从乾隆《打箭炉志略》到光绪《打箭厅志》，打箭炉志书以方志的形式，连续记录了打箭炉及周边地区社会、政治、经济与文化的变迁过程，为我们保留下一批从清早期至晚期打箭炉的历史档案。"古为今用""以古鉴今"不仅是历朝历代治史的宗旨，更是中华优秀传统文化的精髓所在。对这批历史档案加以重新整理与系统化研究，对于我们今天促进康巴地区历史文化的研究，弘扬民族传统优秀文化，具有重要的参考价值。

四、余论

本书为"川藏茶马古道文献集成"工作首期成果。全书分为两大部分，其一为正文，即《打箭炉志略》与《打箭厅志》的点校；其二为《附录》，收录了清代《渔通问俗》（一卷），作者佚名，为今所见专记打箭炉较早的一部历史古籍。

众所周知，将体量庞大的川藏茶马古道文旅资源物态化乃至数字化，是一项艰巨而漫长的工程，许多带有开拓性质的工作仍在起步阶段。这就意味着我们的工作一定还存在着诸多不足，我们希望学界客观而公正地看待我们的努力，更希望学界客观而公正地对之加以批评和指正。海纳百川，广纳其涓；山挺巍峨，群聚其砾。大家共同努力，推动包括当代藏学汉文文献整理工作在内的西南众多少数民族古代文献（汉文）的集成、研究工作的不断深入，促进以数字化平台建设及展示为抓手的西南少数民族古代文献（汉文）的创新性建设，建立以现代传媒为平台的中国多民族古代文献（汉文、民族语文）的跨界传播窗口，将少数民族古代文献更直接、便捷地传播出去，以便学习研究，并永远保存下去。

我们希望本书的出版，能够对当代藏学汉文文献整理提供一点帮助，推动川藏茶马古道文旅资源数字化的深入，推进川藏茶马古道一线的数字化与融媒体创新工作，助力川藏茶马古道一线文旅事业的现代化发展，助力川藏茶马古道一线众多少数民族村寨脱贫攻坚；同时也希望这些工作为今后关心与研究川藏茶马古道的社会各界提供不可多得的基础性、工具性的资料，加深汉藏等各民族的互相了解与和谐团结，推动川藏茶马古道在新时代再创历史辉煌，续写民族团结与发展的新篇章。

本书编者

2020年2月8日

乾隆《打箭炉志略》

乾隆《打箭炉志略》不分卷，佚名纂修。该书是以打箭炉厅为中心的第一部地方志，也是四川涉藏地区成书较早的地方志之一，对康定及周围地区的历史以及清王朝前期用兵西藏军事行动等研究都具有值得重视的史料价值。内分建置、疆域、职官、山川、津渡、城垣、廨宇、营汛、坛庙、台务、关榷、土司、驿递、夷赋、赏赉、土俗等。书中记载多采自档册，对土司、百户分布等叙述极为详尽，多为他书所未及，为研究该处地志之参考书。此书资料来自三个方面：一是来自档册；二是调查与实地考察；三是摘抄自乾隆《雅州府志》。[①] 此书有国立北平图书馆谭新嘉重抄、初校文版，后由吴丰培辑，中央民族学院图书馆 1979 年收入《中国民族史地资料丛刊》之十三，为内部出版。

重抄、初校文作者谭新嘉（1874—1939），字志贤，号“胥山蟫叟”，浙江嘉兴（今浙江省嘉兴市）人，谭其骧从父。光绪三十年（1904）嘉郡图书馆成立，应陶葆霖、金蓉镜之聘请，谭任董理馆务兼编目员。1917 年任职北平京师图书馆中文编目组组长。刻书室名“承启堂”。自订年谱《梦怀录》，纂修有《嘉兴谭氏家谱》，1935 年刻《嘉兴谭氏遗书》二十七卷。

本书以民国十九年（1930）二月国立北平图书馆重抄、初校文（红字）为底本，此抄本源于清史馆旧藏写本，无标点，铅印。原本霉烂，多有重字、漏（缺），造成现存版部分文句不通。文内下划线处文字均为初校者补文，□表原补订本空缺，[] 为原校者正，() 为本书编者补校。校对中，还参考了以下版本：

（1）《打箭炉志略》，吴丰培辑补，1980 年北京中央民族学院图书馆油印本。

（2）《中国西藏及甘青川滇藏区方志汇编》第四十册，学苑出版社，2003 年版。

① 赵心愚：《乾隆〈打箭炉志略〉著者及资料来源考》，《西南民族大学学报》（人文社科版）2003 年第 9 期。

目　录[①]

建置
疆域
职官
山川　形胜古迹附
津渡　关隘附
城垣
廨字（宇）　驿馆附
营汛
坛庙
台务
关榷
土司
驿递　铺司附
夷赋
赏赉
土俗

① 原书无目录，此为本书编者所加。

建　置

打箭炉：雅州府西南伍百玖拾里[①]，（汉西）南（夷）地。相传蜀汉诸葛武侯征孟获，遣郭达造箭于此。《雅州府志》载：明正土司始祖阿克会助武侯征孟获有功，封授世职，袭替世远莫考。

唐乾元初，改汉源郡为黎州，属剑南道，设都督府管羁縻贰拾叁州，后增至伍拾州，皆徼外生番。窃意炉地，当在羁縻之内。

元，以州属吐番等处宣慰司。

至明洪武间，阿旺坚参随征明玉珍有功，永乐五年，授明正、长河西、鱼通、宁远军民宣慰司，土职世居炉地。

而冷边土司恶他，原籍西番瓦部人，蜀汉金环三结之后，世为西番瓦部酋长，管泸江河西肆拾捌寨、叁拾陆堡，抗拒诸夷，归诚中夏。自恶他柒传至安支。当明永乐八年，随征建昌月鲁帖木儿有功，改授冷边长官司。

其沈（边土司）始祖余伯（锡）[②]，江西吉安府人。明洪武（二年征沈）边有功，授沈边土百户，后以出师（白水江），授沈边长官司。

国朝定鼎。顺治九年，冷边阿撇投诚，康熙五年颁（给）明正司印信。三十九年，打箭炉西藏营官、喇嘛作乱，官兵剿平之，沈边土司余明奇随征有功，而冷边周至德率土兵守沈村、子牛、烹坝叁渡口，招安河西壹带土民归顺，攻克磨西面。炉番既平，复以军门令招安大木鸦、小木鸦等拾贰处番众归款。雍正八年，新设分驻打箭炉，雅州府同知管理口内沈边、冷边、明正司，口外旧附、新抚各土司地方。

① 谭新嘉初校本较好保存了《打箭炉志略》的原貌，原书数字多有大小混用，本书整理时，历史纪年、月统一用中文小写。

② 宝山：《康区余氏蒙古族初探》，《中国藏学》2004 年第 3 期。该文认为余氏祖籍为“湖广麻城”。

疆　域

打箭炉：口内东至沈边所属之飞越（岭）□□里与清溪交界，又冷边所属之马鞍山贰百贰拾伍里与天全交界；口内南界沈边所属之雨洒坪、海坪、海流叁百壹拾伍里，交大田马土司界；北界冷边所属之岚州山冈（岗）贰百叁拾伍里，交董卜土司界；口外西至明正所属鸦龙江之中渡，贰百捌拾里交里塘界；南至明正所属乐壤陆百里，交建昌界；北至明正所属鲁密章谷，肆百伍拾里交小金孙克宗界。

其沈边、冷边两土司及口外新抚各土司地方界至，分系各土司条下。

职　官

同知壹员：雍正八年新设，分防打箭炉。

汰驿丞归并同知管理。按：《府志》但载汰驿丞叁字，并未详载设官裁汰始末。

照磨壹员：雍正十一年，雅州府照磨驻打箭炉。见《府志》。

巡检壹员：雍正七年，驻泸定桥。见《府志》。

打箭炉监督员外郎壹员、笔帖式壹员。今裁。

康熙四十年，由京派委部院司员并带笔帖式壹员，颁给监督关防，赴炉征收税银。奏销即由监督用请字题本，题销将册籍差笔帖式自行送部。

于乾隆四十五年十二月二十日奉上谕："向来荆关、打箭炉两处征收税务，须派部院司员前往管理，壹年报销更换。但派往之员，人地生疏，又或经理不善，往往易致缺少。按例既□可不令赔补。而该员等因十二年小差□□□变房产赔缴官项，非所以示体恤。虽□□□□项每多加恩豁免，而于帑项公务实属□□□有此两处税务，由京派员，前往之处竟□□□其业，经派往者俱着掣回，回嗣后着交该督抚□临清等关之例，派委妥员奏明管理。其应行裁改各事宜，着该督抚妥议具奏。钦此！"钦遵，即于四十六年经前任督部堂文，（上）奏准改归打箭炉同知征收。

副将壹员：旧为化林协副将，驻化林坪。雍正八年，改泰宁协移驻噶达城。雍正十三年仍回驻化林坪。乾隆四十三年，改阜和协移驻打箭炉。

中军兼管左营都司壹员：雍正十三年，泰宁协撤回。化林分左、右贰营都司。乾隆四十三年，以泰宁左营都司移驻打箭炉，为阜和协中军都司兼管左营。

千总贰员、把总伍员、外委肆员。

旧设守备壹员、游击壹员：雍正八年以（中军）守备移驻打箭炉分防。十三年改（左右营）。（乾）隆九年，改游击营。四十三年，改阜和（协）标左营游击守备，俱移，改泰宁营。四（十三年）裁改都司营。

泰宁营都司壹员。见前。

千总　[1]员、把总　员、外委　员。

---

① 此处原稿为空白格，今保留，下同。

山　川 形胜古迹附

飞越岭：在化林东拾里。

南无脊山：炉东，里许。高伍百余丈。

大冈山：炉东，捌拾里。高陟绕回，盘折。

郭达山：土人称“将军山”。炉东壹里。约高柒百余丈。相传山有神羊，番民敬畏，不敢登山、樵牧。

阿穆喇公山：炉西，叁里。约高捌百余丈。

折多山：炉南，肆拾里。进藏要道。

大盖山。

雪山：炉北，捌拾里。终岁积雪不化。

以上各山名俱见《府志》。炉地自飞越岭至中渡，跬步皆山，鲜有平壤。城介两山，中通壹道。内而咱里、瓦角、鸳鸯塘、头道水、柳杨冈、椒子冈；外而高日寺、卧龙石、八角楼及西南之榆林，北路之王牧诸处，皆高高下下，冈峦绵亘。因番人不知山名，又无汉字记载，无从考证。今人皆向化行旅，日通峦荒，形胜当必有□题物色登之简策者。

雅纳沟河：自大盖山雪山发源捌拾里，北里许与炉河合流，柒拾里。

按，《府志》载：“炉北里许与泸河合。”今则（北门城）外子儿坡麓，即入麓河，顶卫东门城根□□而协署后山，壹水细流，即于北门城根穿□入河，似又较近。

泸河：自折多发源，肆拾里而入炉中。

按，《府志·打箭炉》载：“泸河自折多发源，至炉中。”又于《沈边》载：“泸河源远无考，从冷碛佛耳岩入沈边界，至小水岩壹百贰拾里，入清溪界。”似壹泸河分而为贰，而雅纳沟河与泸河合流柒拾里入鱼通河。

伏读《御制泸定桥碑记》：大渡河即泸水，源出吐蕃，汇蕃境诸水，至鱼通河合流，入内地。源流固自分明，附识于此。

以公沟：自野牛山会诸水，壹百里达隆坝铺，由沈村入泸河。

沈塞沟：河出化林南荒山，无水源，而至沈村（向）下浸入土中，不见所出。

化林海：西林山顶壹海，广不过叁里，化林□。

以上各水俱见《府志》。此外如鱼通河□□□河下入泸定桥为大渡河，入内地□□□□履其地，未敢胪［臆］断。

附形胜古迹

层峦峻岭，峭壁悬崖，中隔泸河，番藏要道。见《府志》。

郭达山：昔名“砂哇纳”。武侯七擒孟获，命郭达造箭于此，地因以名。《府志》打箭炉尚存，今莫考。

温泉：壹在炉南伍拾里，地名“鱼麟宫”，由大山脚自然泉流，水性温暖，四时不竭。就泉口相隔伍丈余，开池修盖房屋。人常往浴，能除风湿诸症。

壹在北门外拾里，地名“二道桥”。临河甃池，水亦常温。前同知符兆熊筑小楼，其上以备憩息。

按，杨慎《丹铅录》据王褒《温泉铭》：白矾上澈，丹砂下沉。谓温泉所在，必白矾、丹砂、硫黄叁物为之，蒸为暖流。[1] 炉山出泉，多暖处。处有之顾，皆徵（蒸）有硫气，至夜尤甚。人浴之，可疗癣疥诸疾。二道桥亦然。惟鱼鳞泉无硫气，与他处不同。

再按，打箭炉山水多奇胜，如头道水瀑（布），悬流千尺，山色苍古，左右皆高山峻岭，□□独辟门户，不相连属。前临驿路而万壑□□，日夜如雷轰风吼，虽军行蹴踏绝□□□□在驿馆之后。乾隆五十八年，用师（廓尔喀凯）旋于其地，稍辟数椽节使惠□大学士□入塞宿，宿留题壁间，遂为峦乡胜地。其他近山乡，多有壹邱、壹壑之胜，惜僻在边徼，好事者遍涉其地，壹壹表章之耳。

---

① 此处指南北朝王褒的《温汤铭》。原文为：“白矾上澈，丹砂下沉。华清驻老，飞流莹心，乃知温泉所在，必白矾、丹砂、硫黄三物为之根，乃蒸为暖流耳。”

津　渡 关隘附

泸定桥：炉东壹百贰拾里。康熙四十五年旨建。设渡船贰只，巡检专司之。水盛过桥，退则由（桥）以渡河。中有石，土人视以为水则，亦如滟滪□，如象，如马也。桥叁年修系及护桥墩、护堤洋圈工程、渡船修造，例由建昌道委天全州办理报销。

御制泸定桥碑记①

蜀自成都行柒百余里，至建昌道之化林营。化林所隶：曰“沈村”，曰“烹坝”，曰“子牛”，皆泸河旧渡口，而入打箭炉所经之道也。考《水经注》，泸水源出曲罗，而未明指何地。按，《图志》：大渡河之水，即泸水也。大渡河源出吐番，汇番境诸水，至鱼通河而合流入内地，则泸水之从来远矣。

打箭炉未详所始，蜀人传，汉诸葛武乡侯亮铸军器于此，故名。元设长河西宣慰等司，明因之，凡藏番入贡及市茶者，皆取道焉。自明季，蜀被寇乱，番人窃踞西炉，迄至本朝，犹阻声教。顷者，点番肆虐戕害我明正土官，侵逼河东，罪不容逭。康熙三十九年冬，遣发师旅，叁路（徂）征。四十年春，师入克之，土壤千里，悉隶版图，（锅庄）木鸦万二千余户，接踵归附，而西炉之道遂（通）。（顾入）炉必经泸水，而渡泸向无桥梁，巡抚能（泰奏言）：“泸河叁渡口，高岸夹峙，壹水中流，雷轰矢（激），（不可）施舟楫，行人援索悬渡，险莫甚焉！兹偕提臣（岳升）龙相度形势，距化林营捌拾余里，山趾地平，地（名）安乐，拟即其处仿铁索桥规制建桥，以便行旅。”朕嘉其意，诏从所请，于是鸠工构造。桥东西长叁拾壹丈壹尺，宽玖尺，施索玖条，索之长视桥身余有捌丈赢，覆木板于上，而又翼以扶栏，镇以梁柱，皆镕铁以庀事。桥成，凡使命之往来，邮传之络绎，军民、商贾之车徒负载，咸得安驱疾驰，不致病于跋涉。

绘图来上，深惬朕怀，爰赐桥名曰“泸定”。在事著劳诸臣，并优诏奖叙，仍申命设兵戍守。夫事无小大，期于利民；功无难易，贵于经久。今然即肇建，兹举俾去危而即安，继自今岁，时缮修，协力维护，皆管斯土者责也。尚异永保勿坏，以为斯民贻无穷（之）利。是为记。

康熙四十七年二月初三日

沈村。

子牛。

烹坝。

以上叁渡口皆泸定桥未建要道，今□□

① 本书《御制泸定桥碑记》校正，参考夏芸：《〈御制泸定桥碑记〉补充解析》，《文物鉴定与鉴赏》2018 年第 16 期。

中渡：炉南贰百捌拾里，为鸦龙江下流，□□皆巉岩，山脚水势汹涌非常。旧设渡船肆只，夏秋水涨，每日卯酉时过渡，以通文报、行旅，余时不敢渡也。春冬水缩，以船连缀以济。中渡汛弁司其事，额设渡夫贰拾名，由同知衙门月给工食。修造渡船，限年由汛弁禀报同知转详建昌道咨办。

按，渡口自雍正三年作庙、碑记。是时，炉城尚未设官碑，后载抚标左营管理中渡船政、粮饷事务。左司厅衔似尔特，粮饷、船政专属。汛弁管理，附存备考。

将军桥。

上桥。

中桥。

下桥：俱在城内，今存。

公出桥：在南门外。

柳杨桥：在炉东叁拾里。

大藏桥：在炉东肆拾里，横跨泸河。桥上设棚门，昼夜启闭。（大藏桥）入为炉东要隘。

大扶梯桥：在炉东伍拾里。

以上各桥，俱见《府志》。其余山水骤发□□叠未［木］为桥，以通行旅，大小不计其数□□名目不尽列。

附关隘

大卡：城东门。内由监督征收茶、杂税，四十七年改归同知衙门征收。设巡役伍名与城兵丁，稽查出入。

柳杨卡：城东叁拾里。康熙四十一年设。今拨书办壹名，稽查人货，查验路票，登记号簿。

城 垣

炉地旧无城垣。

国朝既定，藏番设立文武衙署、仓库、税关。雍阅［正］七年始建东南北叁门，各筑城垣数拾丈，以资□闭。乾隆二十一年，改建全城，就山势高下砌筑，不能经久。四十二年，被水尽圮。总督文（绶）奏明，委官重修。五十五年十一月地震，城垣又圮。总督义烈公保（上）奏，奉上谕："据保宁奏：'打箭炉城，自建筑以来，屡修屡圮。绿（缘）其下皆系浮沙、滚石，根脚本不坚实，易致倾颓。查打箭炉地方，东界咱里等土司，直接内地；西南、西北关隘重重，捍御层叠，外卫已属，谨严本无庸。筑城请仍照旧制建立，东南北叁门各筑城墙肆伍拾丈等语。'所奏甚是，已照所请行矣。打箭炉地方西南北壹带，倚山为固，卡隘星□，本足以资捍卫，是以从前止（只）建东南北叁门，□建立全城屡致倾圮，徒资劳费，无裨保障之实。今保宁详查旧案、细察情形，将续增城工，停止修筑，而于东南北叁门，各筑城墙肆伍拾丈。□符旧制所办，可嘉着赏给鹿肉壹分，并照赏御前侍卫年例荷包赏给壹分，以示优奖。再阅：□□东西两面，接城护岸洋圈壹百柒拾余丈，为□护城根及附近居民起见，固应如是办理。惟所建闸桥壹座，自为拦东水势而设，但该处凭临大山，水势涌激，又无舟楫往来，设遇水势陡发，闸座必至被冲，实属无益。朕意似可毋庸建闸，已用硃笔圈出。是否如此情形，并着保宁详加覆勘，悉心筹办，据实覆奏。将此谕令知之。钦此！"

钦遵查照，雍正七年，旧址分建叁门，南门城台高，连排墙垛口贰丈五尺、长五丈、厚叁丈贰尺，左城墙连排，墙垛口高贰丈贰尺，长贰丈贰尺，厚玖尺贰寸；东门城台高厚长丈尺寸同左城墙连排，墙垛口高贰丈贰尺，（长）叁拾柒丈，厚玖尺贰寸，右城墙连排，□□□高贰丈贰尺，长拾伍丈，厚玖尺贰寸；北门城台连排，墙垛口高贰丈，长贰丈贰（尺），（厚）壹丈贰尺；左城墙连排，墙垛口高丈拾丈，（长）□拾叁丈，厚玖尺，右城墙连排，墙垛口高壹丈捌尺，长贰拾壹丈伍尺。又筑□南门洋圈□拾玖丈，东门城外洋圈肆丈伍尺，城内（洋）圈贰拾肆丈伍尺，北门雅纳沟洋圈肆拾玖丈五尺，城外洋圈柒丈，城内贰丈。明正司甲木参德侵，奉委承修，经始于五十二年三月兴工，于五十四年五月竣工。原估发银叁千捌百两，议动茶息项下报销，嗣因督部堂李奏明该地方沙石浮松，又时有水冲，未便责令保固，请于督司道，如数捐修缴还，动用茶息原款，毋庸另造报销，并免保固。

奉朱批："知道了。钦此！"今俱完固。

廨　宇（宇）　驿馆附

同知署壹所：雍正八年新设同知，分驻建署，在南门内河东。乾隆四十一年，河徙冲□□水，移建河西白土坎下。库房、监狱、驿厩俱□署内，仓廒肆拾间。建署右白土坎上。五十一年地震，监狱、仓廒俱重修。

照磨署壹所：雍正八年新设。雅州府照磨移驻打箭炉。旧无衙署，寄居河西皇华馆，后于白土坎下建造，旋圮。乾隆四十七年，监督笔帖式奉裁。遂以笔帖式衙署改照磨署，屋宇数楹，地甚窄狭。五十八年，并监督衙署旧址改建照磨署。在北门内子儿坡下，皇华馆左。

巡检署壹所：在泸东（定）桥东。

阜和协副将署壹所：乾隆四十三年，以原设泰宁协副将移驻阜和营，改为阜和协，乃（以）旧千总署增建。副将衙署在北门雅纳□□。

协标中军兼左营都司署壹所：乾降四十三年，以原设泰宁协左营都司移驻阜（和协）。

阜和协标左营，以旧把总署增补改□□□，衙署在副将署前，右临河。

千总署壹所：旧署在北门内。乾隆四十（一年）大水，游击署被冲，移住。四十三年，副将移（驻）阜和，改建副将署。另建千总署于子儿坡。

把总署壹所：旧署在北门内，临河。乾隆四十一年，大水，守备署被冲，移驻。四十三年改左营都司署，另建把总署于白土坎山半（麓）。

泰宁营都司署壹所：在化林坪。

炉关监督署：在子儿坡下。乾降四十七年奉裁改为皇华馆。以伺驻藏大臣出入、驻宿。五十八年，拓地改建皇华馆，因以馆旧址增廓照磨署。

笔帖式署：在子儿坡下。乾隆四十七年奉裁，改照磨署。

游击、守备署：旧俱在南门内，河东同知署后。乾隆四十一年，大水冲没，未及改建。今旧址俱在河东。

附驿馆

炉城为入藏要道，皇华之使叁载往来，向于炉城及折多、日地、大烹坝、泸定桥、化林坪□□邮馆以备驻札。乾降五十六年，王师有事（廓）尔喀，越岁凯旋。因将口内外各处，旧有驿馆，缮修宏厂，并增置口外至中渡各处驿馆。今俱存。

炉城驿馆：旧为监督衙署改建，规制卑隘。五十八年，拓地增修。有池，有堂，有室，有楼，有亭，足供栖止。在子儿坡下，近北门。

折多驿馆：旧即民居。为馆在山下梢西壹里许，五十八年改建东坡上。

中渡汛驿馆：即汛弁署。增筑叁楹。平日汛弁居之，藉扫除粘补。遇有遇［过］往差务迁让他处。以听驻节。

八角楼驿馆、卧龙石驿馆、东俄洛驿馆、阿娘坝驿馆、提茹驿馆：以上五十八年新建。

头道水驿馆：在头道水。旧于民居，后筑室叁□。出入由食肆中，湫隘不堪。五十□年，买居民地为屋，两层坐对□，颇极幽胜。

大烹坝驿馆：在大烹坝。

泸定桥驿馆：在渡口。五十八年重修。

冷碛驿馆：在冷碛。五十八年新建。

化林坪驿馆。

营汛

阜和协：旧系化林协。原设马步战、守兵壹千名，驻化林坪。雍正八年，以副将带兵伍百名移驻噶达城，改为泰宁协。又招募新兵捌百名，拨添协标壹百名，共兵陆百名别于中□。添设德靖营，设守备壹员，兵肆百名。灵雀寺添设宁安营，设守备壹员，兵肆百名。雍正十三年，裁德靖、宁安贰营，令泰宁协副将带兵柒百名，回驻化林。分为左右贰营，都司于泰宁，德靖、宁安裁撤，兵内拨添阜和营壹百名。乾隆四十三年，以泰宁协副将及左营都司移驻阜和，改为阜和协。

阜和协左营：原名阜和营，系守备，辖马步战守兵贰百名。雍正十三年，改都司营拨增马兵贰拾名，战兵叁拾名，守兵伍拾名。乾隆九年，改游击营，拨增马兵贰拾名，战兵柒拾肆名，守兵壹百陆名，于二十年又拨增马兵肆拾名，战兵拾名，守兵壹百名。令原设额兵□□百名。四十三年，将原投泰宁副将及左（营）司移驻，改阜和营属阜和协标左营，又□□马名［兵］玖名，战兵伍名，守兵叁名，其游击守（备）移驻化林坪，为泰宁营。四十四年，裁本营□兵伍名，战兵拾陆名，守兵贰拾玖名，裁拨□疆。四十七年，裁退各官养廉公费，名粮增添。战兵贰拾捌名，守兵壹拾捌名，实存营差，操马守战、守兵陆百壹拾壹名，驻防台站。马兵壹名，战兵肆名，守兵拾肆名。

泰宁营：雍正八年，化林协改泰宁协，移驻噶达城，留驻化林坪兵丁叁百名，设都司壹员。并令化林守备带兵贰百，移驻打箭炉分附。十三年，泰宁协副将撤回化林，分左右贰营都司。以右营都司带名叁百名，移驻清溪县。乾隆四十三年，泰宁协副将及左营都司□改阜和协左营，以泰宁协标左营改为泰（宁）营，即以阜和营游击守备移驻泰宁营。（四十）四年，裁游击壹员、守备壹员、把总壹员，□□壹员，马步战、守兵伍拾陆名，改都司营□步战守兵伍百陆拾陆名。四十七年，裁退。各官养廉公费，并拨阜右、黎雅贰营。兵壹百伍拾壹名，实存营差。操马步战、守兵肆百壹拾□名内驻防。西藏马兵伍名，战兵拾壹名，守（兵）拾陆名。

炉底塘、沈亢塘、柳杨塘、大藏桥（塘）、日地塘、头道水塘、鸳鸯塘、冷竹关塘、大烹坝、小烹坝（塘）、咱里塘。

泸定桥讯：泰宁汛地，外委壹员，兵□名。

安乐塘、大坝塘、瓦角塘、冷碛塘、隆坝铺。

南　路

折多汛：把总壹员，步兵叁拾名。

提茹塘、阿娘坝塘。

东俄洛塘、卧龙石塘、八角楼塘。

中渡汛：外委壹员，兵贰拾名。

以上自提茹塘起至中渡（汛）止，系换台官兵安设，由同知衙门支给盐、火。

竹卡汛：把总壹员，马步兵拾柒名。

北　路

叁道桥塘、王牧塘、热水塘、角交塘、新店塘、山根塘、上板厂塘、下板厂塘、白土坎塘、毛牛塘、吕里塘、大岩塘、东谷塘、弓插塘。

章谷汛：把总壹员，步兵叁拾贰名，所管巴旺、（巴底）两土司地方。离炉城伍百里，与新疆交。

勺藏桥塘、甲巨塘。

小巴旺塘：与崇化营交界。

噶达汛：千总壹员，步兵伍拾名。离炉城叁百里。

以上叁道桥起，至章谷汛止，系阜和协左管委派官兵安设，由同知衙门请领屯防银、米，支给盐、粮。

角浴［洛］讯：外委壹员，步兵拾名。

麻书汛：把总壹员，步兵拾名。

以上角洛、麻书贰汛，系阜和左营派委官兵，叁年更换。由同知衙门，申请司道核发行装，盐、菜、面折银两，其口粮、米硕于台费米项下造销。

坛　庙

社稷坛：在南门外伍里。每岁春秋仲月致祭。

山川坛：在北门外壹里。每岁春秋仲月致祭。

先农坛：在东门外柒里。藉田□亩。明正司选番民耕种，岁收稞麦□硕，粜价置备品。每岁季春亥日祀□先农神耕藉。同知率同明正司行礼。

厉坛：在北门外。城下无坛。每岁清明、七月（望）、十月朔，迎城隍神。祀孤。

三圣庙：在白土坎山上。祀关帝。岁以春秋仲月，文武官僚致祭。傍祀火德马王。每岁，协标左营兵目，为会以祭。

将军庙：在北门内协署，石祀蜀汉郭达，番民敬畏。香火甚盛。

城隍庙：在将军庙右。

关帝庙：山、陕乡祠。

川主庙。

真君庙：江西客民乡祠。

真武宫。

以上俱在河西。

炉关福主祠：祀萧相国，为税关香火祠。

土地祠：叁城门各桥皆有之。东门为入炉总□口，朔望行香。乾隆五十九年重修。

关帝庙：在东门内风窝。乾隆五十八年，毁于火，里人重修。

广福寺：土人称“汉人寺”。前祀关壮穆，后供佛像。明时建。

武圣庙：旧名武侯祠，而祠中祀关帝，无武侯像。今土人改为武圣庙。俱在马市。

清真寺：俗名礼拜寺。在马市。

敕建惠远庙：在噶达城。离城叁百余里。雍正六年奉敕建寺，移达赖喇嘛坐床于此。十三年，达赖喇嘛（奉）旨回藏，派堪布喇嘛壹人，率徒众柒拾余人住寺（安）禅。堪布叁年更换。乾隆元年及六七年、十五年、三十年，均因地震估修，至五十年地震，尽圮。将军保、总督李会奏，委员修建。五十八年七月地震坍损，总督惠龄奏明重修。

以上坛庙祭祀，俱由同知衙门具文，赴市政司领银备办。余系在城商、客民人醵金酬神至□。

惠远庙系奉旨建造，为达赖喇嘛安禅之所。移回西藏后，派遣堪布喇嘛率徒众坐床念经。遇有损塌，应详请奏明，动项修理。

此外，在城及口外各乡喇嘛寺甚多，番人崇奉敬礼。因地远僻，且无汉字碑碣，名目不尽入志。

台 务

台饷：口外里塘、巴塘、察木多、拉里肆台兵饷，又自提茹塘起至中渡汛以外，交里塘界止，陆塘官兵盐、菜、口粮及转运粮饷赏需出□脚价护送。官兵盐、粮均由同知衙门拨解□发。每岁申详。建昌道咨布政司会详，拨发台费银捌万两，行知、炉同知委员赴司库领贮。内拨里塘台费银壹万两，巴塘台费银贰万两，察木多台费银贰万两，拉里台费银壹万伍千两，俱由建昌道核准。肆台粮务申请，札饬同知衙门，装鞘包皮，雇备务（乌）拉，委照磨解至里塘。其叁台饷银，由里塘粮务移，委武员逐台转解。照磨管解台费至里，倒给盘费银贰百两。由同知具文，赴司请领。余银壹万伍千两，存贮炉库，备支。按月申报，建昌道核转准销。

屯防：自北门外拾里，叁道桥塘起至章（谷汛），共拾伍塘，阜和协左营派拨官兵壹百□□陆员名，应给盐、菜、面，折银两由同知衙□□，岁申请建昌道咨布政司会详，准拨屯□□壹千两，按月支放。造报建昌道核详准□□。角浴［洛］、麻书贰汛，由阜和协左营各拨官兵□□员名，按月支盐、菜、银两。炉同知申详布□□建昌道，请领银贰百两支放。壹年壹次□□申赍核销。

革赍游巡官兵贰拾壹员名，每年六月起至九月止，由协派委官兵计支肆个月，盐、菜、口粮、面，折及减半行装，银两由协移同知衙门于台费项下造报核销。

西藏饷银，由驻藏大臣咨司檄拨委员，解藏到炉，装鞘包皮，雇备乌拉及委员盘费，骑驮护解。汉屯兵赏，需骑驮，盐、粮俱于炉库台费项下造报。

西藏赏需，银牌、缎锦、绸陵布、哈达、烟、茶，由驻藏大臣咨司办。解其包皮、脚价、押解兵丁盐、粮，俱于炉库台费项下造报。

肆台赏需，各项由建昌道办发，炉库收贮。俟据肆台详请时，札行同知运解到里滚（粮务）台其包皮、脚价、护解兵通盐、粮均于炉库台费项下造报。

肆台西藏换台文武官弁出口，由炉同知□□□应付。骑驮盐、粮、银两，入于炉库台费项（米项）。备贮军需银贰万两。乾隆四十三年，总督（文绶）奏准：永远备贮。如遇紧要，详明动支。事竣，拨发备贮。

台米：口外里塘、巴塘、安塘官兵，应支本色米硕，又自提茹塘起至中渡汛止，官兵、水手口粮，每岁同知申请，建昌道咨布政司会详，檄饬雅属之雅安、芦山、荣经、清溪、天全伍州县领价，于秋成买谷贰千硕，碾米壹千硕，（运）赴炉仓量收。内拨里塘台米贰百硕，巴塘台米叁百硕，俱由建昌道核准，里、巴粮务申请□行同知衙门，雇备乌拉，派拨兵通解里、（巴塘），其巴塘台头由里转解。又察木多、拉里贰台粮站遥远，不支实米。炉属各塘汛官兵中渡水手及壹应出入差使，例支半米口粮。□由本衙门给发，按月造报，建昌道转核，咨准销。

屯米：北路叁道桥塘起至章谷汛止，各塘官兵每月上半月例支口粮，全米。每岁同知□请建昌道咨布政司会详，檄饬雅属伍州□领价，买谷肆百硕，碾米贰百硕，运赴炉城，按季支放。仍每月造报建昌道，核咨准销。

革赍游巡官兵□□员名，每年六月于炉仓支领肆个月口粮，半米，裹带运送出口。其米硕、脚价、兵丁盐、粮等项，俱于台费银、米，造报建昌道核咨准销。

备贮米肆千叁百肆拾伍硕零，稞麦贰千石。乾隆四十三年总督（文绶）奏准：永远备贮，如遇紧要，详［明］动支。事竣，买补备贮。

关 榷

炉关：康熙四十年设关，派差部院员外郎壹人，监督税务。每年邛州、雅安县、荥经县、天全州，由本州、县纳课请领（户）部茶边引，运（打箭）炉售与口外蛮客。每茶壹引。运茶壹百斛应纳税银壹钱捌分。雍正七年又定征收杂货税，按本每两叁分，续又颁发货税征银则例刊榜悬挂，由（户）部印［印］发。商人亲填簿，交监督征收，用清字题销。乾隆四十七年奉旨停差监督，经（川）总督文（绶）奏明，改委同知征收。每年茶引邛州各商运销茶贰万零叁百引；荥经县各商运销茶贰万叁千叁百拾肆引；雅安县各商运销茶贰万柒千捌百陆拾引；天全州各商运销茶贰万柒千零贰拾引；□名山县引壹千捌百叁拾张，内邛州代销□□伍拾张，天全州代销壹千贰百柒拾伍张。以上肆州、县各商每年共运销边引□部茶拾万零叁百，肆道应征引茶税壹万捌千零伍拾捌两伍钱。其杂货税银，尽收尽解，并无足额。每年四月二十一日，壹年为满，分别遇闰、不遇闰，比较上叁年有盈无绌，申报藩司盐道详。院题咨核销。自金川军务告竣，以□□货日渐稀少，税不足额，以余茶照票银□□增补，征存茶杂税银。按年支赏达赖喇嘛茶价及西藏赏茶脚价、泰宁堪布喇嘛师徒口粮及同知衙门心红纸张、饭食、书役工食、明正司，叁年壹次。

恩赏各填支销外，每年估报藩司派拨兑支阜和左右、泰宁叁营官兵俸饷、马干之用。

附余茶照票：邛、荥、天、灌、汶，产茶。各洲（州）县每年于商人按照部引配茶，尚有余茶。总督开奏明准：令商人自备成本，配茶带售邛州、荥经、天全叁州县。请领照票，配运余茶赴炉（售）卖，每包例缴茶息银自市平叁钱肆分贰厘至贰钱柒分不等。系有定款，无定数。每于次年奏销。后由同知汇缴。盐茶道转解藩司，以为各宪每年番夷赏需及文武委员出口查办夷务赏需之用。其余茶旺销时，由各州、县详，盐茶道核准增给。如有壅滞，即行报明裁减。

土　司

冷边土司

在府城之西，距府柒站。始祖恶他，原籍西番瓦部人。蜀汉金环叁结之后，世为西番（瓦部）酋长。恶他生大穆，穆生喳什木立，立生□松撇，撇生巫必恶苏，苏生达磨，磨生连呷水撇。明洪武二年，授瓦部哈工等寺都纲院院抚，司撇生安支。永乐八年，有功改授冷边长官司之职。支生余纳他，他生阿的，的生莫，莫生叁哈，哈生阿日，日生业莫，莫生挫巫结，结生雍中达结，结生朗今喳吧，吧生阿撇。明末纷争，所属西番河西诸寨为强夷所并。国朝定鼎，顺治九年，招安撇，往投诚，缴明印信，蒙赐袍帽，谕令回边办事。撇生周长命，命生周维新，新生周至德。康熙五年，蒙颁发印信壹颗、号纸壹张。至德生周述贤。乾隆元年，因周至德年老力衰，难以供职，详请述贤承袭于乾隆三年任事，界域肆至见前。有印信、号纸。每年认纳杂粗、银肆拾两贰钱肆分。

沈边土司

在府城之西南，距府陆站。始祖余伯（锡），江西吉安府人。明洪武时随征沈边地方，把隘御□，勤劳有功，因授沈边百户，历传数代至（明）期拔出师白水江有功，改授沈边长官司之职。未颁印信。余从国、余明奇相继承袭。

国朝康熙三十九年，克取西炉，投诚，随征有功。五十一年颁给长官司印信。明奇故，雍正三年，余世统承袭，共历壹拾叁代。界域肆至见前。有印信、号纸。每年折征杂粮、银伍拾两。

（明正宣慰使司）

明正宣慰使司坚参德昌，自阿克旺嘉尔参。于前明洪武初，随征明玉珍有功，永乐五年领授明正、长河西、鱼通、宁远军民宣慰使，□世职，铜方印信壹颗。

本朝顺治十八年，缴销。嗣于康熙五年。丹忠札克巴率旧附拾叁锅庄土目投诚，复颁发印信。康熙二十年，丹怎［忠］札克巴病故，其子锡拉布札克巴承袭。康熙三十九年，边营官之乱，身故。其妻衮噶承袭夫职，无子，只生壹女，名桑结，出嫁木坪雍中策凌为妻。衮噶故，无人承袭，即以女桑结赴明正承袭母职，桑结生壹子嘉尔参达尔结，娶贰妻，壹名喇章在明正帮姑办事；壹名王氏夭夭，在水坪管事，生贰子，长子名坚参囊康，次名坚参德昌，其父嘉尔参达尔结故，其母喇章无子，即以王氏夭夭次子坚参德昌过继喇章为子。喇章故，该坚参德昌于乾隆十年承袭，驻札打箭炉。界域肆至见前。有印信、号纸。管辖咱里土千户壹员，本噶土百户肆拾捌员。每年折征银钱壹百陆拾壹两零柒分。

明正司所属土千户壹员、土百户肆拾捌（户）

咱里土千户古鲁策凌，康熙三十九年投诚。（授土）千户，历代袭替。驻札咱里，管来、咱里、大烹坝、冷竹关、瓦寺沟伍处。东至泸河交界；南至磨西面交界；西至拉索交界；北至大冈交界。土民壹百零八户。每年认纳杂粮壹拾玖硕，折征银四钱七分。有印信号纸。

本噶土百户查什那木札尔，康熙四十年投诚，授本噶土百户，历代承袭。驻札木噶。东至绰坝笼交界；南至叠恶庄交界；西至哈呀庄交界。管辖土民贰百柒拾户，每年认纳杂粮拾肆硕，折征银柒两，有号纸，无印信。

瓦柒土百户阿巴，康熙四十年投诚，授瓦柒土百户之职，驻札瓦柒。东至沙卡交界；南至支汛塘交界；西至白桑交界；北至恶热交界。每年折征杂粮银肆两。有号纸，无印信。

恶洛土百户霍尔结，康熙四十年投诚，授恶洛土百户之职，驻札恶洛。东至沙卡交界；南至打喇石交界；西至白桑交界；北至恶热交界。每年折征杂粮银壹两。有号纸，无印信。

白桑土百户策凌瑞珠布，康熙四十年投诚，授白桑土百户之职，驻札白桑。东至瓦柒交界；南至恶浴交界；西至（夹龙江）河交界；北至扒桑交界。每年折征杂粮银肆两，有号纸，无印信。

恶热土百户阿木奇，康熙四十年投诚，授恶热土百户之职，驻札恶热。东至上坝石交界；南至瓦柒交界；北（西）至扒桑交界；南（北）至无人烟荒山，地名“热错”交界。[①] 每年认纳折征杂粮银伍两。有号纸，无印信。

下八义土百户阿嘉布，康熙四十年投诚，授下八义土百户，驻札下八义。

① 原文如此。文中界域均按东南西北排序，故正确应为：“东至上坝石交界；南至瓦柒交界；西至扒桑交界；北至无人烟荒山，地名‘热错’交界。”

东至胳苔交界；南至上八义交界；西至无人烟地名“端谷”交界；北至少误石交界。每年折征杂粮银贰两。有号纸，无印信。

少误石土百户巴特鸣，康熙四十年投诚，授少误石土百户。驻札少误石。东至胳苔交界；南至下八义交界；西至渣坝①交界；北至木镳交界。每年折征杂粮银叁两，有号纸，无印信。

作苏策土百户盆错克，康熙四十年授（投）诚，授作苏策土百户，驻札作苏策。东至笼坝卡松交界；南至咱盂格洼交界；西至哩溪瓦柒交界；北至永阿菜交界。每年折征杂粮银肆两。有号纸，无印信。

八哩笼坝土百户衮噶丹巴，康熙四十年投诚，授八哩笼坝土百户，驻札八哩龙坝。东至格机格洼卡巴交界；南至窝热索窝巴交界；西至汤龙、夹龙江②交界；北至擦（马龙界）。每年折征杂粮银叁两。有号纸，无印信。

上渡噶喇住索土百户阿革，康熙四十年投诚，授上渡噶喇住索土百户，驻札上渡噶喇住索。东至恶洛交界；南至汪杰交界；西至夹龙江河岸为界；北至渣坝交界。每年折征杂粮银壹两。有号纸，无印信。

中渡哑出卡土百户衮噶，康熙四十年投诚，授中渡哑出卡土百户。驻札中渡哑出卡。东至恶浴交界；南至八嘛那交界，西至夹龙江河岸为界；北至白桑交界。每年折征杂粮银叁两。有号纸，无印信。

他咳土百户雍忠林亲，康熙四十年投诚，授他咳土□百户，驻札他咳。东至扒桑交界；南至住索交界；西至噶喇住索交界；北至桑冬交界。每年折征杂粮银壹两，有号纸，无印信。

索窝笼土百户查什多，康熙四十年投诚，授索窝笼土百户，驻札索窝笼。东至姆朱交界；南至恶拉交号界；西至格窝卡交界；北至密乌龙交界。每年折征杂粮银（叁）两。有号纸，无印信。

恶拉土百户桑济坚错，康熙四十年投诚，授恶拉土百户，驻札恶拉。东至乐壤交界；南至夹龙河岸交界；西至八乌笼交界；北至姆朱交界。每年折征杂粮银壹两贰钱。有号纸，无印信。

乐壤土百户噶布谆朱，康熙四十年投诚，授乐壤土百户，驻札乐壤。东至

① 渣坝：又译为“扎坝”。

② 夹龙江：即雅龙江。

松竹宁番卫交界；南至夹龙江河岸交界；西至恶浴交界；北至姆朱交界。每年折征杂粮银捌钱。有号纸，无印信。

上渣坝恶叠土百户雍忠，康熙四十年投诚，授渣坝恶叠土百户，驻札渣坝恶叠。东至少误石；南至下渣坝莫藏石交界；西至夹龙江河岸为界；北至霍[1]耳兹呶交界。每年折征杂粮银贰两。有号纸，无印信。

上渣坝卓泥土百户阿丹，康熙四十年投诚，授上渣坝卓泥土百户，驻札上渣坝卓泥。东至木辘交界；南至渣坝交界；西至河东为界；北至霍耳交界。有号纸，无印信。

中渣坝热错土百户策丹，康熙四十年投诚，授中渣坝热错土百户，驻札中渣坝札热错。东至恶科为界；南至（业）洼石交界；西至河东交界；北至卓泥交界。每年折征杂粮银叁两。有号纸，无印信。

中渣坝沱土百户古鲁，康熙四十年投诚，授中渣坝沱土百户，驻札中渣坝沱。东至恶科交界；南至□□□交界；西至河东为界；北至卓泥交界。每年折征杂粮银贰两。有号纸，无印信。

下渣坝业洼石土百户多尔济查克，康熙四十年投诚，授下渣坝业洼石土百户，驻札下渣坝业洼石。东至莫藏石为界；南至蜡蜜界；西至过哑龙河瞻对界；北至渣坝沱界。每年折征杂粮银贰两。有号纸，无印信。

下渣坝莫藏石土百户郭克，康熙四十年投诚，授下渣坝莫藏石土百户，驻札下渣坝莫藏石。东至上八义交界；南至噶嘛住索界；西至夹龙江河岸界；北至业洼石界。有号纸，无印信。

扒桑土百户根敦架，康熙四十年投诚，授扒桑土百户，驻札扒桑。东至恶热交界；南至白桑交界；西至索窝笼交□界；北至上八义交界。每年折征杂粮银肆两。有号纸，无印信。

木辘土百户查什盆错，康熙四十年投诚，授木辘土百户。驻札木辘。东至阿策界；南至恶科界；西至渣坝界；北至霍耳打奇界。每年折征杂粮银叁两。有号纸，无印信。

格洼卡土百户喇嘛陈叠巴尔珠尔，康熙四十年投诚，授格洼卡土百户，驻札格洼卡。东至姆朱交界；西[南]至索窝笼交界；西至妈寺交界；北至纳库

① 吴补校本“至霍”二字更为“交东”，其义不明。

阿他交界。每年折征杂粮银玖两。有号纸，无印信。

呷那工弄土百户衮噶达尔结，康熙四十年投诚，授呷那工弄土百户，驻札呷那工弄。东至夺鸦交界；南至八哩笼坝交界；西至夹龙江河岸为界；北至乌龙石交界。每年折征杂粮银伍两。有号纸，无印信。

吉增卡桑阿笼土百户喇嘛衮噶查什，康熙四十年投诚，授吉增卡桑阿笼土百户，驻札吉增卡桑阿笼。东至恶拉交界；南至恶叠笼交界；西至哑龙江河岸为界；北至格洼卡巴交界。每年折征杂粮银柒两。有号纸，无印信。

沙卡土百户拉齐怕克，康熙四十年投诚，授沙卡土百户，驻札沙卡。东至折多山为界；南至作苏策交界；西至瓦柒交界，又界至恶浴后交界；北至恶热交界。每年折征杂粮银伍两。有号纸，无印信。

上八义土百户阿嘉布，康熙四十年投诚，授上八义土百户，驻札上八义。东至无人烟地界；南至扒桑交界；西至无人烟荒地，地名“色身拖”为界；北至八义后界。每年折征杂粮银肆两。有号纸，无印信。

拉里土百户巴尔珠尔达尔结，康熙四十年投诚，授拉里土百户，驻札拉里。东至诺日阿他交界；南至工住热交界；西至札热乌龙石交界；北至独恶洛为界。每年折征杂粮银叁两。有号纸，无印信。

八乌笼土百户喇嘛达克尔，康熙四十年投诚，授八乌笼土百户，驻札八乌笼。东至恶拉交界；南至恶洛交界；西至交龙江河岸为界；北至窝札卡交界。每年折征杂粮银柒钱。有号纸，无印信。

姆朱土百户旺述克，康熙四十年投诚，授姆朱土百户，驻札姆朱。东至王擯交界；南至西恶拉交界；西（至八乌）笼西交界；北至格洼卡交界。每年折征杂粮银（叁两），（有）号纸，无印信。

鲁密东谷土百户札尔济，康熙四十年投诚，授鲁密东谷土百户，驻札鲁密东谷。东至坚贞交界；南至（霍尔）朱窝为界；西至革达交界；北至即□革什咱交界。每年折征杂粮银贰两。有号纸，无印信。

鲁密普共碟土百户查充嘉尔，康熙四十年投诚，授鲁密普共碟土百户，驻札鲁密普共碟。东至索布交界；南至初巴交界；西至党隅交界；北至损哈交界。每年折征杂粮银叁两。有号纸，无印信。

鲁密郭察土百户策凌塔尔，康熙四十年投诚，授鲁密郭宗（察）土百户，驻札鲁密郭宗（察）。东至达马交界；南至昌拉为界；西至东谷为界；北至节冗交界。每年折征杂粮银壹两肆钱。有号纸，无印信。

鲁密结藏土百户达克塔尔，康熙四十年投诚，授鲁密结藏土百户，驻札鲁密结藏。东至达马为界；南至昌拉交界；西至东谷交界；北至节冗革什咱交界。每年折征杂粮银捌钱。有号纸，无印信。

鲁密祖卜柏哈土百户达克布，康熙四十年投诚，授鲁密祖卜柏哈土百户，驻札鲁密祖卜柏哈。东至普（共）碟交界；南至无烟荒山为界；西至打妈为界；北至（巴底）慎白利交界。每年折征杂粮银陆钱。有号纸，无印信。

鲁密初把土百户格特塔尔，康熙四十年投诚，授鲁密初把土百户，驻札鲁密初把。东至格桑交界；南至中达交界；西至喇嘛洼交界；北至普碟交界。每年折征杂粮银壹两。有号纸，无印信。

鲁密昌拉土百户那木札尔，康熙四十年投诚，授鲁密昌拉土百户，驻札鲁密昌拉。东至达妈为界；南至党隔为界；西至坚贞为界；北至郭宗（察）为界。每年折征杂粮银贰两肆钱。有号纸，无印信。

鲁密坚正土百户累德勒克，康熙四十年投诚，授鲁密坚正土百户，驻札鲁密坚正。东至拾桑交界；南至舍利喇为界；西至东谷交界；北至绿路朱窝为界。每年折征杂粮银壹两。有号纸，无印信。

鲁密达妈土百户鲁嘉尔，康熙四十年投诚，授鲁密达妈土百户，驻札鲁密达妈。东至无人烟荒山为界；南（至）昌拉为界；西至郭宗（察）为界；北至柏哈为界。每年折征杂粮银贰两。有号纸，无印信。

鲁密格桑土百户阿策，康熙四十年投诚，授鲁密格桑土百户，驻札鲁密格桑。东至大金川以河为界；南至沧几为界；西至初把交界；北至卓囊交界。每年折征杂粮银捌钱。有号纸，无印信。

鲁密本滚土百户策凌旺布，康熙四十年投诚，授鲁密本滚土百户，驻札鲁密本滚。东至卓囊交界；南至大金川河交界；西至娘子慎白利为界；北至小金川为界。每年折征杂粮银贰两壹钱。有号纸，无印信。

鲁密长结杵尖土百户鲁布，康熙四十年投诚，授鲁密长结杵尖土百户，驻札鲁密长结杵尖。东至松归交界；南至技喇无人烟荒地为界；西至空处无名为界；北至大金川河为界。每年折征杂粮银柒钱。有号纸，无印信。

鲁密长结松归土百户拉布，康熙四十年投诚，授鲁密长结松归土百户，驻札鲁密长结松归。东至格桑交界；南至无人烟荒地为界；西至初把为界；北至向隅为界。每年折征杂粮银捌钱。有号纸，无印信。

鲁密白隅土百户噶尔藏嘉布，康熙四十年投诚，授鲁密白隅土百户，驻札鲁密白隅。东至木坪、汉牛交界；南至大金川河为界；西至无人烟荒山为界；北至（松归交）界。每年折征杂粮银叁两。有号纸，无印信。

鲁密梭布土百户邦结，康熙四十年投诚，授鲁密梭布土百户，驻札鲁密梭布。东至汉牛交界；南至达则为界；西至普共碟为界；北至隆卡邦为界。每年折征杂粮银陆两柒钱伍分。有号纸，无印信。

鲁密达则土百户策凌查什，康熙四十年投诚，授鲁密达则土百户，驻札鲁密达则。东至汉牛为界；南至梭布为界；西至普共碟为界；北至卓笼为界。每年折征杂粮银柒两零伍分。有号纸，无印信。

鲁密卓笼土百户节思笼，康熙四十年投诚，授鲁密卓笼土百户，驻札鲁密卓笼。东至龙邦交界；南至木宗交界；西至也笼交界；北至大山交界。每年折征杂粮银拾贰两伍钱。有号纸，无印信。

口外新附土司

单东革什咱安抚司魏朱布策凌，康熙三十九年投诚，授（司）单东革什咱安抚司，承袭，驻札单东官寨。东至（巴底）界；南至明正司界；西至道乌、甘孜界；北至霍耳章（谷）界。每年纳马壹匹，折银捌两。有印信、号纸。

巴底安抚司卓布木凌，康熙三十九年投诚，授巴底安抚司，承袭，驻札巴底官寨。东至小金川界；南至明正司界；西至革什咱界；北至大金川界。每年认纳马壹匹，折征银捌两。有印信、号纸。

喇衮安抚司喇嘛布木，康熙四十年投诚，授喇衮安抚司，承袭，驻札喇衮官寨。东至里塘界；西至下瞻对界；南北至明正司渣坝界。每年无认纳，有印信、号纸。

里塘宣抚司阿布木，雍正七年拔补副土司盆错工布，乾隆二十二年拔补札里塘。东至中渡交明正司界；南至杓木交巴塘界；西至长坦交瓦述界；北至热泥交瞻对界。每年折征杂粮银条肆百伍拾两。有印信、号纸。

瓦述崇喜长官司杜纳特亲，雍正六年投诚，授瓦述崇喜长官司，承袭，驻札瓦述崇喜官寨。东约贰百捌十里至河口交明正司界；南约叁百伍十里至渴噶交里塘界；西约壹百肆十里交喇嘛丫交里塘界；北约贰百（里）热泥交瞻对界。每年认纳马贰匹、牛伍只，共折银□百贰拾陆两。有印信、号纸。

瓦述毛丫长官司勺特亲，雍正六年投诚，授瓦述毛丫长官司，承袭，驻札瓦述毛丫官寨。东至里塘界；南至渴（噶交）界；西至喇嘛分界；北至德尔格界。每年认纳马叁匹、牛陆只，折征银条叁拾陆两。有印信、号纸。

瓦述闪登长官司图新，康熙五十八年投诚，授瓦述闪登长官司，承袭，驻札瓦述闪登官寨。东至雅龙江界；南至热错界；西至临卡石界；北至春踏界。每年认纳马壹匹、牛贰只，折征银捌两。有印信、号纸。

瓦述毛茂丫土百户策凌衮，康熙六十一年投诚，授瓦述毛茂丫土百户，驻札瓦述毛茂丫官寨。四至在里塘界内。每年认纳马壹匹，折征银捌两。有印信、号纸。

巴塘宣抚司札什旺结，乾隆十九年顶补巴塘宣抚司，驻札巴塘官寨。东至里塘界；南至西藏界；西至桑昂邦界；北至擦马界。每年折征粮、银壹千捌百玖拾伍两□钱。有号纸、印信。

上临卡石土百户衮十拉布丹，雍正七年投诚，授上临卡石土百户，承袭，驻札上临卡石寨。四至在巴塘界内。每年纳银叁拾两陆钱零壹厘陆毫捌丝。有号纸，无印信。

下临卡石土百户拉齐，雍正七年投诚，授下临卡石土百户，承袭，驻札下临卡石寨。四至在巴塘界内。每年共纳银叁拾贰两柒钱叁分叁厘叁毫叁丝伍忽。有号纸，无印信。

冈里土百户布擢，雍正七年投诚，授冈里土百户，承袭，驻札冈里。四至在巴塘界内。每年折征银拾贰两陆钱壹分陆厘陆毫叁丝。有号纸，无印信。

桑隆土百户拉乌宗，雍正七年投诚，授桑隆土百户，承袭，驻札桑隆。四至在巴塘界内。每年折征银叁两柒钱陆分壹厘叁毫伍丝。有号纸，无印信。

上苏阿土百户达嘉布，雍正七年投诚，授上苏阿土百户，承袭，驻札上苏阿。四至在巴塘界内。每年折征银拾贰两。有号纸，无印信。

下苏阿土百户巴特吗那木札尔，雍正七年投诚，授下苏阿土百户，承袭。四至在巴塘界内。每年折征银贰拾□两陆钱。有号纸，无印信。

郭布土百户衮卜嘉尔，雍正七年投诚，授郭布土百户，承袭，驻札郭布。四至在巴塘界内。每年折征银肆两零分捌厘叁毫肆丝伍忽。有号纸，无印信。

霍耳章谷竹窝安抚司索诺木衮卜，雍正六年投诚，授霍耳竹窝安抚司，承袭，驻札霍耳竹窝官寨。东至更平界；南至上瞻对界；西至甘孜麻书界；北至东科界。每年认纳马肆匹、青稞陆拾石，共折征银玖拾贰两。有印信、号纸。

瓦述写达土千户壹员新嘉塔尔，雍正六年投诚，授瓦述写达土千户，承袭，驻札瓦述写达，四至在竹窝界内。每年认纳狐皮叁拾张，折征银拾伍两。有号纸，无印信。

瓦述更平东撒土百户衮卜嘉布吗，雍正六年投诚，授瓦述更平东撒土百户，承袭，驻札瓦述更平东撒。四至在竹窝界内。每年认纳狐皮拾壹张，折征银伍两伍钱。有号纸，无印信。

霍耳章谷安抚司罗卜藏策旺，雍正六年投诚，授霍耳章谷安抚司，袭替，驻札霍耳章谷。东至瓦述更平界；南至下瞻对界；西至孔撒界；北至竹窝界。每年认纳青稞壹千伍百斗，折征银壹百捌拾贰两。有印信。

瓦述色他土百户格库特嘉布，雍正六年投诚，授瓦述色他土百户，袭替，驻札瓦述色他。四至在章谷界内。每年认纳狐皮肆张，折征银贰两。有号纸，无印信。

瓦述更平东撒土百户瑞珠布，雍正六年投诚，授瓦述更平东撒土百户，袭替，驻札瓦述更平东撒。四至在章谷界内。每年认纳狐皮伍张，折征银贰两伍钱。有号纸，无印信。

瓦述东平土百户罗克特，雍正六年投诚，授瓦述东平土百户，袭替，驻札瓦述更（东）平。四至在章谷界内。每年认纳狐皮伍张，折征银贰两伍钱。有号纸，无印信。

瓦述墨科土百户巴特吗那木札尔，雍正六年投诚，授瓦述墨科四至在革[章]谷界内。每年认纳狐皮肆张，折征银贰两。有号纸，无印信。

护纳林冲长官司衮却桑珠，雍正六年投诚，授护纳林冲长官司，袭替，驻札（护）纳林冲。四至在章谷界内。每年认纳狐皮肆张，折征银贰两。有号纸，无印信。

瓦述色他长官司那木卡策凌，雍正六年投诚，授瓦述色他长官司，袭替，驻札瓦述色他。东至瓦述更平界；南至下瞻对界；西至孔撒界；北至竹窝界。每年认纳狐皮伍张，折征银柒两伍钱。有印信、号纸。

瓦述更平长官司巴特吗策凌，雍正六年投诚，授瓦述更平长官司，袭替，驻札瓦述更平。东至革什咱界；南至长坝界；西至白利界；北至革赍界。每年认纳狐皮拾张，折征银拾两。有号纸，无印信。

瓦述余科安抚司沙克嘉诺尔布，雍正六年投诚，授瓦述余科安抚司，袭替，驻札瓦述余科。东至革什咱界；南至孔撒界；西至更平、色他界；北至绰斯甲界。每年认纳马叁匹，折征银贰拾肆两。有印信、号纸。

霍耳孔撒安抚司拉布丹，雍正六年投诚，授霍耳孔撒安抚司，袭替，驻札霍耳孔撒。东至竹窝界；南至瓦述崇喜界；西至白利界；北至革赍界。每年共折杂粮、狐皮银柒拾两。有印信、号纸。

科则护土百户那木卡嘉尔，雍正六年投诚，授科则护土百户，袭替，驻札科则［护］。四至在孔撒界内。每年折征杂粮银肆两。有号纸，无印信。

图根满碟土百户卡木诺尔，雍正六年投诚，授图根满碟土百户，袭替，驻札图根满碟。四至在孔撒界内。每年折征银陆两伍钱。有号纸，无印信。

霍耳甘孜麻书安抚司那木卡索诺木，雍正六年投诚，授霍耳甘孜麻书安抚司，袭替，驻札霍耳甘孜麻书。东至渣坝界；南至瓦述余科界；西至图根满碟界；北至松潘界。每年折马匹杂粮共银伍拾柒两。有印信、号纸。

革赍土百户嘉科尔，雍正六年投诚，授革赍土百户，袭替，驻札革赍。四至在麻书界内。每年无认纳。有号纸，无印信。

东署［暑］土百户图布巴，雍正六年投诚，授东暑土百户，袭替，驻札东暑。四至在麻书界内。每年认纳狐皮叁张，折征银壹两伍钱。有号纸，无印信。

东暑土百户多尔济塔尔，雍正六年投诚，授东暑土百户，袭替，驻札东暑。四至在麻书界内。每年认纳狐皮肆张，折征银贰两。有号纸，无印信。

霍耳白利长官司策旺达尔结，雍正六年投诚，授霍耳白利长官司，袭替，驻札霍耳白利。东至甘孜麻书界；南至瓦述界；西至章谷林葱界；北至松潘界。每年共折征杂粮银拾捌两。有印信、号纸。

护霍耳咱安抚司阿克旺错尔旺木，雍正六年投诚，授护霍耳咱安抚司，袭替，驻札霍耳咱。东至东科界；南至（德）尔格界；西至林葱界；北至松潘界。每年共折征狐皮、杂粮银肆拾两。有印信、号纸。

下革赍土百户策嘉布塔尔，雍正六年投诚，授下革赍土百户，袭替，驻札下革赍。四至在霍耳咱界内。每年折征狐皮银贰两。有号纸，无印信。

下革赍土百户温布，雍正六年投诚，授下革赍土百户，袭替，驻札下革赍。四至在霍耳咱界内。每年认纳狐皮贰张，折征银壹两。有号纸，无印信。

霍耳东科长官司达罕格努，雍正六年投诚，授霍耳东科长官司，袭替，驻札霍耳东科。东至更平、色（他）界；南至孔撒界；面至咱地界；北至松潘界。每年认纳狐皮伍张，折征银贰两伍钱。有印信、号纸。

德尔格忒宣慰司丹巴策凌，雍正六年投诚，授德尔格忒宣慰司，袭替，驻札德尔格忒。东至上瞻对界；南至□□界；西至纳夺界；北至林葱界。每年共折杂粮、狐皮银□百伍拾贰两。有印信、号纸。

上革赍土百户郭纳，雍正六年投诚，授上革赍土百户，袭替，驻札上革赍。四至在德尔格界内。每年折纳狐皮银壹两。有号纸、印信。

上革赍土百户鲁古，雍正六年投诚，授上革赍土百户，袭替，驻札上革赍。四至在德尔格界内。每年认纳牛贰只，折征银贰两。有号纸、印信。

上革赍土百户囊皆邦，雍正六年投诚，授上革赍土百户，袭替，驻札上革赍。四至在德尔格界内。每年认纳牛肆只，折征银捌两。有号纸，无印信。

杂竹吗竹卡土百户拉鲁克错尔旺，雍正六年投诚，授杂竹吗竹卡土百户，袭替，驻札杂竹吗竹卡。四至在德尔格界内。每年折征狐皮银贰两伍钱。有号纸，无印信。

杂竹卡土百户巴图克，雍正六年投诚，授杂竹卡土百户，袭替，驻札杂竹卡。四至在德尔格界内。每年认纳狐皮伍张，折征银贰两伍钱。有号纸，无印信。

杂竹卡土百户叶克温布，雍正六年投诚，授杂竹卡土百户，承袭，驻札杂竹卡。四至在德尔格界内。每年认纳狐皮拾张，折征银伍两。有号纸，无印信。

上革赍土百户拉笼，雍正六年投诚，授上革赍土百户，袭替，驻札上革赍。四至在德尔格界内。每年认纳狐皮银壹两。有号纸，无印信。

笼坝土百户达赖策丹，雍正六年投诚，授笼坝土百户，承袭，驻札笼坝。四至在德尔格界内。每年认纳马壹匹，折征银捌两。有号纸，无印信。

春科安抚司衮卜旺札尔，雍正六年投诚，授春科安抚司，承袭，驻札春科。东至林葱界；南至纳夺界；西至当妥交西宁界；北至蒙葛交西宁界。每年折征马匹、杂粮银肆拾捌两。有印信、号纸。

春科副土官吹忠，雍正六年投诚，授春科副土官，承袭，驻札春科。四至在春科界内。每年折征银□□。有印信、号纸。

春科高日长官司印布木，雍正六年投诚，授春科高日长官司，承袭。驻札春科高日。四至与春科安抚司（相同）。每年折马匹、杂粮银贰拾叁两。有印信、号纸。

上瞻对茹长官司堪卓策凌盆，雍正六年投诚，授上瞻对茹长官司，袭替。驻札上瞻对。东至霍耳章谷界；南至（瓦述）毛丫界；西至德尔格界；北至麻书界。每年折征马匹、杂粮银拾陆两。有印信、号纸。

上瞻对峪纳土千户沙克嘉布木，雍正六年投诚，授上瞻对峪纳土千户，袭替，驻札上瞻对峪纳。东至渣坝交明正司界；南至下瞻对界；西至上瞻对界；北至纳林冲界。每年折征马匹银捌两。有号纸，无印信。

蒙葛结长官司伊达木衮布，雍正六年投诚，授蒙葛结长官司，袭替，驻札蒙葛结。东至霍耳咱界；南至乌苏、西宁界；西至少误、西宁界；北至噶纳、西宁界。每年折征马、粮共银贰拾叁两。有印信、号纸。

林葱安抚司衮木林亲，雍正六年投诚，授林葱安抚司，袭替，驻札林葱。东至咱地界；南至德格界；西至春科界；北至蒙噶结界。每年共折征粮、马银陆拾肆两。有印信、号纸。

上纳夺安抚司索诺木旺札尔，雍正六年投诚，授上纳夺安抚司，袭替，驻札上纳夺。东至春科界；南至察木多界；西至官角界；北至纳溪界。每年折征马银拾陆两。［有］印信、号纸。

上纳夺土千户濯结，雍正六年投诚，授上纳夺土千户，袭替，驻札上纳夺。四至在纳夺安抚司界内。每年折征马匹银捌两。有号纸，无印信。

上纳夺黎窝土百户古鲁策丹，雍正六年投诚，授上纳夺黎窝土百户，袭替，驻札上纳夺黎窝。四至在安抚司界内。每年折征杂粮银拾两。有号纸，无印信。

上纳夺土百户衮卜嘉布，雍正六年投诚，授上纳夺土百户，袭替，驻札上纳夺。四至在安抚司界内。每年折征杂粮银拾两。有号纸，无印信。

纳夺黎窝土百户格吗，雍正六年投诚，授纳夺黎窝土百户，承袭，驻札约［纳］夺黎窝。四至在安抚司界内。每年折征杂粮银肆两。有号纸，无印信。

下瞻对安抚司策凌衮卜，雍正六年投诚，授下瞻对安抚司，袭替，驻札下瞻对。东至渣坝明正司界；南至（喇衮）界；西至热桑泥界；北至霍耳界。每年无认纳。有号纸、印信。

云多土百户丹品尔，雍正六年投诚，授云多土百户，袭替，驻札云多。四至在下瞻对界内。每年无认纳。有号纸，无印信。

仪盖土百户那木札尔，雍正六年投诚，授仪盖土百户，承袭，驻札仪盖。四至在下瞻对界内。每年无认纳。有号纸，无印信。

中瞻对茹色长官司衮卜，乾隆十年投诚，授中瞻对茹色长官司，袭替，驻札中瞻对茹色。东至渣坝明正司界；南至下瞻对界；西至上瞻对界；北至林冲界。每年认纳银□□。有印信、号纸。

上瞻对界墩土千户索诺木，乾隆十年投诚，授上瞻对撒（界）墩土千户，承袭，驻札上瞻对。东至霍耳章谷界；南至瓦述毛茂丫界；西至德格界；北至麻书界。每年无认纳。有印信、号纸。

以上口外新抚宣慰、宣抚、安抚长官及千百户，每年认纳杂粮等项银叁千柒百肆拾陆两捌钱贰分壹厘，除支理塘正副土司养廉银肆百肆拾捌两伍钱、炉同知衙门通译工食银壹百贰拾两外，余银叁千壹百柒拾捌两叁钱贰分壹厘，尽数拨支泰宁兵饷。

统计宣慰司贰员、宣抚司贰员、安抚司拾肆员、长官司拾陆员、副土官叁员、额外副土官壹员、土千户伍员、土百户捌拾壹员，共壹百贰拾肆员。

驿　递 铺司附[①]

炉城驿号：额设递马拾贰匹，内拨（贰）匹□□日地塘接递出入文报。每马壹匹日支草豆银壹钱贰分。马夫壹名，工、食银叁两，由同知衙门请领支给。

日地塘：马陆匹，内除炉号拨安贰匹外，泸定桥拨安贰匹。每马壹匹日支草干（粮）银壹钱贰分。马夫壹名，日支工、食银玖分陆厘，由泸定桥巡检赴司，请领支给。又奉拨资州协济马贰匹，每马壹匹月支草干料、豆银贰两肆钱，马夫壹名，日支工、食银伍分，由建昌道按季拨发，同知衙门支给。其银由该州申解。

大烹坝：马拾贰匹。每马壹匹日支草干粮银壹钱，贰夫日支工、食银玖分陆厘。

泸定桥：自烹坝至化林坪肆驿，共额设马贰拾，料俱由申泸定桥巡检赴司，请领支给。

沈村：马拾贰匹，夫陆名。每马壹匹日支草□□□，壹夫日支工、食银肆分捌厘。

化林坪：与清溪林口交界。

附铺司

炉属底塘铺、沈亢、柳杨、大藏桥、头道水、瓦寺沟、冷竹关、大烹坝、小烹坝、咱里、不日河、安乐、瓦角、冷碛、隆坝铺、盐水溪、飞越岭。

以上贰拾[②]铺，每铺设铺司兵肆名，每□月支工食、银两均由同知衙门赴司请领给发。

---

① 铺司附：三字原稿无，今据稿字实际，参照上文补。

② 原稿统计数据有误，今保留原稿，全书同。

夷赋

明正宣慰司：管辖咱里土千户壹员、麻噶等处土百户肆拾捌员。管辖土民陆千□□□拾壹户。每年催纳杂粮，折征番钱□□□□拾壹两零柒分。缴纳同知衙门兑支（阜和协）兵饷。

又口外新附各土司认纳夷赋番钱壹千贰百两。每年明正司遣派头人赴同知衙门领银贰百两，置买赏需。出口分往各土司地方。

征收汇缴同知衙门，申报布政司估拨兑支阜和左右、泰宁叁营兵饷。

里塘宣抚司：管束番民伍千叁百贰拾叁户，认纳杂粮，折征银条肆百伍拾两，又代缴（瓦）述长官司夷赋银捌拾贰两，内除供长青春科儿寺堪布及札仓众喇嘛粮并该土司折色养廉外，余银捌□，赴里塘粮务交收上库。该土司报明门，于应解台费项下扣抵，申报布政。

赏赍

西藏达赖喇嘛（蒙恩）：于打箭炉茶税项下赏银伍千两脚价。年差孜仲喇嘛到炉请领买茶运藏。（雅）安、荣经贰县，地粮银内各动支银肆□□□叁两贰钱伍分，每县采买菜各叁千柒百伍拾斤，以伍拾斤为壹包。贰县共壹百伍拾包，前藏壹百包，后藏伍拾包，并领回，并由驻藏大人（臣）札饬沿途应付乌拉驮运赴藏，其银于关税开支项下奏销。

惠远庙堪布、喇嘛：系雍正十三年达赖喇嘛奉旨回驻。前藏派留堪布率徒众共柒拾壹人，住于噶达城。惠远庙焚。修，每人按日支口粮银叁分叁□毫伍系贰忽伍微小建扣除，遇闰加□□□炉关茶税项下，动支银柒百陆拾陆两，遇闰加增银陆拾叁两有零，由同知衙（门）□□□入于关税开支项下奏销。其堪布、喇嘛等每年由达赖喇嘛遣派更换，前后藏喇嘛□□兑支协属叁营兵饷。

巴、里宣抚司：管辖番民叁千陆拾叁户，杂粮、马骡折征银条、色银壹千捌百□□两肆钱伍分。每年赴巴塘粮务交收□□□。土司报明同知衙门，于应解台费项（下），申报布政司，估拨兑支协属叁营兵饷。

沈边土司：管辖番民，认纳杂粮银伍拾两。每年同知衙门征收，汇入夷赋案内，报估拨支兵饷。

冷边土司：管辖番民，认纳杂粮银肆拾两零。每年同知衙门征收，汇入夷赋案内，报估拨支兵饷。

壹次差人呈进。

贡物进口后，按照使人分例名数，按日给与口粮。其□贡驮斤重，由驻藏大臣核明，照□骑驮、马匹随从人等，除随带外，尚有留放牲畜，按名每日给与口粮。至京回，通共计算。申报于台费项下报销。

明正宣慰司叁年壹次蒙恩赏。（赏）土司及拾叁锅庄头人、土百户等茶叶、绫缎、银牌、布匹等项。届期同知衙门动项，发给置买。

分赏每次约银壹百柒拾两零，造册通报，入于本年奏销。又每年年节，例赏土司大缎锦缎及头人等绫绸、布匹、茶、烟等项，于建昌道制备发贮陆台台费赏需项下支。赏入于月册报销。

里塘长青春科儿寺堪布札仓众喇嘛粮，每年于里塘土司应纳夷赋项下。

里塘正副土司折色养廉银两，每年于应（纳）赋项下扣支。乾隆五十年蒙恩蠲免夷赋。所有喇嘛衣单、口粮、土司养廉（银，同知衙门）门垫支。具申布政司请领。

里塘额外土官汪尔结之子安插化，给与养赡银贰百贰拾柒两壹钱陆分，衙门扣存。里塘棚租银壹百伍拾玖两玖分玖厘外，不敷银陆拾柒两零，具□详明布政司，于补秤余钱易银项下支给。

以上各项赏赉，俱系有定款，有定数，按年照例支发。其余解运粮饷、文武员弁兵通及文武大小官弁、兵丁。查办夷务，每遇出口，各有分例赏需，岁无定额，照例支给，造报核销。炉城内外及各土司地方，乾隆四十七年被水，五十一年及五十七、八等年地震，叠蒙奏明。旨赏恤。

土俗

打箭炉本为番地。《郡志》载番部情形：男女、语言、饮食迥异中华。遇婚娶不会事，不行吊祭，喜筵。请喇嘛念经又称□□□陋男女渎伦，今渐革旧从新，淳良可待。

官分驻以来，地方宁谧，明正司世济恭顺。邛、雅、荣、天各州县商人领引运茶，皆于炉城设店出售。西藏、金川、巴勒布、廓尔喀连次出师，客民贩运食用货物，来者益众。军务竣后，贸易渐减，而主客相安，多有留住。土民耳濡司［目］染，日渍华风。近时，多通汉语，敬官，畏法。旧有水葬、火葬之俗，明土司率先为父母建立坟茔，并延师，课其子侄习读汉书。旧有规制不备，后以河徙漂没。近有汉民生幼童，教学土民。向慕可冀王风，渐革最除。惟番民信从喇嘛，祈报由弭，必□□经询之土人，水旱疾疫，亦多有祷。而应以从宜，俟其自化可耳。其附近各土（司）畜牧为生，里塘所属瓦述皆住黑帐（篷），无定。明正所属土千、百户、地方土民，皆驯谨，素称宁静，遇有差务，雇觅乌拉值□，急公不倦。至口外新附各土司间忿争及夹坝抢劫之事，尚知震叠。

天朝恩威，每遇控争，禀奉大宪，差弁持谕前往宣示，无不帖服，禀承无敢违抗。

口内外气候，四时惟泸定桥、咱里及巴塘燠寒与内地无异，蔬菜、果实应时尝新，其余长年多风，夏无盛暑。炉城五六月多雨，南北诸山皆雪，冬多晴日。至春雨、雪寒，沮尤甚。稻谷不生，土民三四月裁（栽）种稞麦、（豌）豆，至七月无霜，岁以有收。口外里塘界内，产（贝）母、冬虫夏草，口内沈亢等处伍加皮。汉民之流落迁地者，藉以为生。藏匪是在，随时稽查，不使外匪潜匿。

光绪《打箭厅志》

光绪《打箭厅志》，刘廷恕纂，共两卷。此志分星野、舆图、建置沿革、疆域、山川、形势、关隘、城池、衙署、坛庙、津梁、古迹、赋役、盐政、茶政、邮政、乡里、物产、水利、风俗、岁支、库储、仓储、税课、夷赋、兵制、屯政、筹边诸门。

刘廷恕（1832—?），字仁齐，湖南善化（今湖南省长沙市）人。光绪元年（1875）署松潘厅同知，任上曾捐修岷江书院。光绪六年（1880）任灌县水利同知。光绪十九年（1893）任石柱厅同知。光绪二十五年（1899）署打箭炉同知。

刘热衷修志，熟习边情。其任石柱厅同知时，增刻王槐龄纂修的《补辑石砫厅新志》，鉴于厅志“舆图阙如”，又延请乡贡陈守立、丰邑画工汪之纪“历览形势，成舆地八景”，绘图二十三幅编为《石柱厅志舆地图》。署打箭炉同知时，又编有《打箭厅志》。1905 年“巴塘事变”，刘因“年老糊涂，几误边事”被革职，心甚不屈。

本书所录以《中国地方志集成·四川府县志辑》第六十六册《打箭厅志》（抄本）为底本，文中（）为本书编者勘误，[] 为本书编者补。

叙

《周礼》职方氏掌天下之图，辨邦国、都鄙、夷蛮、戎貉沿革、建置，无不本本原原。信古而遗流后世，皆有以志者识之。按，炉自古曰“康”，本严疆地。相传汉武乡侯南征孟获，遣将郭达至边，设炉造箭，故以“打箭”名。

在益州西南徼，井鬼分野。溯明正宣慰土司于康熙年间归诚。雍正八年，始设厅治，分隶雅郡控制。关内外诸土司、蛮部，幅□极其辽阔，计界四五千里，乃藏、卫之通衢，边荒之重镇。商市、茶市、毛革、药材总汇，百蛮詟服，殆天之所以重护于中国者。

番夷信崇佛教，生聚日繁。语言、文字不通，莫化獉狉之俗。盖厅无学校士习，故文献无可征，因附《雅州郡志》，于《厅志》阙如。采访乏人，无从秉笔。

纪事必详，而核立例必简。而赅非有才、学、识三长，不能折衷一是。摭前此之所未有，欲后此之能发明。越世二百六十五年，实为守土缺憾。光绪癸卯秋，锡青［清］弼制府受命治蜀，宏谋远虑。重障边陲，奏升直隶厅，管辖巴、里两台。并事权而资捍卫，檄取厅志以备考察。诚意洞悉边情，此今日纂修之不可缓图者也。

廷恕不敏，谨按郡志摘录缮呈，容当采拾成书，邀巨卿厘正付梓。恐多挂漏，未为完篇，以俟后之贤士、大夫补辑。是为叙。

卷上目录

星野
舆图
建置沿革
疆域
山川
形势
关隘
城池
衙署
坛庙
津梁
古迹
赋役
盐政
茶政
邮政
乡里
物产
水利
风俗
岁支
库储
仓储
税课
夷赋

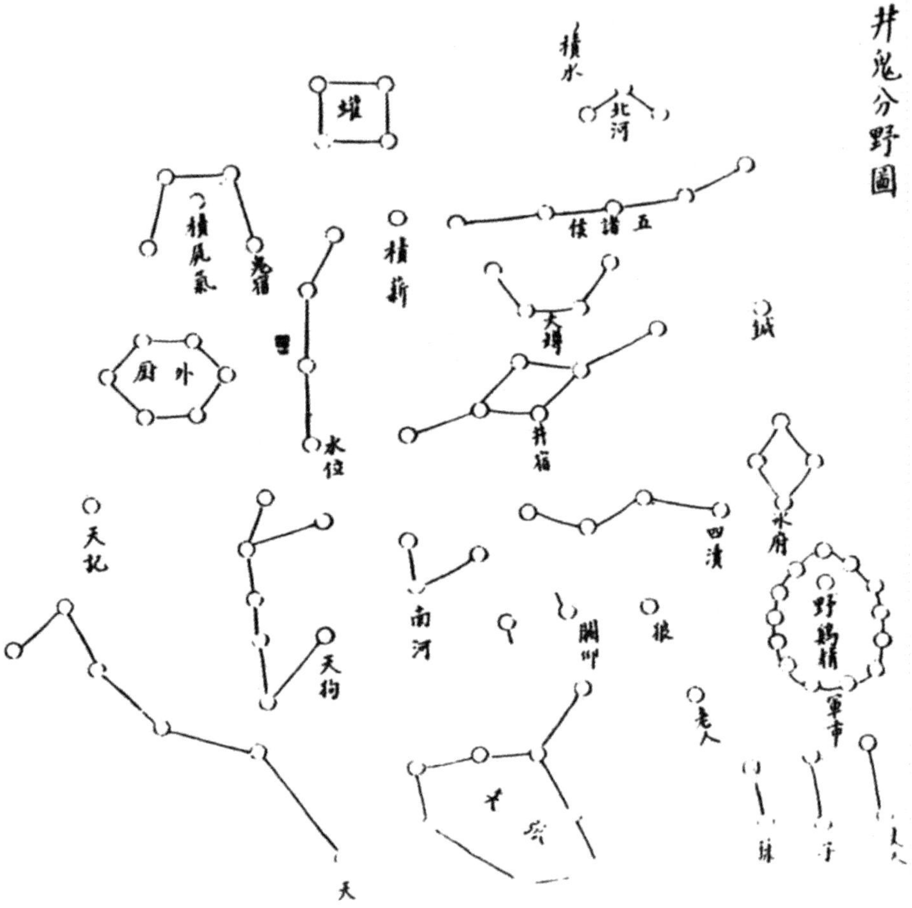

井鬼分野图

星　野

井鬼之分，入参一度。

舆　图[1]

炉厅图考

相传汉武侯南征遣将郭达，安炉造箭之地。距省千里，天文井鬼分野，为中华之极西，西域之极东。天时时寒，少暑。层峦峻岭，峭壁悬崖，中隔泸河，势最险要。

昔为南诏地，向隶青海部落。永乐五年，土目阿旺坚参以随征明玉珍，功授为明正、长河西、鱼通宁远军民宣慰使司，世职。然当时第，羁縻勿绝而已。至国朝，声教洋溢，向化亦诚。于康熙三十九年被藏差营官昌侧集烈等戕害窃据。四川提督唐希顺统兵进剿，诛昌侧集烈等，直抵［打］箭炉而安抚焉。番民率众欢呼，跪迎归附。已故土司锡拉札克巴乏嗣，其妻衮噶《通志》作工喀。承袭。至坚参德昌始移驻炉，其子甲勒参德浸继之。今之明正土司地，管辖炉之十三锅庄番民，约束新附土司及土千百户。计新、旧土民二万八千八百八十四户，上纳贡花杂粮，岁折银归明正土司征解炉厅。

以石为城，汉番杂处。凡驻藏使臣及换藏兵，均经炉出口。自炉以往，夷多重茶，悉由内地负贩，为茶市总汇。

设郡丞一员，以理夷情，兼司粮务，向有监督榷税课。今汰之并归郡丞。其地，番民虽崇信浮屠，然规规小利。结以信义，而竭诚效顺之心，虽死不易，其志殆亦至性使然耳。摩仁渐义则向化，益蒸蒸日上矣。

里塘图考

里塘在炉之西，天寒多雨雪，昔亦青海部落。层峦叠嶂，道险迂回，为西藏之要地。有土城，设粮务一员。俗言喇嘛，有掌管黄教之大喇嘛，名曰“堪布”，为一方崇祀之尊。立僧、俗营官各一，董率事宜。

康熙四十七年，达赖喇嘛降生擦吗甲，自迁住西宁塔儿寺后，时西藏地方被准噶尔泽旺阿剌布坦遗（遣）车零敦多布占据。康熙五十七年，护军统领温普及满汉官兵由炉出口，渡雅龙江直抵里塘宣谕：“圣朝德威，人心绥定。预储仓库钱粮。待大兵西进。”次年，定西将军噶尔弼驻兵于炉，前锋都统先带

---

[1] 原稿有少量标题缺失，今据目录补，下同。

兵进藏。经里塘，此时青海差达哇朗章巴等阴谋把持里塘营官，遂有逆意。官兵计诱达哇朗章巴及营官二名，至营诛之，并革去堪布喇嘛。该地番人咸懔军威，各举素所诚服者，议立堪布一名，复设营官，以分治其事。雍正七年，颁给僧俗营官印信，俗营官本授为宣抚司，僧营官□却江错授为副土司。乾隆十年，以明正土司属土守备，汪结随剿瞻对有功，奏补正土司。又因剿金酋时，土舍汪尔结首先纳款，充补额外副土司。

凡正、副土司，均照流官例，不世袭。输诚纳贡，供及徭役。现今里塘正土司业巴札什、宣抚土司阿却错氏、副土司阿鄂策成业巴彭错，供其职。而附近里塘崇喜、毛丫、毛茂丫、曲登四土司亦当时迎师向化之酋长，今之四瓦述是也。

巴塘图考

巴塘在里之南，土地饶美，天气喧妍，时令则俨然内地也。无城郭，设粮务一员。山则峻标，甲噶水则合流金沙江。

昔为西藏拉藏汗所属，有大喇嘛寺。其掌管黄教之堪布，由达赖喇嘛委放。其管理地方之碟巴，由拉藏汗委放。年满更换，历代相传。至康熙五十七年，护军统领温普带兵由里入巴塘，至大所《通志》作“大朔”。即有碟巴暨僧俗百姓附营投见，愿附版图。及西征之役，番民输诚效力，赶运粮储，无少懈。雍正四年，川、滇两省提督俱由西藏旋师，会勘川、滇疆界。次年，复遣官指授达赖喇嘛地，即于属之南墩宁静山即莽岭。立碑定界，又于喜松工山与达拉两界山巅亦立界。山以内，均属巴塘；山以外，尽属达赖喇嘛。

查造户口，分输粮赋。七年，授土官查什盆错《通志》作“札什明楚”。宣抚司，授大头人阿旺林青副土司，均照流官例，不世袭。今文正土司彭错春丕勒、副土司成彩春平等，皆于头人等遴选补授者也。

去巴塘九百余里，有地名乍丫，为西藏阐教正、副胡图克图掌管。自康熙五十八年克取西藏之后，即以此地属达赖喇嘛。该处向设粮务一员。乾隆十年，已移置拉里。大抵由炉城至莽岭以西，去成都益远，隶我版籍日久。攘来熙往，实繁有徒。则蛮乡蹊径，虽不烦，记里之鼓而得之，谘取中者，殊无异身，亲其境矣。

察木多图考

察木多古康名。中隔乍丫，路出西北，天时无异里塘。三山环逼，二水合流，为西藏门户。界通川、滇。北河有四川桥，南河有云南桥。滇省曾安镇于此，今并归于川省。立台站，设粮务一员。有土城。

本属阐教胡图克图。自康熙五十八年，大兵进剿西藏，始纳款、马，颁给正胡图克图印信，住坐察木多大寺，其副胡图克图住坐边坝之西喇嘛寺。又有仓储巴《通志》作“昌诸巴”。五家分管大、小寺院。现今之大胡图克图怕克巴拉，二胡图克图昔瓦纳，正仓储巴丹中测望，副仓储巴多景囊结。其俗崇信浮屠，生子半为喇嘛。喜啖生物，不尚滋味。凡习俗与巴、里二塘少异。有由草地进藏之类伍，齐亦筑土为城，周二百余丈，内建大寺，峻宇崇檐，巍焕夺目。有红帽子胡图克图协理黄教。

原隶西藏部落，番民多居黑帐房。自康熙五十八年与其地，西南之洛隆宗俱投诚归化。洛隆宗之西又有硕般多，亦属西藏部落，有碟巴二名，掌理黄教，后被准噶尔占据。西藏亦遣陀陀宰桑凌蹂其地，僧、俗人俱不胜其虐。康熙五十八年，定西将军噶尔弼统兵进藏，该处碟巴、人众，迎师归诚。而陀陀宰桑遂潜回西藏，比总统遣弁，改饰异服，即令硕般多碟巴向导至索马，即擒获之。于是，干戈宁谧，属民咸恭，承粮役无懈。

以上三地方，均奉旨赏给达赖喇嘛。而达隆宗则在硕般多之南，亦西藏所辖，与洛隆宗等同时纳款。因其四至辽阔，差役繁剧，又委热傲者三分治之。其楼止（只）有官寨楼房，穷荒僻壤。盖别有风气云。

拉里图考

拉里一名“喇里”。在达隆宗西北。时，气严寒，山势陡险，原隶西藏，无城。设粮务一员，所属寺院历委大喇嘛主掌兼碟巴事。自准噶尔车零敦多布侵占西藏，其地黑喇嘛附逆，伪称“河州喇嘛”，迎师向导，阴遣番人截夺军粮，后定西将军得其情，计诱之，改委喇嘛经理其地。现今堪布临喜江错大业尔巴却结札什，自是永属西藏，无或僭忒。又有工布、达江在拉里西南，工布僻处一隅，而江达则西藏孔道，天时和暖，产稻米，有水田，绝域中之沃壤也。先时准噶尔侵占西藏工布，人众坚御之，敌不能入。后以大兵进藏，迎师抚就。自今仍隶西藏焉。

建置沿革

奏为拟请升打箭炉同知为直隶厅折①

光绪三十年三月二十三日奉总督部堂锡札开，光绪三十年二月二十九日准吏部咨文选司案呈内阁钞出调署四川总督锡等奏称：雅州府分驻打箭炉同知本系要缺，而现在尤显重要者，则以川藏相距七千余里，川之察缓急于藏与藏之资馈运于川，二者皆以西炉为枢纽。近年藏务孔亟，所以责任该同知者动关艰巨。且徼外各土司，地势荒阔，族类繁杂，控制本自不易。奴才悉心体察，莫若将打箭炉同知升为直隶厅，近隶建昌道，与雅州府分理。关外土司，管辖如故。巴、里塘粮员等官，改归该厅察举劣优，核转案牍。前归府属之沈边、冷边等土司暨泸定桥巡检，均与厅近而府远，一并归厅专辖。该同知廉俸等项，概循旧数，仍作为冲繁难三项要缺。查照山西丰宁等厅奏准成案，以后该厅缺出，无论候补、试用各班人员，皆准请补试署，或于缺通判、知县等官请升，均不计其资俸，平时委署，则知府、直隶州知州并充其选，以广取才［之路］。嗣后请照马边、越嶲等厅。该同知三年俸满，如果才绩卓著，奏请以知府在任候升。应无论题调选缺，并请无庸先行撤回内地，藉资熟练，如此变通办理。官秩不易，权责较专。按诸今日时势，裨补实非浅鲜。仰恳天恩，俯准将打箭炉同知升为直隶厅员缺，如蒙俞允，并请敕下礼部，照造印信，发川换缴，等因。光绪二十九年十一月二十四日奉朱批："该部议奏，钦此！"钦遵，钞出到部查据。

该署督奏称：雅州府分驻打箭炉同知本系要缺，现在尤显重要，请升为直隶厅等因。臣等查该署督所奏，系为因时制宜起见，自应准如所请。将四川雅州府打箭炉同知升为打箭炉直隶厅同知，隶建昌道，仍作为冲繁难三项要缺，与雅州府分理。关外土司管辖一切事宜，悉归该厅专辖。至该同知廉俸等项，仍循旧数定例。原系五年俸满题请优叙，仍留本任，再限三年。该督据实禀明，送部引见，恭候钦定，奉旨以应升之缺升用，无论何项缺分，俱准保升，毋庸先行撤回内地。其现任打箭炉同知之员，是否胜任，应由该督等查明办

---

① 标题为本书点校者据正文补加。

理。此后该同知缺出，除第一次请补应查照成案，但取人地相宜，酌量请补，再遇缺出，按照山西丰宁等缺章程。无论候补、试用，各班人员皆准请补试署，到任后俸满，照例办理。委署不限官阶，凡实缺候补知府、直隶州知州、同知，皆准量才酌委，以重边要。至原奏内称：敕下礼部，照造印信，发川换缴。礼部查雅州府打箭炉同知升为打箭炉直隶厅同知，既经吏部议准，自应另行铸给打箭炉直隶厅同知之关防，以昭信守。恭候命下。

由吏部撰拟字样，送部铸造。其原颁旧印，俟接到新关防，即行镌刻缴字，送部销毁。其余未尽事宜，应由该督随时奏明办理等因。光绪三十年二月初六日具奏，奉旨：依议。钦此！相应知照可也。等因。准此！

骆制军奏折

奏为剿平瞻对善后事竣，汉土藏兵均已凯撤，西疆一律肃清。恭折由驿具奏，仰祈圣鉴事：

窃臣等前将剿灭瞻酋大概情形，附片陈明在案。前据委办夷务盐运使衔候补道史致康禀称：所派文武委员督同番官暨各土司，会同藏兵攻克瞻对新旧两寨，将土酋工布朗结及其子焚诛，擒获头人六谷玛、罗布札喜立即正法。并将生擒之东登工布及其亲属分别押解回藏办理，各处土司均已安插。所有藏兵酌发犒赏，现已陆续起程回藏，等因。查中瞻对自乾隆十年剿办以后，自嘉庆二十年又与土司构衅滋事。该酋罗布七力与其子工布朗结先后继恶，数十年来，屡启边衅。自罗布七力既伏冥诛，而工布朗结贪狼性成，势复鸱张，侵占各土司地界，抢夺印信、号纸，强梁自逞。道光二十八年，前任督臣琦善督兵剿办，挟川省之全力未能得平。不数年间，工布朗结蚕食鲸吞，竟将霍耳等五家土司与德格土司，并西宁迭木齐二十五族地方全行侵夺。并扰及藏界，围攻里塘，烧毁台站，意在窥伺藏界。经藏中派番官带兵堵剿，未挫凶锋。迨麻书土司四朗汪结亲至打箭炉城面请委办夷务、候补道史致康调兵助剿。当经史致康密授机宜，多方激励，该土司愿效前驱，约会被害各土司，同时反正、合谋协力，并接引藏兵节节进攻，屡获大胜。明正土司甲木参龄庆，亦派头人带领土官出境会剿。文武委员督率藏、土官兵，逐将瞻酋新旧两寨围困。维时，[臣等已] 接史致康密禀知：筹办得手，机会大有可图。飞饬将里塘夷务办结后，即驰赴瞻对，并调弁兵运送大炮，分路环攻，乃得捣穴歼渠，除此巨患，实足大快人心。被害各土司及难夷等，流离失所，一旦得复旧地，无不欢欣鼓舞，各安住牧。惟卓巴塞耳塔系土守备汪庆住牧地方，自被瞻酋侵占后，现查土守备汪庆［已故］，既无正支可以承袭，各土司中，惟麻书土司四朗汪结尤为出力，应将卓巴塞耳塔地方，责成该土司兼管，番民亦皆悦服。其瞻对上、中、下三处地方，经达赖喇嘛派番官带领藏兵，会同汉、土官兵剿灭瞻酋，未便没其微劳。仰恳天恩，将瞻对三处地方，赏给达赖喇嘛，派堪布管理，建庙焚修，应请敕下驻藏大臣，查明请旨，遵照办理。其里塘案内在逃之崇喜土司拉旺仁曾，闻拿自行投出，已交番官解赴藏中办理。藏兵现已起程回藏，所调汉兵，暨各土兵，均于十月三十日凯撤。臣等查：此次剿办瞻对，焚诛首逆，收复侵占各土司地方，纵横三千余里。一百余年边患永绝根株，并未劳师糜饷。此皆仰赖天威。即臣等亦不料成功如此之速，前此藏路屡撤台站，虽由瞻对扰害，而各土司借词要挟，亦所不免。经此次剿灭尽净之后，均皆震慑各土司，恪遵断牌，边陲自此可期靖谧。史致康督饬文武委员及汉、土、藏兵，在边徼出力两载有余，均属著有微劳。容臣等查明，择尤酌保，仰恳鸿施，以资鼓励，至藏中番官、喇嘛等。应请敕下驻藏大臣，查明奏奖。

所有剿平瞻对善后事竣，西疆一律肃清，汉、土、藏兵均凯撤缘由，谨合词恭折由驿具奏。

伏祈皇太后、皇上圣鉴。谨奏。

同治四年十二月十四日奉上谕：崇实、骆秉章奏剿平瞻对官军凯撤一折，瞻对逆酋工布朗结自道光二十八年以来，强梁自逞，侵占各土司地界，复围攻里塘，窥伺藏界。经崇实、骆秉章派令道员史致康，激励麻书土司四朗汪结等协力接引藏兵，节节进攻，明正土司甲木参龄亦派兵会剿。史致康由里塘驰赴瞻对，调派弁兵，分路环攻，将瞻对新旧两寨全行攻克，逆酋工布朗结及其二子均被焚诛。并将擒获头人六谷玛、罗布札喜正法，其生擒之东登工布及其亲属押解回藏。官兵陆续凯撤，办得甚属得手。瞻对逆酋，以边隅小丑，胆敢逞其不轨，蚕食各土司，久为藏道之害。此次捣穴擒渠，洵足以快人心而伸天讨。所有瞻对上、中、下三处地方，即赏给达赖喇嘛，派堪布管理，建庙焚修。并著驻藏大臣查明，奏请办理。收复各土司地方，均著饬令各安住牧，妥为安插。其卓巴塞耳塔土司，既无正支可袭，即著将该处地方责成麻书土司四朗汪结兼管。道员史致康督率员弁、汉、土、藏兵攻剿两年，收功尚速，著崇实、骆秉章酌情奖励。出力员弁一并择尤保奏，藏中番兵、喇嘛等，并著驻藏大臣查明请奖，余著照所请行。该衙门知道。钦此！

丁制军奏折

奏为瞻对、里塘界址不清，迭滋事故，现已遵旨划明界限，刊碑立案。瞻、里地方一律静谧。恭折具陈，仰祈圣鉴事：

窃查光绪七年臣与前成都将军、宗室臣恒片奏，请旨划清瞻、里界址一折，准军机大臣字寄，钦奉上谕：恒、丁宝珍奏请勘明内地与瞻对地方界址，分立界碑等语。此次中瞻对地方番官索康色胆敢称兵犯境，围攻台寨，焚杀百姓。现经恒等派令官兵办理完竣。惟瞻对地方紧接内地，必须划清界限，以遏乱萌。著色楞勒、维严行商上将瞻对番官索康色撤回后，饬令接成番官，约期会同该处地方官暨各土司等，前往勘明内地与瞻对地面，划清界址，分立界碑。以后土司所辖部落，番官不得越境逼勒滋扰。瞻对所管地方土司，亦不得朦（蒙）混侵占。如有彼此越境滋事，即惟所辖之番官、土司是问，以息分争，等因。钦此！谨即恭录分咨转行在案。一面会派候补知府杨福萃前往查办。尚未办有端倪，该府旋即丁忧回籍守制，随委候补知府庆善接办，亦未办结，因事调省，另有差委。随查有卸署巴塘粮务候补知县嵇志文，上年办理岩番劫杀司铎梅玉林之案，尚属妥速，当即转檄饬办。并以该处系建昌道所辖，该道宝森熟悉该处夷情，并饬该员指授机宜，俾有把握。嗣见日久，未经办结。臣等恐又另生枝节，复专委前任川东道候补道丁士彬驰赴里塘督办。去后，兹据丁士彬转据嵇志文等禀称：缘瞻对与里塘界址，本属分明，并无紊乱。瞻对在大道之南，系西藏所辖；里塘在大道之北，系川省所辖。里塘旧有三坝、查录、木拉石地方三处，向来由该土司收纳夷赋。咸丰年间，瞻对叛番工布朗结滋事，三坝地方概行占去。后将该叛番剿戮，遂将瞻对地方一并赏给唐古忒经管，而三坝仍为瞻对所有。里塘土司未免心怀怨恨。迨后，查录头目格桑汪清因慕瞻对势强，又背叛里塘，私投瞻对，恃为护符，于里塘反戈相向。由是，里塘土司于查录已痛心疾首，乃里塘土目洛宗策登、中泽阿雍东尼、麦色丹珍彭错三人，狼狈为奸，凌虐木拉石百姓，格桑汪清唆使木拉石百姓背叛里塘，往投瞻对。于是里塘土司恨查录入骨，带领土兵问罪，并赴台员处具控。该台员等以查录本系里塘所属，始则背叛，继则唆使木拉石百姓私投瞻对，大属不合。即督饬土兵严拿查录、格桑汪清治罪。讵该番勾结瞻对，派兵相助围困台寨，杨福萃督饬官兵奋勇击退，并将查录三寨平毁。由是查番退伏，瞻番亦因之夺气。杨福萃办理善后，以为必将界址划清，日后方冀久安。因丁扰未得办竣。

嵇志文奉檄饬协，即将瞻对番官戴丹巴明足尔调到里塘，传集毛丫、崇喜、曲登、瓦述各土司到来，三面环质，听候剖断。随查查录三村地方本系里塘土司所辖，而查录之勾结瞻围台，实由里塘土司之先攻查录起衅。里塘土司之攻查录，实由查录之唆使木拉石百姓私投瞻对所致。木拉石百姓私投瞻对又由洛宗策登等之凌虐百姓使然。就事论事，瞻对、里塘两造均有不是，此事若不持平办理，使两造平其心而慑其气，纵勉强将碑竖立，日后难免不滋他事。讵该两造到里以来，在里番欲将三坝查录划还，并欲将查录头目全行灭绝，始觉称心，藏中又不欲退还三坝，犹欲夺回查录，又以里土司称兵肇衅，罪与查录相等，坚请一并治罪，为抵饰之具。各执一词，两不相下。经嵇志文多方开导，晓以利害，两造始渐就我范围。正筹办间，格桑汪清因见各番麇集里台，恐欲乘势作乱，潜行来里，与其旧日党羽私相众议，行踪极为诡秘。嵇志文访闻，知会地方文武，随带弁兵，在里塘寺院围拿，该犯胆敢放枪拒捕，刃伤士兵四名。经汉、番兵练奋力与拿，始将该犯格桑汪清击毙，即枭首传示查录三村，俾昭炯戒。又探得里塘土目洛宗策登等三犯逃至明正地方潜匿。嵇志文又檄饬明正土司按名拿获，解赴里塘。嵇志文讯明该三犯狼狈为奸实据，与里塘土司无涉，将三犯解赴打箭炉厅监禁，以示惩儆。并将历年里、瞻交涉各案逐件为之剖断清楚，里番之心始平，瞻番之气亦慑，两造俱各输服，甘愿具结遵断。嵇志文始于本年三月二十八日，眼同三面，在里塘之噶坝、穷坝、阿坝三坝之北，竖立川藏界碑一座。又于三坝之南，里塘之北，立碑一座，以示区别。三坝仍系川疆，归里塘管理。其大道差事，近年久已不支，仍饬令查照向章，分别应差。三坝应上夷赋，按年上纳，查录木拉石地方，仍归川属，由里塘管理。其一切未尽事宜，均明晰刊入碑中，以资遵守。从此西藏不得预闻查录之事。取有番官、土司遵依了案，分别清楚各夷结连，刷印碑文，绘图贴说，一并申赍禀由丁士彬转恳分别奏咨前来。臣等复查瞻对地方从前奏请，赏给唐古忒之时，未将界址分别清楚，本属朦（蒙）混，但南北大致了然，岂容稍有混淆。只因历年既久，强者因便乘利，弱者积不能平。前办各员又未秉公速断，以致瞻、里两番积忿成仇，构衅称兵，几至扰及大道，实属不成事体。兹该员等遵旨奉委查办，先究肇衅之里番，以释瞻番之疑；复殄首祸之查番，以平里番之恨，两造均折服，各案悉就范围。从此里塘所辖部落，番官不得越境逼勒滋扰，瞻对所管地方土司，亦不得朦（蒙）混侵占。川藏相安，边民永资乐利，堪以上慰宸廑。

所有在事出力各员之候补道丁士彬，督率有方，不负委任；现任建昌道宝森尽心指授，悉合机宜；候补班前先补用知县嵇志文，往来于瘴雨蛮烟之地，出入于冰天雪窖之中，历有年余，力顾大局，不避艰险，均属著有微劳。可否仰恳天恩，将丁士彬赏给随带加三级；宝森赏给二品顶戴；嵇志文归候补本班尽先补用，千总阎凤仪以尽先守备留川补用，以示鼓励之处，出自逾格鸿施。其余出力各员弁，由臣等查明，给予外奖，以励勤劳。

所有瞻对、里塘界址不清，迭滋事故，现已遵旨划明界限，刊碑立案。瞻、里地方一律静谧缘由，除分别咨部，并将各夷结碑文图说附卷存案外，谨会同成都将军、宗室臣岐元合词具奏。

伏乞皇太后、皇上圣鉴训示。谨奏。

光绪十一年十一月十七日奉旨览奏已悉丁士彬着交部议，嵇志文等着照所请奖励该部。

知道。钦此！

奎大臣奏折

奏为瞻对番官领兵越界滋事，扰及明正土司所属部落，请将不遵开导之僧、俗官先行参处听候委员查办。恭折具陈，仰祈圣鉴事：

窃奴才前据阜和协副将、打箭炉同知会卫果称：明正土司所属瓦述小村，本该明正部落向木投瞻在昔。瞻对番官彭饶巴胁令助兵守寨，后来番官接踵效尤，改折兵费，复索夫、马，讵贪心无已，恃强逞兵，扰及明正边界，致瓦述夷民逃窜无迹。该副将等份饬令各土司互相保卫弹压。明正弗得构衅等情。复准四川督臣咨同前由并称：番官现率瞻兵越界，滋扰明正土司所属部落那珍一带地方，肆行抢掠焚杀，已由川派员前往查办等因，咨行前来。当经奴才译行商上转饬瞻对番官迅即撤兵，听候委员秉公查办，勿再构衅。速将番官调藏，照例惩办。讵意商上竟听番官一面之词，不惟不即约束番官，而反具禀渎诉哓哓不已。奴才正在核办间，接据委辨明瞻夷务委员、候补通判秦云龙禀称：瞻对番官对堆夺吉、僧官夷喜吐布丹横恶异常，各家土司无一不遭其剥削欺凌。该番官既将关外土司占据，遂起意吞并明正疆宇。去岁三月，即令头目如琫阿呷桑珠率兵，以追逐瓦述三村百姓为由，结怨肇衅。该员到炉时，瞻兵已有二千余众。长驱深入，势甚鸱张。明正积恨成仇，互相杀伤甚多。当即出示，晓以利害。明正虽已遵从，瞻夷愈加凶恶，派弁往谕，抗不遵从，非言语所能开导。又兼瞻对地险人强，骁勇健斗。今番官对堆夺吉等仗其兵力，争战疆土，本地头目等又复从中怂恿，窥其谋叛吞并之心已著等情。请示前来伏查。瞻番素称强悍，桀骜不驯。前于光绪十五年间，番官青饶策批日夫于抚字激变，地方民心思乱，经川藏派员委办，幸得粗平复，经前大臣升泰等妥筹善后。奏定章程，裁革苛政，严禁番官不法情事，甫经结案。为日不久，民心仍多未附，必顺加意抚绥，以期久安。乃该驻瞻番官对堆夺吉等受事后，仍不知警省，辄敢领兵越界滋事，复蹈故辙。西藏距瞻窎远，奴才驻藏遥制，实有鞭长莫及之势，仅止严饬商上，而商上明知番官肆虐，多方袒护，悍然不顾，以故番官愈无忌惮。若不据实奏参，诚恐酿成巨患。相应请旨，将驻瞻之番官后藏戴琫对堆夺吉、僧官小堪布夷喜吐布丹一并先行革职，听候查办，以息争端。一面由奴才译饬商上，迅即另拣贤员前往接管。除咨会成都将军、四川督臣外，所有瞻番越界滋事，请将僧、俗番官先行革职，听候查办。各缘由，理合恭折由驿具奏，伏乞皇上圣鉴训示。谨奏。

鹿恭制军奏折

奏为瞻对番官屡次领兵越界滋扰明正土司地方，现拟查办情形。恭折具陈，仰祈圣鉴事：

窃查瞻对番部自改隶西藏以来，恃其地险人强，往往侵扰附近土司，越界滋事。上年五月间，前督臣刘秉璋任内接据阜和协副将徐联魁、打箭炉同知赵埙转据明正土司禀报：瞻对番官藉清查明正所属瓦述三村为名，派令头目统率番、土各兵屡次越界滋事，扰及明正部落，焚杀抢掳，以致瓦述夷民逃窜无踪，等情。当经咨明驻藏大臣，严饬该番官迅速撤兵回藏，不得寻衅滋事在案。迭准驻藏大臣咨覆，该商上皆听番官一面之词，哓渎不休。本年闰五月，臣到任之后，复据打箭炉文武禀报：瞻番头目现又领兵在明正所属道坞等处地方盘踞。维时正值驻藏帮办大臣纳钦料理起程，臣等与之公同商酌，必须委员前往川藏交界查勘妥断，以弭边衅。当咨明驻藏大臣严饬该番官，迅速撤兵，听候查办。一面派委候补通判秦云龙迅速出关，相机妥办。秦云龙甫经出关，番兵旋即退去。随派角洛、噶达两汛弁持谕前往开导，乃该番官抗不遵调，出言不逊。秦云龙当即折回。遂以该番官对堆夺吉、僧官夷喜吐布丹横恶异常，叛迹已露，非言语所能开导等情禀覆。并禀达驻藏大臣查核。臣等查核秦云龙所禀，词涉张皇，又以打箭炉文武于此案情形，并不据实随时禀报，乃延宕经年，毫无头绪，当经一并撤换，另派副将陈均山、同知郭凤鸣前往接署，饬令会同确查，详细禀覆。兹据查明，此案实由争占那珍三村，即瓦述而起。缘瓦述三村系革布什咱土司游牧之地，并无村落，自道光年间，瞻对工布朗结叛乱，革布什咱因瞻对番官彭饶巴强横，一切听其指使。初以瓦述三村夷民助其守寨，旋即据为己有，而三村夷民不服，情愿投归明正，旋以瞻对势强进索，明正遂为每年折纳粮赋银四五十两，旋加至七八十两。于是瓦述三村遂归明正所辖。上年春间，该番官对堆夺吉等忽又索取人民，不肯收银，该村民不肯归附，啧有怨言。该番官即先后分派堪布洛桑巴、头目如本率领多人，分往瓦述三村地面，需索夫马口粮，任意抢掳，该村民畏其凶恶，逃入明正别境藏匿。该番官派兵追寻。缮写传牌，分赴明正之属少吴石、宜五角窝、喇嘛寺等处焚杀抢掠，大肆蹂躏。明正亦即调兵抵御，互有杀伤。比以瓦述头目阿家夺洛枪毙小番官一名，诸番官复挟忿添兵，大肆滋扰，并霸占明正角耳、夹坝石、息娘三百户不还。至此次瞻对退兵，实因传闻明正添兵救援，并闻驻藏大臣讷钦不日过境，遂陆续退去。迨委员秦云龙派委汛弁前往开导，行至距瞻对官寨里许桥边，为番兵持械阻挡，不令前往。该汛弁见难以开导，即行折回。现时明正、瞻对暂未滋事等情，禀覆前来。臣等覆查瞻对、明正现在虽已罢兵，惟前此兵端之起，实由争占瓦述三村。

现据查明瓦述三村既非明正所应有，而明正所辖之息娘三百户，瞻对又霸占不还，若不由川藏会派委员为之断结，恐寻衅报复，后患仍无已时。至瞻对改隶西藏之后，曾经川藏派员勘明，划分川藏界限。奏明有案。该番官自应各安本分，管辖所属部落。乃年来屡次越界滋事，此次与明正构兵，经查办员派委汛弁持谕往调，辄敢抗违不遵，实属强横恣肆。惟闻驻藏帮办大臣过境，遂即退兵，以尚有畏惧之心，未可遽谓为背叛。惟商上袒护番官，以致该番官对堆夺吉等敢于越界滋事，似非即予撤参，不足以示惩戒而杜后衅。臣等现仍饬令打箭炉文武严饬明正土司，自守疆土，不准寻衅构兵。并咨驻藏大臣速将驻瞻番官对堆夺吉、僧官夷喜吐布丹迅速一并撤参。严饬该商上另派委员接管，听候查办。一面另由川藏各派明干之员，调集两造，秉公查办，以杜争端。如该番官再敢抗不遵调，越界称兵，则是情同叛逆，臣等惟有选派将领，带兵前往相机办理。届时再当陈奏，决不敢轻启兵端，亦不敢游忽贻误。所有瞻番越界滋事，现拟查办缘由，是否有当，谨合词恭折具陈，伏乞皇上圣鉴训示。谨奏。

再，臣等承准军机大臣字寄，奉上谕：前据奎焕奏瞻对番官领兵越界滋事，当将番官对堆夺吉、僧官夷喜吐布丹革职。并分别谕令鹿传霖、奎焕体察情形，妥为办理。兹据恭寿、鹿传霖奏：番官对堆夺吉等滋事情形，与奎焕前奏大略相同。据称该番官闻帮办大臣讷钦过境，遂即退兵，等语。该番官等尚有畏惧之心，即可相机开导。著恭寿、鹿传霖会同奎焕、讷钦，饬令派出各员，秉公查办，以息争端。如该番官等再有抗违情事，亦当设法妥办。切勿轻启兵端，是为至要。将此各谕令知之。钦此！钦遵办理。

昨据讷钦来函，奎焕奏请将瞻对番官对堆夺吉、僧官夷喜吐布丹撤参在案。接奉谕旨，恭录译行商上遵照，而该商上竟抗不遵，禀覆之词，语多背谬，并不将瞻对番官撤换。据此情形，窃虑春夏之间难免不复出滋事。前派去委员秦云龙办理不善，该番官抗不与议，臣等已将其撤回，另委委员前往，并先行咨商奎焕等派员会办，凛遵寄谕，斟酌情形，妥慎办理。断不敢轻启兵端。容俟开导如何，再行奏续。

谨会同成都将军恭附片覆陈，伏乞皇上圣鉴。谨奏。

光绪二十一年十二月初四日奉上谕：奎焕奏瞻对番官领兵越界滋事请旨惩办一折。据称瞻对番官对堆夺吉等，以追逐瓦述三村百姓为由，起意吞并明正，胆敢率兵二千余人，长驱深入，互相杀伤。商上多方袒护。若不严行惩办，窃恐酿成巨案，等语。瞻对番民凶悍，屡次滋事，此次又复率兵越界，意图吞并明正土司地方，实属横恶异常，肆无忌惮。番官后藏戴琫对堆夺吉、僧官小堪布夷喜吐布丹，均著即行革职。即著奎焕译饬商上，另派贤员接管。①将此谕令知之。钦此！

恭将军奏折

奏为瞻对关系川藏全局谨将遵旨筹度弃取情形。恭折驰陈，仰祈圣鉴事：

窃奴才承准军机大臣字寄，光绪二十三年九月十八日奉上谕：理藩院奏达

① 《清实录·德宗景皇帝实录》卷三百八十一有“持平办理，且勿操之过蹙，激成事变”一节。

赖喇嘛恳请赏还瞻对地方据呈代奏一折与鹿传霖叠次所奏情形迥不相同。此事筹办将及一年，至今尚无归宿，以致达赖喇嘛遣人来京呈诉。无论所诉各节是否属实，其心之不肯输服已可概见。究竟三瞻用兵因何起衅，是否鹿传霖过于操切、查办不公，抑或达赖饰词强辩？著将确实情形查明，详细具奏。前据讷钦奏称：瞻对撤归川属，无可疑虑，复经渝令恭寿妥筹善法。现在该署督等筹办情形若何，未可坚持收回之说，致滋披折。如果查明该喇嘛所呈各节并无虚妄，自当设法转圜，速了为是。恭寿等务即会商一万全之策。一并迅速具奏。原折著钞给阅看。将此由四百里各谕令知之。①钦此！遵旨寄信前来等因。承准此。仰见圣明，洞鉴边情，了如指掌，跪诵之余，莫名钦感。奴才受恩深重，稍有所见，敢不据实沥称，以慰宸廑。伏查三瞻用兵之由，实由关外那珍三村乃革布什咱土司游牧之地。同治年间，瞻酋工布朗结侵占其地，遂据为己有。近年那珍百姓苦于藏派番官苛虐，相率纷纷逃投明正。该番官挟明正收其逃民之嫌，遂时至明、瞻交界各土司属地肆行焚掠，兼之朱、章土司翁婿争袭，朱窝投瞻对，番官复干预其事，叠扰章境。前督臣鹿传霖先后委员前往查办，适瞻对小番官仔仲则忠札勇驻兵朱窝，与川中委员候补知府罗以礼、候补知县穆秉文相值，委员所带之勇与番兵争寓行馆，互相斗殴。仓卒之际，彼此均枪伤有人，委员禀其抗拒，亦属事出有因。鹿传霖未加细查，遂续派记名提督周万顺率带安定各军，就近前往弹压，意盖欲示以兵威，使其知所儆惧，赴案投悔，实无剿办之心也。不料该番官见大兵临境，疑惧不敢赴案。周万顺见其凭寨固守，百招不来，遂谓其叛形昭著，不得不认真惩办。此瞻对起衅之由，实以界在疑似之间，致成骑虎之势。虽误于委员带兵、官怀疑妄禀，而实肇于藏中番官苛扰干预也。鹿传霖若于惩创之后，加以抚绥，一面咨商驻藏大臣会咨达赖，令其严束番官无任苛扰干预，则番众必知感知惧，何致退有后言。自倡议改流，关外人心为之骚动。在鹿传霖之意，以为瞻对系由川入藏之路，思欲收复其地，为边境之屏藩。又误听该处地产五金，拟开利源为富强之本。不知瞻对在打箭炉之西北，系干路旁枝，并非入藏要隘，且其地并无矿苗，间有砂金，甚微。竭一人一日之力，不足供一人一日之食。夷性至贪，设

① 《清实录·德宗景皇帝实录》卷四百十有“呈内所称军粮厅，自系指打箭炉同知而言。至所请藏中紧急要事，可否准达赖遣人来京递呈，由理藩院代奏一节，显与旧章不符，著不准行”一节。

使果产五金，岂有数百年至今无人开采之理？又况荒远不毛［之地］，地不可耕。民鲜知礼，恐既得之后，教养难施。设官戍兵，强费较巨。当此库款支绌之际，何堪增此漏卮？前督臣骆秉章识卓谋深，如果瞻对为必不可少之区，当时决不肯轻予西藏。曩日奏请恩赏，今则又复收回，无怪达赖不肯输服，遣人来京呈诉也。至于讷钦所奏瞻对撤归川属无可疑虑数端，语多牵强，似非确论。西藏涵濡圣泽二百余年，无论兵数多寡，兵力强弱，奴才亦知其必不敢妄蓄异谋。如果心怀狂悖，何以鹿传霖收取瞻对已经一年，该夷毫无动静？即此益征其恪恭效顺，矢志无他。英人以印度茶叶入藏为利源大宗。幸藏番不食印茶，所以川省茶利不致外溢。果如讷钦所奏，以茶厄藏，藏番必改食印茶，不但致生计立穷，且恐驱之外向。俄人垂涎印度已非一日，西藏不通，则印度无可乘之机。原奏谓俄国至藏五十余日，山路险阻，藏番不通险远难恃之异类，抗素受抚育之天朝等语。不知夷性反复无常，如抚驭失宜，焉保其必无暗通之事。藏卫地居两大，俄视之为入印要津，英视之为开埠利薮，更恐边衅一开，关系大局匪浅。且藏、印界务，藏番以瞻对之故，挟制不肯会勘，倘日久迁延，失好邦交，英人借口生端，尤属得不偿失。

奴才体察时局，近验夷情，达赖既吁请赏还，自应仰体不可坚持收回之谕，妥筹转圜。惟夷情谲诈，若不与之辩论，率还其地，恐其不知感，反生枝节。尤虑其挟明正控告之嫌，怀瞻民情愿改流之怨，一朝反巢，愈肆苛虐侵扰，则兵连祸结，箝制为难，瞻民来苏无望，各土司安靖无日，大为边陲隐患。反覆筹思，拟请先将奴才查明此次兵端，由于疑似而起，达赖喇嘛并无叛逆情形。明降谕旨由驻藏大臣译行达赖，以坚其恭顺之诚，而安其疑贰之心。奴才一面咨商文海、讷钦面晤达赖，开诚布公。先责其苛扰干预之罪，使之知所儆畏，然后宣布朝廷宽大之仁，使之知所钦感。倘能由儆畏而激其天良，献地自赎，则收回瞻地有名而无患。否则，仍须筹议赏还，以广皇仁而安边境。奴才于此事弃取，既不敢偏执己见，措置乖方；亦不肯依违两可，意存诿卸。事关川藏大局，道远难于遥揣，不能不咨商文海、讷钦，就近相度情形，妥筹熟计，以期保藏、保川两无窒碍。我皇上柔远为怀，如蒙俯允，赏还瞻地，即请饬下文海、讷钦，一面宣布圣恩，饬令达赖仍旧派员前往戍守瞻对；一面取具达赖慎选番官，严加约束，以后（期）永远不准苛虐瞻民，侵扰邻境，干预川事文据，咨部立案，以毖后患。如此恩威并济，该喇嘛必革面指心，涕泣知感，边境各土司亦得安枕无忧矣。事定之后，再由奴才会同文海、讷钦等专案奏结，并将驻防关外各军一律撤回。现在文海遵旨赶紧进藏，所有德格、朱、章、巴、里各案，亦即由奴才悉心妥筹，次第办理。务须权衡操纵，力求万全，仰纾宵旰［西］顾之忧。所有瞻对关系川、藏全局，遵旨筹度弃取缘由，是否有当，理合恭折由驿五百里驰陈。

伏乞皇上圣鉴，训示遵行。

再，成都将军系奴才本缺毋庸合并声明谨奏：光绪二十三年十一月初九日，内阁奉上谕：上年瞻对番官越界滋事，当谕令鹿传霖秉公查办，以息争端。并请收回其地，原属咎由自取。朝廷因念该僧番等久受国家深仁厚泽，岂竟自外生成，恐鹿传霖操之过蹙，未足以折服其心，特将鹿传霖开缺，派恭寿署理督篆，谕令持平办理。兹据奏称，当鹿传霖派兵进剿之时，该番官等并非有意抗拒，因见大兵临境，疑惧不敢投案，凭寨固守。鹿传霖误听带兵官一面之词，遂谓其叛形昭著，是以有改土归流之议。前据达赖喇嘛在理藩院呈请赏还地方，并览该署督此次所奏各节，是该番官并无叛逆情形，尚属可信。朝廷轸念僧番，岂肯以迹近疑似遽行收回其地。所有三瞻地方，仍著一律给达赖喇嘛收管，毋庸改土归流。达赖喇嘛当仰体朝廷覆育之仁，知感知畏，力图自新。即著慎选番官，严加约束，无得再有苛虐瞻民，侵扰邻境情事，致干罪戾。其一切善后事宜，著恭寿妥为经理，以期永远相安。至德尔格忒、朱窝、章谷、巴里二塘，各案仍著该署督悉心妥筹，次第办结。

另片所奏鄂克什土司争袭一案。现据该署督将土妇释放，并派员前往懋功查办。亦尚中肯。即著迅速办结，毋稍迟延。钦此！

文大臣奏折

奏为遵旨严定瞻对约章取具达赖确据。恭折陈明，仰祈圣鉴事：

窃奴才昨将达赖呈进方物，叩谢天恩各情代奏。业经恭奉朱批钦遵在案。前准军机大臣字寄。光绪二十三年十二月二十日奉上谕：恭寿奏瞻对蒙恩赏还，该达赖自必感激。窃恐番官反巢，挟嫌报怨，愈肆苛虐。现饬候补道庆善妥为抚驭，而番官系由达赖统率，恐非汉官所能钤束。请饬文海等就近与达赖约定善后办法等语，自系为惩前毖后起见。文海等身为驻藏大员，恭寿所奏情形，想亦筹度及此，即著与达赖严定约章，取具慎选番官，不再苛虐侵扰确据，以期永远相安。并著传谕达赖，嗣后番官等倘再滋生事端，定惟该达赖是问。原片著钞给阅看，将此由五百里各谕令知之。钦此！遵旨寄信前来。奴才当即恭录译咨达赖去后。

旋据噶布伦等来署面称：瞻对地方既蒙圣恩赏还，达赖自当慎选番官，即赴该处接收任事，至出具确据一层，恐滋瞻民口实等语。奴才严加申饬，并谕以朝廷德音，不过为慎重地方，抚恤百姓起见，尔达赖竟敢不遵，殊难代奏结案。该达赖无可如何，始具信字前来，译称谕旨内开：嗣后番官倘再滋生事端，定惟达赖是问一节，自应恪遵办理等由。并递来约章一纸，原载五条，译语间有支离，复经奴才删定，共计四条。大意约束番官，不准侵扰苛虐，亦属遵旨办理。又据交来奏书一合，吉祥哈达一方。奴才饬令译出原文，尚无违碍字句。查瞻对一案，先经四川督臣鹿传霖以兵力收取，嗣经恭寿奏请，奉旨赏还。圣朝宽宥之仁，虽蛮貊亦知感激。惟番情动多疑虑，具结不肯切实。奴才以为业经加恩赏还，达赖已具信字，遵定约章，不敢违旨，似未便过事追求。应请饬下四川督臣，就近派令候补道庆善交代瞻对地方。一面仍由奴才咨行达赖，即派妥慎番官，赴瞻戍守，不准再滋他事。倘番官到瞻之日，有借口捏词等事，委员即无庸交给地方。俟说清再行了结，不必上劳宸虑也。除将达赖原递奏书及所具信字章程钞单呈览，并咨明理藩院暨四川总督外，所有遵旨办理各缘由，恭折具陈，伏乞皇上圣鉴训示。谨奏。

阜和协副将陈均山、打箭炉同知刘廷恕上川藏宪禀

敬禀者：案奉宪台札开，案准达赖喇嘛咨饬查那珍三村原案底蕴。历来案情，逐细禀覆。现应如何办理，以凭译覆等因。奉此，遵即转饬明正土司查覆。去后兹据该土司甲木参望项禀称：卑土司遵查，始祖历来归顺于康熙五年，袭职传替至今。公忠效力，沐皇恩至化，变儒冠、礼佛法已二百数十年矣。饬查关外那珍三村历案，均未声叙明晰，以世守之土基，非他族所据有，敢为据实陈之。缘从前［查］那珍地，属不毛。先有果洛克野番前来住牧，即黑帐房、牛厂哇［娃］之类，刍牛羊游行听便。查那珍、那则、瓦述系一地名，日晒江巴果达，系三村名，即所谓三族。现牛厂百姓就水草牧牲为业，仍当乌拉差使。其情亦实因敝。先年革什咱土司那木札尔丹增与土司故父甲木参龄庆郎舅亲谊，将那珍借与游牧，此所谓“革布什咱游牧地”之由来也。瞻酋工布朗结贪狼，强恶吞并三瞻，蚕食各邻封土司地界。道光二十八年，总督部堂琦督军，剿办抚定。咸丰九年，复叛，总督部堂骆奏川藏动兵。同治四年

十二月十四日，奉上谕将上、中、下瞻对三处地方，赏给达赖喇嘛，派堪布妥为管理，毋任再有构衅，以期永安长治。土司所管那珍实不与瞻对相涉。自番官彭饶巴由藏商上派管瞻对，虎视日强。霍耳等家及革布什咱各土司皆畏其势，听其指示，派出土兵守护瞻寨。随将那珍并派在瞻同守，行所无事，习以为常。嗣因番官白利色郎青饶策批横征暴敛，民不聊生，光绪十六年九月，上瞻对吴鲁玛地方夷众百姓激变，驱逐白利，革职。经川藏委员设法拿匪办平。土司故父将那珍百姓安抚。十九年藏垣派僧官夷喜吐布丹、番官对堆夺吉到瞻清理。故父从中理说那寨之兵，每年认折帮差费银七十五两，应给十六七八九年分差费，均已如数交清，藉以和睦邻瞻。原为保卫百姓，为息事宁人。见地免得上操各大宪金心。该番官对堆夺吉等人欲取那珍百姓乌拉，索要多费。二十年三月，派小番官洽桑巴带领马队住松林口少吴石滋扰，致起边衅。蒙总督部堂鹿奏派官兵剿平瞻对，将对堆夺吉等参革。复蒙成都将军、总督部堂恭奏奉上谕：三瞻地方，仍著一律给达赖喇嘛收管。慎选番官，严加约束，毋得再有苛虐、侵扰邻境情事，致干罪戾。随蒙派来番官四郎多布吉，熟悉夷情，顾持大局。经委员将瞻对地方交割接管。奉督办瞻对善后。道台升任驻藏办事大臣庆谕查那珍系明正之地，前既出有差费之举，仍应以敦和睦。饬土司每年帮贴番官差费银八十两。今头人包文明经手，按十月收缴府库，饬知番官派人领取。永无增减。土司遵照，已饬包文明收解二十五六年分银一百六十两。蒙饬番官四郎多布吉不来文领，反禀请咨行查交还。原案历有底蕴，应求循旧安常。现瞻对番官要那珍之地，革布什咱土司泽旺恒珠要那珍之地。凡物莫不有主，岂可轻弃与人。土司受皇上覆载之仁，守祖宗世继之业，仰达赖慈悲普济，五蕴皆空。川藏本是一家，皆属众生赤子。伏祈文武命主子，将此下情转禀川藏大宪察核，咨明达赖喇嘛，佛印宏施。札饬四郎多布吉体恤边夷，遵庆大臣前禀定案。每年收那珍三村差费银八十两庶边事，两无猜疑，地方永远安息。伏乞俯赐核转实沾恩便等情。据此副将、卑职查该土司甲木参望项所禀，系属实在情形。从前那珍地方本属明正，原来果落克野番住牧，后借与革布什咱为游牧地。前番官彭饶巴管理，瞻对势强派取，邻封土兵守护瞻寨，日久视为例差。迨后对堆夺吉等利欲强夺。汉官禀办，未能秉公详叙案情，致开兵衅，甫将三瞻收归川治。随奉上谕赏还，慎选番官，严加约束，毋得再有苛虐、侵扰邻境情事，致干罪戾。

圣训煌煌，各宜钦遵安定。该土司遵饬那珍三村每年缴帮差费银八十两。既已降心下气，原期保合太和。川藏原属一家，土、夷皆系朝廷赤子，应体上天好生之德，岂可再滋异言。惟有禀恳咨明达赖喇嘛，饬知番官四郎多布吉，安常处顺，遵照前升任庆大臣断案，收取那珍帮差费银，永远相安遵守。在达赖喇嘛为万家生佛，明目达聪。蒙宪台重保障边疆，靖夷弥患所有。遵饬查办缘由，理合弛禀宪台，俯赐察核，批示饬遵。除禀提督、军藏宪暨臬、藩、道宪外，为此具禀须至禀者。

疆 域

厅为川省西南极边，无正西界。壤及藏卫大道，统辖关内外各土司部落。升直隶厅，隶建昌道。

至京六千六百九十里。

至省九百九十里。

至雅州府六百三十里。

至巴塘宁静山交藏界一千四百四十五里。

东至沪定桥交冷边界一百九十里。

西至瞻对抵热桑泥界五百二十里。

南至雅龙江即图中鸭绿江也。中渡交里塘界二百八十里。

北至金川界五百五十里。

东南至越嶲冕宁界六百里。

西南至喇滚抵热桑江边界四百八十里。

西北至甘孜界六百八十里。

山 川

南无瘠山：炉东里许，五百余丈。

折多山：炉南四十里，进藏要道。

大岗山：炉东八十里，高、陟、绕，四盘折。

大盖山。

郭达山：炉东一里。约高七百余丈。

雪山：炉北八十里。终岁积雪不化。余山层叠，夷人不识，无从考查。

阿喇穆公山：炉西三里。约高八百余丈。

雅纳沟河：自大盖山雪山发源，八十里流入炉北，里许与泸河合流。七十里而入鱼通河。

泸河：自折多发源，四十里入炉中，趋流冷碛佛耳岩沈边界，至小水岩百二十里入清溪。

以公沟：自野牛山会诸水，一百里绕龙坝铺沈边，同入泸河。

沈塞溪：河出化林南荒山，无水源。至沈村脚下浸入，上中不见所出。

化林海：西南山顶一海，广不过三里，化林坪人皆饮之，用木槽引入。

飞越岭：解见关隘。

弥勒山：泰宁西南，约高千丈。传言上有仙迹。

白马山：泰宁北，约高二百余丈。

鹰嘴山：泰宁北，三山相连，形似鹰嘴。

玉屏山：泰宁西北，约高千丈。峰峦奇秀，四季积雪不消，连绵玉岗等山。

慧峰河：源自大、小沟及干沟，三水交流至观音岩畔，绕泰宁，右合左水入泸河。

海子河：源自南山下流，绕泰宁，左右合水入泸河。

形　势

层峦峻岭，峭壁悬崖。中隔泸河，天生绝险。绥中驭外，而扼奇制胜之势。

关隘

大卡：炉东门监督征收出入关税。

柳杨卡：城东三十里。康熙四十一年设立巡查处。今废之。

泸定桥：在厅治之南。河深水急，两岸悬崖，铁索安桥边，隅险阻。

飞越岭：在泰宁之东南。其势巍峨，其路蜿蜒。石磴木栈，宛登天。半山建庙宇、关卡，盘查出入。诚雄关防汛。

两路口：在泰宁之东北。高山耸峙。接壤天全，为邛州、天全要道。

城 池

厅治：厅治二水中流，四围列嶂。雍正八年安设阜和营。倚山修砌石城三堵，计一千一百四十七丈，东西北三门周围六里三分。光绪二十七年重修完固。

里塘城：国朝雍正三年巡抚王景灏具题，委南部知县曹源却专督，遂宁县知县卢召斌协理，建筑城垣。

巴塘城：雍正三年巡抚王景灏具题，委眉州知州马世煓专督，州判李乔林协理，建筑城垣噶达城。

噶达城：雍正三年巡抚王景灏具题，委雅州知州杨文彩专督，天全州经历修世祈协理，建筑城垣。

衙　署

厅署一所：在城内河西。

照磨署一所：在厅署右侧。

巡检署一所：在泸定桥。

盐督税关：康熙四十一年安设。

行台一所：城内河西。

阜和协署一所：城内河西。

阜和协左营都司署一所：城内河西。

千总署：毁。存地基。今佃房住。

把总署：毁。存地基。今佃房住。

泰宁营都司署一所：昔年协署。距厅城一百九十里。

泰宁汛千总署：毁。存地基。今佃房住。

坛　庙

武侯祠：城河东。雍正八年建。

关帝庙：城河东。雍正四年建。

郭达庙：城河西。雍正四年建。

惠远庙：厅城西北二百四十里。地名郭达，即今改名泰宁。康熙四十二年建。前达赖喇嘛住坐。

观音阁：东关山岭。

汉人寺：城河东。

文昌宫：城河东。

火神庙：附文昌宫。

龙王宫：东门城外。

昭忠祠：城河西。

关帝庙：泰宁东隅。

城隍庙：泰宁西隅。

金华庙：泰宁中市。相传十三太保之五太保于此成神，名“金华太保”。威灵显应，无感不通。

观音阁：泰宁东里许。其山耸峻，壁立丹崖，翠柏、苍松环山罗列，潺潺涧水，霭霭琉璃，鹦鹉频喧，猿猴辐辏。诚心祈嗣，响应不爽。

陕西馆：城河西。

川王宫：城河西。

江西馆：城河西。

喇嘛寺：雍正七年重修，赐名“惠远庙”。

城隍庙：城河西。

禹王宫：城河西。

娘娘庙：城河西。

先农坛：东门城外。

社稷坛：东门城外。

娘娘庙：泰宁南隅。

津梁

上桥：城内。木植修建。

中桥：城内。木植修建。

下桥：城内。木植修建。

将军桥：城内。木植修建。

柳杨桥：厅东三十里。

大藏桥：厅东四十里。

大扶梯桥：厅东五十里。

泸定桥：厅东一百二十里。西岸桥头高二丈四尺，按二十四气，下面入水底九尺。以按九宫通计，高三丈三尺，深六丈四尺。按八八六十四卦，宽四丈九尺。按先天斗数，河口宽三十一丈一尺。铁索九条，宽九尺。索之长过桥身八丈余。左、右拖天索四条，上铺板片，利涉大川。桥头两岸修立房舍，建造牌坊各一座，上悬圣祖仁皇帝御书泸定桥匾额。桥东建立御制泸定桥碑一座，桥西建立御书泸定桥碑一座。设兵于桥东、西两岸，盘查过往奸宄。朝夕启开、封锁。稽查更甚严密。其桥势若长虹，为泰宁扼要重汛。建自康熙四十四年，成功于四十五年四月告竣。桥东铸铁牛一只，桥西铸铁蜈蚣一条，以镇水性，垂诸悠久。

沈村桥：沈边土司牧地。

永济桥：冷边土司牧地。

中渡：厅南二百八十里。每岁冬春搭浮桥，夏秋济渡船。为藏卫要津。

古 迹

郭达山：炉东一里。昔名沙哇纳，因武侯七擒孟获命郭达于此造箭，因名。今箭炉尚存。时有青羊绕山而行，夷人敬畏，不敢轻至。

温泉：炉南十五里，地名榆林宫。由大山脚自然泉流，水性温暖，四时不竭。就泉口相隔五丈余，开池修盖房屋，人常往。浴能除风湿、积疾。

慧峰岩：泰宁东里许。悬崖壁立，中结蜂房六七窝，酿蜡不酿蜜。其蜂每年二月来，必由协署仪门飞入，绕堂旋转，始赴崖穴结窝。至九月去。亦由协署绕堂旋转，西去不知其处。所酿之蜡，十月居民赴崖焚祝，悬绳坠入，于崖半取蜡，献于金华庙灌千斤烛供神前，可点一年，昼夜长明，相传自汉及今。后人建亭于崖半，时有白须黑猿成群出没。

镇峰顶：在慧峰崖之前。其后山，即观音崖，上建观音阁。左干沟河，右慧峰河。瀑布珠帘，滔滔不绝，音如韶乐，为泰宁兵、民游玩胜景。

海泉：在泰宁南山下，周围约一里。其水四季清澈，涓涓不息。泰宁兵、民修水槽，悬空引水过涧，为众食用。

赋 役

［无］[①]

① 原稿此目内容空白。

盐 政

厅治开辟。人多食蛮盐，由察哇地方所出，夷人驮运来炉发卖。汉人间有由内地天全、清溪贩盐者。岁销不多，无数可稽。

茶政

厅城乃藏卫番夷购茶总汇之处。由邛州、名山、雅安、荥经、天全五州县商人运茶到炉，与番民赴炉互易。行销额行茶引九万五千四百一十五道，每百道税银十八两，闰月加一两五钱。茶票每张课银一两。

光绪七年总督部堂丁奏明改设茶关委员征收，按二四七十月分别报解盐库弹收。茶商零星，年清年款。

邮　政

驿站马一十二匹，每马日支草料银一钱二分，马夫六名，每名日支工食银九分六厘。咸丰四年，抽拨纳溪县马二匹，夫一名。现在马十四匹，夫五名，铺递。乾隆九年，为请复设川省之铺司额，设铺递二十铺，共铺司兵八十名。厅治地处极边，米粮、食物倍于内地，每名月给银一两，共银九百六十两。

厅治：东底铺，沈亢铺，柳杨铺，大藏桥铺，头道水铺，日地铺，瓦寺沟铺，冷竹关铺，大烹坝铺，小烹坝铺，咱里铺，卜日坝铺，安乐坝铺，盐水溪铺，化林坪铺，大坝铺，瓦角铺，冷碛铺，兴隆铺，飞越岭铺。

厅治：北底塘，三道桥塘，王牧塘，上板桥塘，白土坎塘，热水塘，角交塘，新店塘，山根塘，召里塘，东谷塘，弓插塘，章谷塘，大岩塘。

厅治：南底塘，折多塘，安粮坝塘，东俄洛塘，卧龙石塘，提茹塘，八角楼塘，河口塘，泸定桥。

驿站：烹坝设马一十二匹，每马一匹日支草干银一钱二分；马夫六名，每名日支工食银九分六厘。沈村设马一十二匹，每马一匹日支草干银六分，马夫六名，每名日支工食银四分六厘。泸定桥巡检经管，在藩库具领。

乡　里

国朝改设流官，开辟蛮疆草野，汉夷商贾贸易。近日，生聚日繁，四乡杂处。由土司立名，备考，容后查取详叙。

物　产

关内东隅泸定桥、冷碛等处有田，播种稻谷，其余山土种豆、麦、杂粮。关外蛮野高山，地多不毛。间有种青稞、碗豆。厅城围土能种小菜，较昔年物土大变，地献其灵矣。

麝香，鹿茸，贝母，虫草，知母，雪莲花，大黄，防风，黄芩，秦艽，狼皮，牛皮，羊皮，马皮，猞狸（猁）皮。

水 利

厅治四面皆山，地鲜种植。高峰积雪，终年不化。夏日雨水亦多，山溪水涨，因无水利。

风 俗

番俗夷情，男女无别。语言钩辀格嗒，饮食酥油、糌粑、熬茶。遇婚娶不会宾客，遇死丧不行吊祭。信崇佛教，喜延喇嘛念经为事。

岁 支

厅治蛮夷，向无学校、文庙、书院春秋致祭。

文昌宫、关帝庙、社稷神祇、龙王庙、先农坛，各祭祀银三十八两。

厅同知俸银八十两，养廉银一千两。各项役、食银，六百三十四两。

照磨俸银三十一两五钱一分五厘，养廉银一百五十两，役、食银三十两。

泸定桥巡检俸银三十一两五钱一分五厘，养廉银一百二十两，役、食银六十两。

厅例奉文，每岁恭办年端二贡，红花六斤，黄藏香六十斤，唵叭香六十斤，吉利香六十斤，净麝香五十两。共发领价银四百六十两。购价不敷，由厅支给。

厅城河东、河西义学二堂，以行称抽作学资，每年共银一百四十四两。

泸定桥义学一堂，以猪厘抽作馆师束脩。每年银四十两。

兴隆铺义学一堂，以斗息抽作馆师束脩。每年钱四十千文。

库　储

炉库边备银二万两。前同知赵埙因虑挪移公亏，禀明有边务请领，现存藩库。

藩库按年筹拨台饷银六万五千两。委员两次解炉内支里塘台饷一万两遇闰加银一千两，巴塘台饷二万两，察木多台饷一万三千两，拉里台饷一万三千两。道辕札提制办赏，需银三千两。饷到，分别发领炉库，按月开支，造册具报请核。

藩库按年准藏咨川筹拨藏饷银六万两。委员解炉库暂存，听候前藏粮员发给。支领由番商来库分起，汇兑无存。

仓 储

常平仓积存常平青稞四千三百四十六石。

常平仓积存常平小麦一千石。

常平仓存筹备案内，清溪县拨运边备谷五百石。

常平仓存积谷，案内奉文采买，边备谷四千石。

前噶达汛地震，开除谷八百九十八石。

泸定桥巡检仓，分存边备谷一千石。

炉厅仓厫四十五间。

税 课

盐督炉关每年额征茶税银一万七千一百七十四两七钱，遇闰加征银一千四百三十一两二钱二分五厘。拨支达赖喇嘛茶叶脚价银五千一百二十二两三钱，班禅喇嘛茶叶脚价银七十七两七钱。泰宁堪布喇嘛师徒七十一名，每名日支口粮、衣单银三分零三毫五丝二忽五微，共支银七百余两。下存银奉藩文拔发阜和协左、右泰三营廉俸兵饷，按年核实具报。

额征每年杂税银二千五百余两。光绪二十六年奉饬各营裁兵减饷，札提尽数批解，藩库年清年款。

夷 赋

沈边长官司每年认纳杂粮折征银五十两。

冷边长官司每年认纳杂粮折征银四十一两二钱三分五厘。

明正土司所属土千、百户每年认纳杂粮折征银一百六十一两零七分。

官房地租银五十四两。

里塘土司认纳夷赋银四百五十两。

巴塘土司认纳夷赋银二千零一十四两八钱二分一厘。

霍耳、章谷等处土司认纳夷赋银一千二百八十二两。

□□麻里土司认纳夷赋银十一两五钱。

以上共银四千零六十四两六钱二分六厘，除支销里塘土司养廉银四百四十八两五钱，通译四名，共支工食银一百二十两，遇闰加银十两。实存银三千四百八十六两一钱二分六厘，尽数拨发泰宁营廉俸、兵饷、马干，开支具报。

卷下目录

兵制
屯政
筹边
土司
厅至里塘路程
里至巴塘路程
巴至察木多路程
察木多至拉里路程
拉里至藏路程
附录

兵　制

阜和协镇一员。

左营都司一员。

千总二员。

把总四员。

外委五员。

额外四员。

额设马、步、战、守兵五百一十五名。光绪十一年，奉裁马兵五名、战兵二十名、守兵二十七名。光绪二十一年，奉裁马兵四名、战兵十八名、守兵二十五名，又抽多裁兵十六名。光绪二十四年，奉裁马兵四名、战兵十六名、守兵二十一名。光绪二十九年，奉裁马兵九名、战兵四十二名、守兵五十六名。现存外委马兵五名、额外马兵四名、马兵一十四名、战兵九十八名、守兵一百三十一名。统存马、步、战、守兵二百五十二名。

火药军装库一所。

泰宁营都司一员。

千总一员。

把总一员。

外委二员。

额外二员。

额设马、步、战、守兵三百五十四名。光绪十一年，奉裁马兵五名、战兵十一名、守兵二十名。光绪二十一年，奉裁马兵四名、战兵十名、守兵十八名，又抽多裁兵十一名。光绪二十四年，奉裁马兵四名、战兵九名、守兵十五名。光绪二十九年，奉裁马兵九名、战兵二十三名、守兵四十二名。现存外委马兵二名、额外马兵二名、马兵十九名、战兵五十三名、守兵九十七名。统存马、步、战、守兵一百七十三名。

火药军装库一所。

关外：

麻书汛千总一员。

噶达汛把总一员。
角洛汛把总一员。
章谷汛外委一员。
中渡汛外委一员。
拨浪工汛外委一员。
火竹卡汛外委一员。

屯 政

麻书土司札喜旺甲兼袭章谷土司之职。因在麻书暴虐苛刻百姓，光绪二十五年八月被仇戕害，章谷无人承袭。曾于二十二年总督部堂鹿委员顾令思礼办理屯务，二十四年赏还。查实无可袭替，禀蒙总督部堂锡饬刊炉霍屯务关防，改土归流，兼管霍耳倬倭、麻书、孔撒、白利、东科五处土司夷务。仍隶炉厅辖治。现委李令之珂视事屯属创始，饬令将人民、村塞、户口、出入关支用人、行政、地方出产、四至界限，种种一切事宜，议呈章程，核定遵照。

附：土司百户归屯备查

霍耳章谷安抚司唐古忒音，番为札格郭，住牧本地。东界一百一十里瓦述更平；西界二百一十里孔撒；南界二百八十里下瞻对；北界七十里倬倭。至厅城五百二十里。始祖罗藏侧旺于雍正七年投诚，授职。颁有印信、号纸。传至札喜旺甲兼袭，被害，无人袭替，改屯。所管番民三千三百零二户。每年认纳赋粮折征银一百八十二两。

霍耳纳林冲长官司丹忠，颁有印信、号纸。所管番民一千三百零二户。每年认纳赋粮折征银八十六两。

瓦述色他长官司那木卡策凌，颁有印信、号纸。所管土民三百五十户。每年认纳夷赋狐皮十五张，折征银七两五钱。

瓦述余科长官司噶尔藏却札，颁有印信、号纸。所管土民六百四十五户。每年认纳夷赋贡马三匹，折征银二十四两。

瓦述更平长官司拉笼嘉布，颁有印信、号纸。所管土民三百户。每年认纳夷赋狐皮二十张，折征银十两。

瓦述色他土百户格骨交，有号纸，无印信。所管土民五十户。每年认纳夷赋狐皮八张，折征银四两。

瓦述更平土百户乐克，有号纸，无印信。所管土民四十户。每年认纳夷赋狐皮五张，折征银二两五钱。

瓦述更平东撒土百户登珠，有号纸，无印信。所管土民四十户。每年认纳夷赋狐皮五张，折征银二两五钱。

瓦述墨科土百户白马朗结，有号纸，无印信。所管土民五十户。每年认纳夷赋狐皮四张，折征银二两。

以上长官司、土百户八员名，均于雍正七年投诚，授职，历不报袭。住牧章谷地方，附章谷屯员管辖。

筹　边

打箭炉故旄牛徼外地也。雅州西去大渡河五日程，羌蛮混杂，连山接野，鸟路沿空。汉永平中，白狼、槃木、唐菆等百余国，举踵奉贡，越山坂负襁而至，皆此种类。蜀汉时，诸葛武侯征孟获遣郭达于此造箭，因名打箭炉。至今土人犹庙祀郭将军。《方舆胜览》云：大渡河于黎州，为南边要害之地。唐韦皋拒吐番，李德裕拒南诏，皆扼此水为险要。故议者谓：大渡河之不守，则黎、雅、邛、嘉、成都皆扰。宋建隆二年，王全斌平蜀，以图来朝，议欲因兵威复越嶲。艺祖以玉斧划此河曰："此外，吾不愿有也！"于是为黎、雅之极边。曩时河道平广，可通漕船。自玉斧划河以后，河之中流忽陷五六十丈，河流至此澎湃如瀑，从空而落，舂撞怒号，船筏不通，名为"噎口"。殆天设险以限羌蛮也。元明时，番人俱于此地互易茶马。自明末流寇之变，商民避兵过河，携茶贸易。而乌斯藏亦适有喇嘛到炉，彼此交易。汉番杂处，于是始有坐炉之营官，管束往来贸易诸番，叠经更替，历有年所。

我朝定鼎，德威所被直通西域。康熙十九年，恢复关山相岭，则打箭炉一区亦川省所辖。三十五年，曾经四川巡抚于养志查勘边疆，题请仍许诸番照旧居处贸易。三十九年，番蛮阻兵渡河，四川提督唐希顺题请剿讨。会同将军莽吉禄请集汉、土官兵相机进取，参将李麟登先破番首，渡大兵会于河西。提督唐希顺分兵三路进剿，连破其地。班师抵炉。是役也，提督唐希顺率游击沙虎魏国珍等直攻咱威，杀蛮四百余众。进剿哪叱顶，攻大冈、磨西面，共斩八百余蛮。从磨西间道而上，夺营一十四座，斩首千余级。参将马尔植亦攻大冈，游击张自成从牛坝截入，俱奋勇剿戮。贼蛮既平，喇嘛、番民等欢呼跪道，归附者一万三千余户，皆与宣谕皇上德威，赏给银牌，令各安住牧。建铁索桥于河上，御制碑文，取名"泸定"。明正司于此办差。康熙五十四年，西藏准噶尔肆行不法，戕害喇藏。上命定西将军噶尔弼、总兵官赵坤、副将岳钟琪等率满、汉官兵由打箭炉进讨之。降大小碟巴，遂克招地。

雍正七年以新设雅州同知驻札打箭炉，管辖口外各土司，如巴、里二塘以及义丫、革达，直通西藏，一路广袤数千里，俱安设塘汛，要隘处设重兵镇守。自古迄今，幅员之广，文德武功之大，未有如我朝之盛者。但控驭维艰，筹边将更能加意勿懈，则荒裔永靖矣。

题请打箭炉设防疏略

四川巡抚、都察院左副都御史贝和诺题为吁请官兵驻防打箭炉事：

康熙四十年九月初九日，准兵部咨职方清史司案呈奉本部，送议政大臣，会复四川巡抚贝和诺题，前事内开该臣等会议得先经侍郎满丕等启奏：打箭炉安设兵三千名、副将一员、游击五员、守备五员、千总十员、把总二十员，令其分防。会议准行具题。奉旨官兵驻防打箭炉。如运送粮饷，不致有误，方可令其久驻。将运送粮饷有无不致迟误之处，并未详议，应移咨巡抚会同提督等尽情详议，具奏等因。钦此！钦遵行文该抚在案。

今据四川巡抚贝和诺疏称：打箭炉地方将粮饷永远雇夫背运，虽多给脚价，但路险途遥，难免迟累。伏祈勅部议覆。再：准督臣席尔达咨称：今逆番已经伏诛，打箭炉已经平定。天威远震，如地巴悔悟前愆，稽颡输诚哀请照旧贸易。我圣主如天之仁，何所不包，依然雨露同滋。则本部原题化林营官兵移驻打箭炉又建昌镇标拨守备一员、兵丁二百名，汛守化林营之请，殊足弹压。止可于川省厅员中酌移一员，于炉抚绥番土兼收贸易货税，协同镇守该营，粮料自可折价，何须輓运，何虑打箭炉新定番土叵测？川提标现有官兵四千名，可比照陕西督标戍守。广元例每年于五营轮派游击一员，带领该营官兵八百名驻防化林营。粮料可就近采买，不致累民輓运等因。又准提臣唐希顺咨称：打箭炉地方新复需兵汛守，然必粮食无误，方可久驻。皇上已明见万里之外，查打箭炉、木鸦等处虽不产米谷，有青稞、麦豆等杂粮，可以采买。岚州、嘉（善）庆、擦道等处有大米、杂粮，足供兵食。既议折给，则无运送之烦。惟是官兵未到打箭炉时，青稞、麦子每一京斗价银一钱五六分、一钱八九分二钱不等，自官兵入炉以后，青稞、麦子每一京斗价银二钱八九分或三钱不等。今安设官兵止三千人，向后价值谅应照旧其米折价银两。将打箭炉向时之贵贱斟酌折衷，比照松潘沿边米价，每斗一钱六分四厘之例折给各兵自行采买，以得其平等因。臣查督臣咨内系设兵事宜，合并叙明具题，统候圣裁等因，前来查先经合议，著该抚会同提督等将打箭炉久驻官兵搬运钱、粮、米石有无迟误之处详议具奏等因，具题行文在案。今总督、巡抚、提督等虽各陈已见具奏，该抚并未将米料可否折给银两定议具奏。再该督止将化林营移驻打箭炉及建昌镇标守备一员、兵丁二百名，汛守化林营，殊足弹压等语，应将此案不便遽议。仍行该抚会同可否止移化林营兵五百余名及长久安设三千名兵，并可否折给之处，画一详确定议速行具题可也。康熙四十年八月十七日题。九月初一日奉旨依议。钦此！

钦遵抄部送司案呈到部，拟合就行为此合咨前去钦遵查照施行等因。到臣该臣看得官兵驻防打箭炉一案准部咨令臣会同画一详确定议，速行具题。臣查打箭炉系新复之区，必驻有官兵，方可弹压。若官兵三千久驻，需用月米概议折给钱粮不无糜费，且青稞、杂粮偶遇歉收，兵丁艰于购买，亦未可定。今议将化林营兵五百七十五名，照督臣席尔达原会题之疏移驻打箭炉，粮米如提臣唐希顺所议照松潘之例折给兵丁自行采买，但夷性叵测，防范宜周相应。照督臣席尔达前议拨建昌镇标守备一员、兵二百名汛守化林，又将侍郎、臣满丕与提臣唐希顺驻防官兵原疏在本省兵，内抽调之一千兵，今分为两营，以五百分防岚州、乌泥、苦泥、嘉（善）庆、擦道一带地方，以五百驻札沈村，分守三渡，两营设游击二员、守备二员、千总四员、把总二十员，兵丁月米照化林营例折给，再将提标兵八百名驻札泥头，抚标兵三百名驻札蛮庄，照广元之例轮班戍守，月米仍照原营估计，如此河东共有二千三百名分防声援。炉内既不虑兵单，而钱粮亦不致多费，更可免别省抽调之繁。其添设官员俟部覆俞允之日，照沿边之例，拣选题补；衙署、营房照川东之例修造，自炉至各营汛作何安塘联络之处。俟驻妥之日，令各将弁确议详报，至日将各渡口设船只、水手情由一并另行题咨。再将成都府同知移驻打箭炉，给予印信，令其抚绥抽税。如该同知抚绥蛮夷三年无过，令督抚保题应作何升用听候部议等因。咨商督提臣去后，兹准督臣席尔达、提臣唐希顺俱与臣会商相同，咨覆前来。臣谨会吏部尚书兼礼部尚书署理川陕总督事务臣席尔达、四川提督臣唐希顺合词具题，伏乞皇上睿鉴敕部议覆施行。

查打箭炉地方，南接里塘，乃西藏经由大路，其雅龙江中渡，系汉夷贸易往来要津。雍正八年，达赖喇嘛移驻泰宁中渡河口，设都司一员，兵二百名，稽查弹压。雍正十三年，达赖喇嘛奉旨回诏官兵，奉撤今止驻抚标兵丁数名，恐不足以资巡，防打箭炉之西北。泰宁灵雀寺等处，系由草地路通松潘及西宁、西藏要隘，接壤之章谷、霍耳、甘孜、叠（德）尔格等处，夷性尚淳，惟瞻对夷民在霍耳、甘孜之南，里塘、乍丫之北，山深地阔，素称强悍。雍正八年，大兵剿抚之后，兼之灵雀设有官兵防守，其地稍知敛迹。今官兵奉撤之后，瞻对夷众不时出没，骚扰邻境。又打箭炉之鲁密地方，乃大、小金川经由要隘，而大、小金川夷民亦属强悍，鲁密隘口亦宜设兵防守。此未雨绸缪，永宁无患者也。

土 司

明正宣慰使司住牧炉厅。东界泸定桥一百二十里冷边；西界中渡二百八十里里塘；南界药壤六百里冕宁县；北界鲁密章谷四百五十里懋功厅属孙克宗。至省一千零二十里，至雅州府六百零五里。始祖阿南会助武侯征孟获有功，封授明正长河西、鱼通、宁远军民宣慰使司之职。传至明初，阿旺坚参始颁印信、号纸，未成故绝。

国朝康熙五年，行查袭职，始得噔啭吒吧替袭，颁换印信。二十年，吒吧病故，子蛇蜡喳巴承袭。三十九年，喳巴被营官喇嘛杀死，乏嗣。四十年，以喳巴之妻工喀权袭夫职。五十六年，工喀病故，无人袭替。有女桑结已经出嫁董卜土司雍中七立为妻，七立已故。桑结现护董卜印务，乃议以桑结兼管明正土务。五十七年，给以号纸视事。雍正三年地震，桑结压死，又无人承袭，乃议将桑结之子、董卜土司坚参达结兼管明正土司印务。十年，坚参达结病故，有子二人：长子坚参囊康议袭董卜土司；次子坚参德昌议袭明正土司。历传至甲木参琼珀承袭。所管咱里土千户一员，本噶土百户四十八名，土民六千二百八十三户。每年认纳夷赋杂粮折征银一百六十两零三钱二分，征解炉库，支发阜和协营兵饷。每逢年班，进京朝贡。

咱里土千户一员古天锡。始祖阿交系鱼通人。明洪武二年投诚，受此职衔，老病身故，呷吗弯张承袭。因藏番距（据）占西炉，势弱隐匿为民。

国朝康熙四十年，抚平西炉。土千户古六七力首先投诚，仍授土千户职，颁给印信、号纸。历传至古廷彦承袭。所管土民一百零八户。每年认纳夷赋杂粮十八石九斗四升，每斗折银五钱，共折征银九两四钱七分。住牧咱里，东界泸定桥；西界磨西面；南界拉索；北界大冈日地。

本噶土百户丹巴策丹，所管土民二百七十户。每年认纳夷赋杂粮折征银七两。东界竹巴笼；西界哈呀庄；南界恶叠庄；北界俄洛。

瓦七土百户汪札尔，所管土民一百三十户。每年认纳赋粮折征银四两。东界安粮坝；西界俄洛；南界妮妈；北界长坝春。

俄洛土百户滚噶索诺木，所管土民五十户。每年认纳赋粮折征银一两。东界沙卡；西界瓦七；南界打喇石奴库；北界白桑。

白桑土百户策旺诺尔布，所管土民一百四十一户。每年认纳赋粮折征银四两。东界瓦七；西界夹龙江；南界俄洛；北界扒山。

恶热土百户贞亚那木札尔，所管土民一百四十三户。每年认纳赋粮折征银五两。东界工坝石；西界扒山；南界俄洛；北界石腊。

下八义土百户工布多结，所管土民一百户。每年认纳赋粮折征银二两。东界肐答；西界端谷；南界上八义；北界少吴石。

少吴石土百户安滚，所管土民一百五十户。每年认纳赋粮折征银三两。东界肐答沙甲；西界渣坝；南界上八义；北界木鑣。

作苏策土百户沙加札什，所管土民一百一十户。每年认纳赋粮折征银四两。东界作都、热水塘、笼坝、卡松；西界俄洛；南界咱孟格洼；北界沙卡。

八哩笼坝土百户达结，所管土民九十户。每年认纳赋粮折征银三两。东界格滔卡巴；西界夹龙江；南界索窝笼；北界擦马龙。

上渡噶喇住索土百户策旺那木札尔，所管土民四十二户。每年认纳赋粮折征银一两。东界他咳；西界夹龙江；南界汪杰；北界渣坝。

中渡哑出卡土百户沙克加布木，所管土民一百四十户。每年认纳赋粮折征银三两。东界俄洛；西界夹龙江；南界八嘛哪；北界白桑。

他咳土百户彭错札什，所管土民五十户。每年认纳赋粮折征银一两。东界扒桑；西界噶喇住索；南界住索；北界药冬喇。

索窝笼土百户滚噶，所管土民一百户。每年认纳赋粮折征银三两。东界本居层子；西界柏扒桑；南界河口；北界下八义。

恶拉土百户罗布藏达尔结，所管土民六百六十六户。每年认纳赋粮折征银一两二钱。东界药壤；西界八乌笼；南界夹龙江；北界姆朱。

药壤土百户噶尔藏达尔结，所管土民一百二十户。每年认纳赋粮折征银八钱。东界松竹宁番卫；西界乌拉；南界夹龙江；北界姆朱。

扒桑土百户格松七力，所管土民一百户。每年认纳赋粮折征银四两。东界恶热；西界他咳；南界白桑；北界八义。

木鑣土百户札什彭错，所管土民一百零五户。每年认纳赋粮折征银三两。东界阿东；西界上渣坝；南坝恶科；北界霍耳打歌。

格洼卡土百户噶尔藏春品，所管土民三百七十户。每年认纳赋粮折征银九两。东界姆朱；西界妈寺；南界索窝龙；北界嗒纳库阿他喇嘛工噶烹错。

呷哪工弄土百户那木卡，所管土民[1]每年认纳赋粮折征银五两。东界拉里；西界夹龙江；南界八哩笼；北界龙石。

吉增卡桑阿笼土百户端岳特嘉木错，所管土民二百九十四户。每年认纳赋粮折征银七两。东界恶拉；西界夹龙江；南界木叠笼；北界格洼。

沙卡土百户桑结彭错，所管土民一百九十四户。每年认纳赋粮折征银五两。东界据喇雪山；西界瓦七；南界作苏策；北界恶热。

上八义土百户陈叠嘉木，所管土民一百五十户。每年认纳赋粮折征银四两。东界噶喇荒山；西界色身拖；南界扒桑喇嘛寺；北界下八义。

拉里土百户嘉尔木，所管土民九十户。每年认纳赋粮折征银三两。东界诺日阿他喇嘛；西界札热乌笼；南界工柱热；北界俄洛。

八乌笼土百户罗布藏札尔，所管土民一百七十三户。每年认纳赋粮折征银七钱。东界恶拉；西界夹龙江；南界恶拉；北界格洼卡。

姆朱土百户乌坚策凌，所管土民一百三十户。每年认纳赋粮折征银三两。东界工揁；西界索阿笼；南界恶拉；北界格洼卡。

上渣坝恶叠土百户那木卡布木，所管土民一百户。每年认纳赋粮折征银二两。东界少吴石；西界夹龙江；南界下渣坝；北界霍耳兹奴。

上渣坝卓泥土百户滚布索诺木，所管土民一百五十户。每年认纳赋粮折征银三两。东界木镳；西界阿东；南界中渣坝；北界霍耳头人。

中渣坝业洼石土百户鲁搭尔，所管土民一百三十户。每年认纳赋粮折征银三两。东界莫藏石；西界章都；南界鲁密；北界中渣坝坨。

中渣坝坨土百户吹克搭尔，所管土民一百户。每年认纳赋粮折征银二两。东界恶科；西界阿东；南界业洼石；北界卓泥。

下渣坝业洼石土百户嘉木错策凌，所管土民一百户。每年认纳赋粮折征银二两。东界上渣坝；西界瞻对；南界河口；北界泰宁。

下渣坝莫藏石土百户嘉木参塔尔，所管土民一百八十户。每年认纳赋粮折征银四两。东界上八义；西界夹龙江；南界噶喇住索；北界业洼。

鲁密东谷土百户格戎，所管土民九十户。每年认纳赋粮折征银二两。东界索布；西界党隅；南界初把；北界柏哈。

---

① 底本疑有脱文。

鲁密普共碟土百户嘉木错塔尔，所管土民一百五十户。每年认纳赋粮折征银三两。四界同上。

鲁密郭宗土百户扎什彭错，所管土民七十二户。每年认纳赋粮折征银一两四钱。东界达妈；西界东谷；南界昌拉；北界节冗。

鲁密结藏土百户绰倭布木，所管土民八十三户。每年认纳赋粮折征银八钱。四界同上。

鲁密祖卜柏哈土百户七力错末，所管土民一百零五户。每年认纳赋粮折征银六钱。东界普共碟；西界达妈；南界深山；北界巴底。

鲁密初巴土百户阿布木，所管土民八十户。每年认纳赋粮折征银一两六钱。东界格桑；西界约结洼；南界中达；北界普共碟。

鲁密昌拉土百户诺尔布查什，所管土民一百一十九户。每年认纳赋粮折征银二两四钱。东界达妈；西界坚贞；南界党隅；北界郭宗。

鲁密坚贞土百户错克结塔尔，所管土民五十户。每年认纳赋粮折征银一两。东界格桑；西界东谷；南界舍利喇；北界朱窝。

鲁密达妈土百户札什江错，所管土民一百户。每年认纳赋粮折征银二两。东界深山；西界郭宗；南界昌拉；北界柏哈。

鲁密格桑土百户丹巴策凌，所管土民三十九户。每年认纳赋粮折征银八钱。东界大金川河；西界初巴；南界疮机；北界卓囊。

鲁密木滚土百户桑济丹巴，所管土民一百二十六户。每年认纳赋粮折征银二两一钱。东界卓囊；西界巴底；南界大金川河；北界小金川。

鲁密长结杵尖土百户克巴塔尔，所管土民三十四户。每年认纳赋粮折征银七钱。东界松归；西界笼阿；南界扳阿深山；北界大金川河。

鲁密长结松归土百户嘉木错策凌，所管土民三十八户。每年认纳赋粮折征银八钱。东界格桑；西界初把；南界深山；北界白隅。

鲁密白隅土百户策丹嘉布，所管土民一百七十户。每年认纳赋粮折征银三两四钱。东界木坪汉牛；西界深山；南界大金川河；北界松归。

鲁密梭布土百户林亲彭错，所管土民一百五十五户。每年认纳赋粮折征银六两七钱五分。东界汉牛；西界普共碟；南界达则；北界隆卡那。

鲁密达则土百户珠克策凌，所管土民一百九十九户。每年认纳赋粮折征银七两零五分。东界汉牛；西界普共碟；南界梭布；北界卓笼。

鲁密卓笼土百户阿布木，所管土民二百五十户。每年认纳赋粮折征银十二两五钱。东界笼邦；西界也笼；南界木宗；北界大山。

以上四十八家土百户，其祖均于康熙四十年随明正土司投诚，授职，有号纸，无印信。向不报袭，具系明正土司管辖。

沈边长官司住牧本地。东界飞越岭三十里清溪县界；西界碗岗一百里越嶲厅属土千户地；南界扁螺岗七十里清溪县；北界佛耳岩五里冷边。至雅州府城三百五十里。始祖余伯［锡］，江西吉安府人，明洪武时随征沈边地方，把隘御寇有功，授沈边百户。历传数代，至余期披抚平白水江改授长官司之职，未颁印信。余明奇替袭。

国朝康熙二十九年，克取西炉，投诚随征。五十一年颁给印信、号纸。现传至余金海承袭。所管土民八十三户。每年认纳赋粮折征银五十两，征解炉库，支发阜和协营兵饷。每逢年班，进京朝贡。

冷边长官司住牧本地。东界马鞍山六十里天全州；西界泸定桥四十里咱里；南界佛耳岩五里沈边；北界鱼通八十里木坪。至雅州府城三百六十里，至厅城一百四十里。始祖恶他，西番瓦部人。蜀汉金环之后，世为西番瓦部酋长，历传数代。明洪武二年，授瓦部哈工等寺都纲院院抚司。永乐八年，有功授冷边长官司之职。明末纷争，所属西番河西诸寨为夷强所并。

国朝顺治九年，招安周阿撒乩投诚，缴明印信，赐袍帽，谕令回边办事。后嗣周至德，康熙五十年颁给印信、号纸。现传至周天恕承袭。所管土民二百七十五户。每年认纳赋粮折征银四十一两二钱三分五厘，征解炉库，支发阜和协营兵饷。每逢年班，进京朝贡。

里塘宣抚司住牧本地。东界中渡二百二十里明正司；西界二郎湾河二百四十里巴塘；南界拉空岭甕水关五百三十里云南中甸厅；北界长坦瞻对四百里叠盖。至炉城六百八十里。始祖江摆，康熙五十七年投诚，授职，颁给印信、号纸。叠易承袭。现传至四郎占兑袭职，与副土司共管番民五千三百二十二户，每年认纳赋粮折征银四百五十两，征解炉库，支发阜和协营兵饷。每逢年班朝贡。

里塘副土司住牧本地。与该正土司管辖同。始祖康却江错于康熙五十七年投诚，授职，颁给印信、号纸。叠易承袭。现传至朱洛宗吉村袭职。查里塘每岁供给土司、喇嘛衣单、粮银六百两零零九钱四分，杂粮一千七百五十四石，大小牛四百七十头，酥油九百五十八斤。统入正项征收，支给。夷性强悍，素多盗贼。凡属运解粮饷，颇属急公。界连瓦述，路通霍耳、朱窝等处。草地夷民相安无扰，惟接壤瞻对、擦马、所热色、热泥等地，贼番倚恃山路崎岖出没，不时于里塘之黄土冈、海子卡、虎皮沟、喇嘛寺等处抢劫商旅，偷盗牛、马，多受其害。设塘汛，汉、土官兵巡防，以期保护无虞。

瓦述崇喜长官司，始姐杜纳合吉，于康熙六十一年投诚，雍正七年授职，颁给印信、号纸。现传至地乃汪堆袭职。所管番民二百零八户，每年认纳夷赋折银二十六两。向不进京。住牧里塘东北境内，计程二百八十里。附正、副土司属。

瓦述毛丫长官司，始祖索朗诺布于康熙六十一年投诚，雍正七年授职，颁给印信、号纸。现传至七美多吉袭职。所管番民八百八十户，每年认纳夷赋折银三十六两。向不进京。住牧里塘西北境内，计程三百里。附正、副土司属。

瓦述曲登长官司，始祖康珠于康熙六十一年投诚，雍正七年授职，颁给印信、号纸。现传至然登汪结袭职。所管番民二百四十三户，每年认纳夷赋折征银十二两。向不进京。住牧里塘西北境内，计程三百五十里。附正、副土司属。

瓦述毛茂丫土百户，始祖于雍正七年投诚，授职。有号纸，无印信。现传至格宗次日。所管番民九十八户，每年认纳赋粮折征银八两。住牧里塘西南境内，计程二百五十里。附正、副土司属。

附载瓦述啯咙长官司，始祖于雍正七年投诚，授职。颁有印信、号纸。现传至多金工布。所管番民一百五十户，每年认纳夷赋折征银十两。向不进京。住牧里塘西北境外，计程七百五十里，毗连瞻对。咸丰年间，瞻酋［工］布朗结叛乱，多金工布被胁归附，迨西藏帮兵办（剿）平，总督部堂骆奏赏达赖，派番官管理。

附载麻里土千户，始祖于雍正七年投诚，授职。颁有印信、号纸。现传至工布达结。所管番民一百四十户，每年认纳夷赋折征银一两五钱。向不进京。住牧里塘西北境外，计程五百二十里，毗连瞻对。咸丰年间，瞻酋工布朗结叛乱，工布达结被胁归附，迨西藏帮兵办（剿）平，总督部堂骆奏赏达赖，派番官管理。

巴塘宣抚司，住牧本地。东界二郎湾河二百四十里里塘；西界宁静山二百里西藏江卡；南界耿中桥六百里云南中甸厅；北界巴尔巴四百里三暗野番。至炉城一千二百三十里。始祖罗布阿旺于康熙五十八年投诚，雍正七年授职，颁给印信、号纸。现传至罗进宝，与副土司共管番民三千六百三十三户，每年认纳夷赋折征银一千八百九十五两，征解炉库，支发阜和协营兵饷。每逢年班，进京朝贡。

巴塘副土司，住牧本地。与正土司管辖同。始祖札什明楚于康熙五十八年投诚、授职，颁给印信、号纸。现传至郭宗札保袭职。每逢年班，进京朝贡。

查巴塘每岁供给正、副土官口粮银五百八十一两零，杂粮四百三十五石，水银一千六百一十五两七钱，麻布二百三十把，红、白盐三百九十石零。又：蛮兵八十名，口粮、杂粮三百二十石。又：邦木头人口粮一百石及羊腔、茶叶等物。又：喇嘛寺衣单、口粮银八百四十九两零，杂粮七百五十六石，蜂蜜三百六十九斤，酥油八斤，俱统入正项征收、支给。路当西藏孔道，夷民纯厚，凡运粮、饷急公无误。

雍正五年，滇、蜀清分疆界，将巴塘所属之奔子栏地方户口割归云南，在必垄工擦里山定界。巴塘北抵林卡石，历年为匪肆行抢劫。雍正六年，剿匪之后，各安住牧，认纳贡马、粮银共一百一十九零，在巴塘上纳，当差恭顺。惟西抵桑昂帮地方夷民强横，多为盗贼。中隔金沙江，每于擦树山空子卡抢夺。雍正八年征剿，投诚。仍于邻境抢劫巴塘之东立东、三坝，大朔山路通瞻对，贼番常越境为匪，各隘口虽设有官兵，而桑昂帮瞻对贼出没不时，兵少隘多，防御难周。即今之三岩地，抢劫之害由来久矣。光绪二十五年兼署总督部堂恭奏设土弁士兵，始就平定。

上林卡土百户工布拉登，所管土民每年认纳赋银二十三两五钱二分，杂粮七十斗七升一合七勺，每斗折征银一钱，共折征银七两七分一厘七毫。

下林卡土百户林亲札什，所管番民每年认纳赋银二十两五钱七分五厘，杂粮一百斗八合三勺三抄五撮，每斗折征银一钱，共折征银三十两五钱八分三厘三毫三丝五忽。

桑隆石土百户喇无绒，所管番民每年认纳赋银二两一钱七分五厘，杂粮十五斗二升六合一勺二抄，每斗折征银一钱，共折征银三两七钱一厘一毫二丝。

冈里土百户布擢，所管番民每年认纳赋银八两一钱，杂粮三十八斗一升六合三勺，每斗折征银一钱，共折征银十二两六钱一分六厘三毫。

上苏阿土百户纳松，所管土民每年认纳赋银十二两。

下苏阿土百户白马朗结，所管土民每年认纳赋银二十三两六钱。

郭布土百户工布林亲，所管土民每年认纳赋粮四十斗七升八合五勺四抄五撮，每斗折征银一钱，共折征银四两七分八厘五毫四丝五忽。

以上土百户，其始祖均于雍正五年投诚，授职。有号纸，无印信。历不报袭，住牧巴塘界内。附正、副土司属。

革布什咱安抚司，住牧本地。东界大金川一百二十里懋功厅；西界道坞一百四十里麻书；南界噶达三百五十里明正；北界东署七十里章谷。至厅城六百六十里。始祖魏珠布策凌，于康熙三十九年投诚，授职，颁有印信、号纸。现传至泽旺恒珠。所管土民八百三十户，每年认纳青稞共折征银四十两。每逢年班，进京朝贡。

巴底宣慰司唐古忒音，譒为布拉克底，住牧本地。东界孙克宗二百二十里小金川；西界八纳出卡七十里革布什咱；南界鲁密三十里明正；北界嘛坭七十里大金川。至厅城四百九十里。始祖木凌，于康熙三十九年投诚，授安抚司。嗣因阿尔多于乾隆三十九年随征金川有功，升宣慰司之职，颁给印信、号纸。现传至□□□承袭。与巴旺土司同管土民八百五十户，不纳夷赋。每逢年班，进京朝贡。

巴旺宣慰司，[住牧本地。]始祖绰布木凌投诚，初授巴底安抚司，以次子汪札尔住牧巴底，以长子囊索分住巴旺。从征金川有功，升宣慰司之职，颁给印信、号纸。现传至郎尔结旺恪，被头人谋弑之。嗣以巴底土司兼袭。所管番民与巴底同。

喇滚安抚司，住牧本地。东界吹音三百五十里明正；西界云多二十里下瞻对；南界瓦述二百一十里里塘；北界鲁密三百五十里明正。始祖丹正邦之父侧旺交于康熙三十九年投诚，授职，颁有印信、号纸。传至格宗其承袭。所管番民九百七十户。历不报袭，纳赋进京。

霍耳绰倭安抚司即今名朱窝，住牧本地。东界一百里更平；西界一百五十里麻书；南界一百四十里上瞻对；北界七十里东科。至厅城六百四十里。始祖索诺木滚卜，于雍正七年投诚，授职，颁给印信、号纸。咸丰年间，瞻酋工布朗结抢去。现传至索诺木多布丹。所管番民一千六百六十六户，每年认纳赋粮折征银九十二两。每逢年班，进京朝贡。

瓦述写达土千户，始祖佘家太，雍正七年投诚，授职，有号纸，无印信。历不报袭。所管土民二百户。每年认纳夷赋狐皮三十张，每张折银五钱，共折征银十五两。附绰倭土司属。

瓦述更平东撒土百户，始祖过蛟吗，雍正七年投诚，授职，有号纸，无印信。所管土民四十户。每年认纳夷赋狐皮一张，折征银五钱。附绰倭土司属。

霍耳孔撒安抚司唐古忒音，譒为康萨尔，住牧甘孜。东界一百四十里绰倭；西界七十里白利；南界三百五十里瓦述崇喜；北界三百五十里革赍。至厅城七百三十里。始祖苏尔特亲，向隶西海子伊子拉布丹。于雍正六年投诚，授职。有印信、号纸。现传至□□□承袭。所管土民九百二十三户。每年认纳赋粮折征银七十两。每逢年班，进京朝贡。

科则土百户巴特吗索诺木，于雍正六年投诚，授职。有号纸，无印信。所管土民五十户。每年认纳赋粮折征银四两。

图根满碟土百户登珠，于雍正六年投诚，授职。有号纸，无印信。所管土民七十一户。每年认纳夷赋折征银六两五钱。

以上土百户二名，历不报袭。附孔撒土司属。

霍耳麻书安抚司唐古忒音，譒为玛克舒，住牧甘孜。东界二百八十里明正渣坝；西界二百一十里图根满碟；南界三百五十里瓦述余科；北界三百五十里松潘。至厅城七百三十里。始祖即卡索囊，于雍正七年投诚，授职。颁给印信、号纸。现传至□□承袭。所管番民六百六十五户。每年认纳赋粮折征银六十三两。每逢年班，进京朝贡。

革赍土百户索诺木林亲，于雍正六年投诚，授职。有号纸，无印信。所管土民十三户。不纳夷赋。

东署土百户却塔尔，于雍正六年投诚，授职。有号纸，无印信。每年认纳夷赋狐皮三张，折征银一两五钱。

东署土百户多尔济塔尔，于雍正六年投诚，授职。有号纸，无印信。每年认纳夷赋狐皮四张，折征银二两。

以上土百户三名，历不报袭。附麻书土司属。

德尔格忒宣慰司，住牧本地。东界四百五十里瞻对；西界二百八十里上纳夺；南界三百五十里察木多；北界二百一十里灵葱。至厅城一千四百六十里。始祖丹巴策凌，于雍正六年投诚，授职。颁给印信、号纸。现传至侧旺多尔济罗进彭错克承袭。所管土民七千九百七十七户。每年认纳赋粮，折征银二百八十两。每逢年班，进京朝贡。

春科安抚司吉忠罗布藏勒定、副土司吉忠罗布藏拉布丹，始祖邪汪结，雍正六年投诚，授职。颁有印信、号纸。所管土民五百八十户。每年认纳赋粮折征银四十六两。

春科高日长官司阿克旺拉布丹，其祖于雍正六年投诚，授职。颁有印信、号纸。所管土民二百八十二户。每年认纳赋粮折征银二十六两。

上革赍土百户郭纳，有号纸，无印信。所管土民五十户。每年认纳夷赋牛五只，折征银十两。

上革赍土百户拉笼，有号纸，无印信。所管土民五十户。每年认纳夷赋狐皮三张，折征银一两五钱。

上革赍土百户端珠，有号纸，无印信。所管土民十五户。每年认纳夷赋牛一只，折征银二两。

上革赍土百户囊背邦，有号纸，无印信。所管土民四十户。每年认纳夷赋牛四只，折征银八两。

杂竹吗竹卡土百户拉鲁克错尔耻木，有号纸，无印信。所管土民四十户。每年认纳夷赋狐皮五张，折征银二两五钱。

杂竹土百户巴图克，有号纸，无印信。所管土民二十二户。每年认纳夷赋狐皮五张，折征银二两五钱。

杂竹卡土百户克钦，有号纸，无印信。所管土民六十户。每年认纳夷赋狐皮十张，折征银五两。

笼坝土百户达赖策丹，有号纸，无印信。所管番民四十户。每年认纳夷赋马一匹，折征银八两。

以上土司、土百户十一员名，历不报袭。附德尔格忒土司属。

灵葱安抚司，住牧本地。东界二百一十里咱地；西界一百四十里春科；南界七十里德尔格忒；北界四百二十里蒙噶结。至厅城一千三百九十里。始祖衮卜林亲，于雍正六年投诚，授职。颁有印信、号纸。现传至丹怎却克嘉承袭。所管土民一千零九十六户。每年认纳赋粮折征银六十两。例不进京。

霍尔白利长官司，住牧本地。东界七十里甘孜；西界一百四十里章谷灵葱；南界二百一十里瓦述；北界四百五十里东署。至厅城七百二十里。始祖隆溥特，于雍正六年投诚，授职。颁有印信、号纸。现传至衮卜敦丹承袭。所管土民三百一十五户。每年认纳赋粮折征银十八两。每逢年班，进京朝贡。

霍尔东科长官司，住牧本地。东界三百五十里更平色他；西界二百八十里咱地；南界七十里孔撒；北界四百二十里松潘。至厅城七百里。始祖达罕裕如，于雍正六年投诚，授职。颁有印信、号纸。现传至汪青札什承袭。所管土民三百四十八户。每年认纳夷赋狐皮五十张，折征银二十五两。例应进京。

霍尔咱池（地）安抚司，住牧本地。东界二百八十里东科；西界七十里灵葱；南界七十里德尔格忒；北界四百二十里东署。至厅城五百六十里。始祖阿旺初中，于雍正六年投诚，授职。颁有印信、号纸。现传至丹怎旺布木。所管土民七百一十一户，不纳夷赋，历不报袭、进京。

下革赍土百户策嘉布，有号纸，无印信。所管土民六十户。每年认纳夷赋狐皮四张，折征银二两。

下革赍土百户温布，有号纸，无印信。所管土民二十户。每年认纳夷赋狐皮二张，折征银一两。

以上土百户二名，历不报袭。附霍尔咱地安抚司属。

上纳夺安抚司，住牧本地。东界二百八十里春科；西界七十里察木多官角；南界五百六十里察木多；北界三百五十里纳溪。至厅城一千六百里。始祖索诺木旺札尔，于雍正六年投诚，授职。颁有印信、号纸。现传至盆楚克达尔结。所管土民六百五十户。每年认纳贡马二匹，折征银十六两。例不进京。

纳夺土百户洛珠布，始祖濯结，雍正六年投诚，授职。有号纸，无印信。所管土民一百五十户。每年认纳贡马一匹，折征银八两。

纳夺黎窝土百户噶尔吗策凌，始祖古六七丁，雍正六年投诚，授职。有号纸，无印信。所管土民八十户。每年认纳赋粮折征银十两。

纳夺黎窝土百户策丹瑞珠，始祖工布交，雍正六年投诚，授职。有号纸，无印信。所管土民七十户。每年认纳赋粮折征银十两。

纳夺黎窝土百户呷吗策丹格吗，雍正六年投诚，授职。有号纸，无印信。所管土民三十户。每年认纳赋粮折征银四两。

以上土百户四员名，历不报袭。附上纳夺安抚司属。

蒙噶结长官司，住牧本地。东界五百里霍耳咱地；西界二百八十里少吴石；南界七十里木镰；北界二百一十里噶纳乌苏西宁。至厅城八百五十里。始祖弋党工布，于雍正六年投诚，授职。颁有印信、号纸。历不报袭，现传至阿珍查什。所管土民二百零四户。每年认纳赋粮折征银二十三两。

上瞻对茹色长官司，住牧本地。东界二百八十里章谷；西界四百九十里德格；南界三百五十里毛丫；北界一百四十里麻书。至厅城七百三十里。始祖七林平，于雍正六年投诚，授职。颁有印信、号纸。现传至泽旺达尔结。所管土民四百二十八户。每年认纳贡马二匹，折征银十六两。

上瞻对峪纳土千户，住牧本地。东界二百八十里明正渣坝；西界二百一十里茹色；南界七十里下瞻对；北界二百里章谷纳冲。至厅城八百里。始祖沙加邦，于雍正六年投诚，授职。有号纸，无印信。历不报袭。现传至沙克加布木。所管土民二百零六户。每年认纳贡马一匹，折征银八两。

中瞻对茹色长官司滚布丹，雍正六年投诚，授职。颁有印信、号纸。历不报袭。所管土民二十户。不纳夷赋。

下瞻对安抚司，住牧本地。东界二百八十里明正渣坝；西界一百四十里热桑泥；南界二百七十里喇滚；北界二百里霍耳咱地。至厅城六百八十里。始祖班滚，于雍正六年投诚，授职。颁有印信、号纸。历不报袭。所管土民三百四十户。不纳夷赋。

云多土百户，所管土民二十三户。

仪盖土百户那木札尔，所管土民十六户。

撒墩土百户索诺木，所管土民五十户。

该云仪撒三百户，有号纸，无印信。历不报袭。均附下瞻对土司属。

查上、中、下瞻对三土司，原为川属。夷野不驯，中瞻对自乾隆十年剿办以后，至嘉庆二十年又兴。土司构衅滋事。该酋罗卜七力与其子工布朗结先后继恶，数十年来屡启边端。罗卜七力既伏冥诛，工布朗结仍贪狼性成，势复鸱张，肆逞强梁侵占各土司地界。道光二十八年总督部堂琦督军驻炉剿办，用川省之全力，办未得手，抚辑模棱。咸丰九年，工布朗结复叛，围攻里台，出扰川、藏大小道路梗阻，蚕食鲸吞。竟将霍耳五家及德格、西宁叠木齐二十五族地方全行霸夺。总督部堂骆奏川、藏进兵会剿，荡平。同治四年十二月十四日奉上谕：将三瞻地方赏给达赖喇嘛，派堪布委为管理，以期久安长治。顾此边氓，当日西藏委派总管一僧、一俗，苛虐异常。光绪十九年，堪布夷喜吐布丹戴琫对堆夺吉动兵，至松林口与明正土司争战。那珍三村顽固悖义。二十三年，总督部堂鹿奏讨瞻番，收回瞻对。师征名正言顺。二十五年，遵旨仍将三瞻赏还达赖。讵因政权不洽，堕弃前功矣。

鱼通土司系穆坪土司分支，雅州府专管，就近炉厅兼管。距雅州府城四百二十里，厅城一百二十里。现传至甲木参泽旺。光绪二十九年十月奉总督部堂锡，奏归打箭炉厅专辖。

厅至里塘路程

厅出南门十里过工竹卡凡差事至此始，照口外例支应，平坡逶迤四十里至折多山麓，有塘铺，旅舍崇冈，在望峗嵲，过人至此出口，一揽山川之胜第。蛮荒水雪中，常使人心慑耳。计程五十里。

折多山至提茹尖，提茹至阿娘坝宿。折多过山，山长石乱，产大黄。药气薰蒸，行者多气喘，秋冬积雪弥漫。三十里过破碉，行漫坡石窖二十里至提茹，有塘铺。二十里过纳哇，路不甚陡，下山南行十五里至阿娘坝，地产土产多饶，俨有富庶之家。计程八十五里。

阿娘坝至瓦吉尖，瓦吉至东俄洛宿。阿娘坝三十里，路平坦，至瓦吉过俄松多桥，经小营官寨，复归大路，十五里过打纳石，有土人数十家，有柴草。十里至东俄洛，有塘铺、住房。计程五十五里。

东俄洛至高日寺尖，高日寺至卧龙石宿。东俄洛南行，过大雪山，二山高路宽，深林密箐，矗如玉立，人迹罕逢。三十里至高日寺。循海子而南，三十里穿大松林，下山十五里至卧龙石，有塘铺、旅店。计程七十五里。

卧龙石至八角楼尖，八角楼至中渡宿。卧龙石西行，一路平衍，荒凉特甚。五十里至八角楼，有塘铺，间有旅店，然废置无常。再行四十里至中渡即河口。过河里塘界，所谓雅龙江是也。设外委一员兼司渡船。夏秋以舟渡，冬春则列船为浮桥，以济行旅。蛮人以牛皮船渡，逐浪上下，望之如水中凫。凡过差过此，在河东宿者，明正土司供役；在河西宿者，里塘土司供役。计程九十里。

中渡至剪子湾尖，剪子湾至西俄洛宿。中渡过河，上山三十五里过麻盖，中有碉房、柴草此站路远险难行，多夹坝行者或宿麻盖中，以均路程且戒。备马、人少始可，多则不能容矣，四十里上大雪山至剪子湾，有塘铺，山甚陡峻，有嶂气。下山层叠盘折。登山二十里至波浪土汛，有外委一员驻防塘铺以防夹坝十里，下山又十里，至西俄洛，有塘铺及土百户供给差役，有柴草，换乌拉，有汉人客舍可宿。计程一百三十里。

西俄洛至咱吗拉洞尖，咱吗拉洞至火竹卡宿。西俄洛路经小山，进沟过大雪山，下坡四十里，至咱吗拉洞，林深谷邃，夹坝出没，有塘铺。二十里至蛮卡，复越小山，下湾名“乱石窖”，再折而上小冈，顺山沟而下，行三十里，复过大山，二十里至火竹卡，有驻防外委一员。有塘铺、人户、柴草。计程一百一十里。

火竹卡至火烧坡尖，火烧坡至里塘宿。火竹卡过小桥，沿河纡折，登小山二十五里至火烧坡。下坡即平原，二十五里抵里塘，有驻防塘铺，换乌拉，有市廛，汉番杂处二百余家，喇嘛寺多不良。计程五十里。

以上自至途程共计六百五十里。

里至巴塘路程

里塘西南三十里过大木桥，上阿喇柏桑山，峻岭层岩，日色与雪色交灿。二十里至头塘，即公撒塘番名额凹奔松，柴草、人户俱无，仅有塘铺官。则里塘乌拉、驼载以给，客则自携帐房、裹粮。计程五十里。

头塘至干海子尖，干海子至喇嘛丫宿。头塘寒风凛冽，冻绽肌肤，从此愈行愈冷。上山过黄土冈，行四十里至干海子，又经滥泥坝及虎皮沟，上山下岭盘旋五次，大石森立，横梗道途，树木交遮，流泉千匝，均有夹坝出没之区。四十里过拉尔塘，有塘铺，上喇嘛山二十五里至喇嘛丫，有柴草、人户。计程一百零五里。

喇嘛丫至二郎湾尖，二郎湾至三坝塘宿。喇嘛丫由沟上山，越雪岭四层，层石山礌硠，不生树木，过岭则深林密箐，水草遍地。行五十五里至二郎湾，有塘铺，无人户。由山足进沟，顺沟而下，路稍平，过著束塔五十五里至立登三坝此巴、里二塘交界处，三坝番人称桥也，有塘铺，少柴草，有瘴气。计程一百一十里。

三坝塘至松林口尖，松林口至大朔塘宿。由三坝行，乱石纵横，青松蔽日。过巴山，有海子山，枯树参横，绝不闻乌雀声。五十五里至松林口，下沟路平。五十里过巴隆达河至大朔塘，地居沟口，有塘铺、碉房、柴草。计程一百里。

大朔塘至崩察木尖，崩察木至小巴冲宿。大朔进沟，上大雪山三十里至岭，高险非常，雪凌弥漫。行乱石窖，越山而下有树木绕路，三十里至崩察木。有塘铺，无人户，道路险阻。下行四十里至小巴冲，有碉房、柴草、头人给役。计程一百里。

小巴冲至巴塘宿。小巴冲顺沟而进上小坡，杂木丛生，陟降三十里出沟口至巴塘。其地沃野千里，水泉环绕，日丽风和，豁人心目。计程三十里。

以上自至途程共计五百四十五里。

巴至察木多路程

巴塘至牛舌尖，牛舌至竹巴笼宿。巴塘西南行，过小山自巴塘递次以至西藏，有醉马草，马食如醉，辄疲乏不能行，经茶树顶，复上大山鸟道，临江势最险要，四十里至牛舌有河可通舟楫，自抵宿处。复沿山行，景物暄丽，道途逶迤。五十里至竹巴笼，天气温暖，有碉房、柴草，驻防塘铺。计程九十里。

竹巴笼至公拉尖，公拉至莽里宿。竹巴笼渡江即金沙江，通蜀之马湖江，四十里至公拉，有柴草、头人给役。由山凹中行三十里，过空子顶，顶有塘铺，山峻亦夹坝出没之区。上下三十里至莽里即莽岭，有人户、柴草，有热傚供给差役凡热傚、碟巴，皆番称头人，换乌拉，计程一百里。

莽里至南墩尖，南墩至古树宿。莽里过龙新山，春冬多积雪，三十里过那木，有碉房、柴草、塘铺，上宁静山，勒有与西藏分界碣石。南行经大山，五十里至南墩，有汉人寺，每年七月巴、察两地客民云集，贸易如内地庙会。过山四十里至古树，有塘铺、人户、柴草。计程一百二十里。

古树至普拉尖，普拉至江卡宿。古树过漫山山路，云雾四垂，间有瘴疠，途次亦复崎岖。四十里至普拉，有人户、平房、柴草，有喇嘛供役，多黑帐房、番民。行漫坡路六十里，至江卡，有碉房、柴草，驻防塘铺。计程一百里。

江卡至山根尖，山根至黎树宿。江卡行四十里过渌河，十里至山根，上大雪山，终年积雪，即盛夏亦凉飔刺骨。复越小山，上下七十里至黎树按：黎树至王卡，通称“恶八站”，有人户、柴草，驻防塘铺，换乌拉。计程一百一十里。

黎树至阿拉塘尖，阿拉塘至石板沟宿。黎树过漫坡，树木环映，五十里至阿拉塘属阿布拉，有人户、柴草，换乌拉，番人颇刁顽不驯。又过小雪山，山高。下迂折六十里至石板沟，有人户、柴草，驻防塘铺，有头人供给差役。计程一百一十里。

石板沟至阿足塘宿。石板沟西南行，过大雪山，寒辉腾耀，射目迷离。上下无可驻足，行人裹粮而前，八十里至阿足塘属乍丫。蛮性虽驯，颇称狡猾，殆亦习俗使然。有驻防塘铺，有头人给役。计程八十里。

阿足塘至歌二塘尖，歌二塘至洛加宗宿。阿足塘漫山二，阿足河一，水势汹涌，五十里至歌二塘。经平川二十里，上山三十里，路最险要。至洛加宗，有塘铺，头人供给乌拉。计程一百里。

洛加宗至俄伦多尖。俄伦多至乍丫宿。洛加宗沿沟而上，傍山行路纡曲，稍平第逼仄，多偏桥。四十里过木桥，至俄伦多，有人户、柴草。复西南行四十里，至乍丫，有寺院，即《会典图》注之“扎雅庙”也。有碉房、柴草，驻防塘铺，换乌拉。此地番民习性桀骜，驾驭亦复不易。计程八十里。

乍丫至雨撒尖，雨撒至昂地宿。乍丫顺沟行，石径蚕丛，道路梗塞。三十五里至雨撒，有人户、柴草。复西行过大雪山，路甚陡险，积雪如银，烟瘴气辄中人作病。上下六十里至昂地，有驻防塘铺，有喇嘛供给乌拉。计程九十五里。

昂地至噶噶尖，噶噶至王卡宿。昂地顺沟行三十里至噶噶，上大雪山，乱石崎岖，积雪层叠，秋涛怒涌。路复曲折，上下行人肌寒起栗，手指皲裂。六十里至王卡，有塘铺、人户、柴草，头人换给乌拉。计程九十里。

王卡至三道桥尖，三道桥至巴贡宿。王卡经热水塘二十里至三道桥，路平又行二十五里，纡折上山，路转峰回，五里至巴贡。有塘铺、柴草，头人供给乌拉。计程五十里。

巴贡至苦弄山尖，苦弄山至包墩宿。巴贡上大山，或降或陟，终日踸踔于荒山中。六十里至苦弄山根，亦名“窟窿山”，以山多石穴，大者如堂如皇；小者如钟如盎如钹。掩映回环，上下行拘析而下，四十里至包墩。有头人供给乌拉。计程一百里。

包墩至猛卜尖，猛卜至察木多宿。包墩沿河行十里，过大山一、小山二，俱偏桥，列如云栈，崎岖难行。上下六十里至猛卜一名孟铺，有碉房、柴草，在山凹之中，沿河临江。复沿河登山行二十里，过大山，有地名“小恩达”，皆木石搭桥，偏桥甚险，窄不可骑行。六十里过四川桥抵察木多即昌都，有土城，居民二百余户。换乌拉。计程一百五十里。

以上自至途程共计一千四百零五里。

察木多至拉里路程

察木多由南河而进，逼仄多偏桥，行者戒马，水复山重，路通各部。番境四十里至俄洛桥，有人户，路稍平。三十五里至浪荡沟，有硐房、柴草，可栖止马。计程七十五里。

浪荡沟至拉贡尖，拉贡至恩达寨宿。浪荡沟二十里过里角塘，进沟上山，由偏桥行，险如前。雪凌滑甚，且有瘴气。八十里至拉贡，有塘铺、硐房、柴草，有头人给役。二十里过松罗桥昌都属，上山四十里至恩达寨，其重役、夫马则类乌齐仓储巴供给。计程一百六十里。

恩达寨至牛粪沟尖，牛粪沟至瓦合寨宿。恩达寨二十里，过恩达塘，有塘铺。二十里过喇贡山，二十里至牛粪沟，二十里过瓦合山，高峻且百折，山上有海子，烟雾迷离，有望竿合周天数矗立于土台之上。如大雪封山时，必藉以为向导过此，戒勿出声，违则冰雹骤至。山之中，鸟兽不栖，四时俱冷，上下逾百里无炊烟。二十里过胳膊梁，下山三十里过瓦合塘，有塘铺。又二十里至瓦合寨，隶类乌齐，有头人供役。计程一百五十里。

瓦合寨至麻利尖，麻利至嘉裕桥宿。瓦合寨西南行四十里至麻利，有硐房、柴草。十里过山，山势高耸，下山绕河而行，偏桥叠见。三十里至嘉裕桥番名“三坝桥”，有硐房、柴草，两山环抱，一水中流，天气暄和，地土饶美，有塘铺。计程八十里。

嘉裕桥至鼻奔山根尖，鼻奔山根至洛隆宗宿。嘉裕桥西南行，上得贡喇山，山势陡峻，上下二十五里，诘屈如蛇形，有松林路，悉险窄，多溜沙地。五里过桥至鼻奔山根，五十里至洛隆宗，有塘铺、硐房、柴草，换乌拉。计程八十里。

洛隆宗至曲齿尖，曲齿至硕般多宿。洛隆宗西南行，经漫坡，上坡山路陡险，九十里过铁凹塘，大山壁立，有塘铺。顺沟而行，路稍平坦，二十里至曲齿又名紫驼，有大喇嘛寺可尖、可宿近新开一路，由东南行，为春夏涨水绕道。五十里至硕般多，居人硐密，物产亦饶，有硐房、柴草、驻防，换乌拉。计程一百六十里。

硕般多至中义沟尖，中义沟至巴里郎宿。硕般多沿沟而上，路平。五十里过巴喇山，势不甚峻，至中义沟山程平坦，五十里至巴里郎，有硐房、柴草、塘铺，头人供给乌拉。但居人寥落，旅况增岑寂马。计程一百里。

巴里郎至索马郎尖，索马郎至拉子宿。巴里郎进沟三十里，上赛瓦合山《通志》作朔马喇山，边风猎猎，乱石皆童。二十五里至索马郎，又四十里至拉子，沿山绕河而行，地多溜沙，足却不前其地，有塘铺，头人给役，柴草价昂。盖山兀地荒致，此不易耳。计程一百里。

拉子至边坝尖，边坝至丹达宿。拉子西南沿山而上，过必达喇山，山路平坦，乱石上下，十里下山路逼仄，河流纵横，水清浅可褰裳而涉，四十里至边坝即达隆宗。有塘铺，二山横跨，四水环襟，为西藏辽阔之区。六十里至丹达，有塘铺、营官寨，碟巴供役换乌拉。计程一百一十里。

丹达至察罗松多尖，察罗松多至郎吉宗宿。丹达之麓，有庙，相传云南某参军解饷过此，殁于王事，屡著灵异，土人祀，马过山者必祷之。十五里上鲁贡喇山，峭壁摩空，中一小沟蜿蜒上下，夏则泥滑，冬则一冰雪槽，行人柱杖鱼贯而进，不能并肩。此赴藏大险地也。三十里下山，五里至察罗松多，五十里至郎吉宗，有碉房、柴草、塘铺，碟巴供给差役。计程一百里。

郎吉宗至大窝尖，大窝至阿兰多宿。郎吉宗一名浪金沟，旷野平原，换乌拉，顺坝而下，有两路：一由山径，路窄险；一由沟行，路稍平，惟夏日水涨，多阻。四十里至大窝塘，有碟巴供给差役，路虽平而侧进若谷。顺河而下五十五里至阿兰多，有塘铺、碉房、柴草，计程九十五里。

阿兰多至破寨子尖，破寨子至甲贡宿。阿兰多西南行，侧身循沟而上，南北俱有偏桥，上山路险窄，行人懔然如坠。三十里至破寨子一名阿兰卡，有横石森如人立，俗名“鹦鹉嘴”，凿以为道，四十里至甲贡属拉里，有柴，无草，有塘铺，碟巴供给差役。计程七十里。

甲贡至大板桥尖，大板桥至多洞宿。甲贡路崎岖，傍山而上下，过小坡，漫衍荒凉，四十里至大板桥，四十里至多洞，人烟寥落，无传舍，有塘铺，凡往来者，即以汛为栖息地。无柴草。计程八十里。

多洞至擦竹卡尖，擦竹卡至拉里宿。多洞塘附近水边，率水浒而上二十里，上大山，山峰峭立，雪凌险滑，视丹达无异。六十里至擦竹卡《通志》作“擦褚卡”，有热水塘，过山凹，中有一湖，约宽七八里，长十余里，冬春冻如平地，行人履之无怖。六十里至拉里，天冷，柴草罕有，有驻防塘铺，堪布供给差役。而乌拉则类乌齐之所供给也。计程一百四十里。

以上自至途程共计一千五百里。

拉里至藏路程

拉里至阿咱尖，阿咱至山湾宿。拉里由沟行，复上大山，危峰耸峙，冰雪四时不消，巉岩海岸，风起雪拥，险滑难行。五十里至阿咱，有塘铺，碟巴供役。再行三十里，有海子，长四十余里，俗传有独角兽，颇为怪。八十里至山湾，有塘铺，少柴草，计程一百六十里。

山湾至常多尖，常多至宁多宿。山湾塘由山湾上卓喇山，峻险难行，约四十余里，多冰雪积，巨石嶙峋。六十里至常多，时常如冬，山皆不毛，有塘铺，居人以树皮为屋，仅数间，炊烟零落属江达，有碟巴供给乌拉。六十里路稍平坦，至宁多有塘铺。计程一百二十里。

宁多至过拉松多尖，过拉松多至江达宿。宁多路平，顺沟而下四十里至过拉松多即王巴境，过桥水潺潺，激百有声，桥以东江达属，四十里至江达地，不甚寒，有驻防塘铺、柴草。计程八十里。

江达至顺达尖，顺达至鹿马岭宿。江达在拉里之西南，凭山依谷，形势险要，有工布碟巴供给差役，沿河而下六十里顺达，有塘铺。沿沟而进，河道分流，林木阴翳，一百里至鹿马岭，有塘铺，山高无险阻，约四十里视前历之冰雪峻嶒，怵心刿目者，居然平易矣。计程一百六十里。

鹿马岭至堆达尖，堆达至乌苏江宿。鹿马岭进沟而上下，约四十里山路坦夷，微有瘴疠番称“蒲葛仓”，寒风凛冽，无盛暑。八十里至堆达一名氇氇仓，有塘铺，烟火寥落，柴草亦稀。顺河绕沟而下，过竹贡六十里至乌苏江，路俱平坦，有塘铺，小碟巴支应柴草、牛羊，去卫藏佛国较近，别开奇境矣。计程一百八十里按此站道路过远，有即堆达住宿。

乌苏江至仁进里尖，仁进里至墨竹工卡宿。乌苏江水势平缓，顺河西行，僻处一隅，而程途坦夷，迥异前险。六十里至仁进里在喇嘛寺尖，行者如马牛，口瘁至此，可憩息焉。由东北而上七十里，至墨竹工卡，有塘铺，碟巴供役。计程一百三十里。

墨竹工卡至拉木尖，拉木至德庆宿。墨竹工卡正北接察木多草地之路，其水向西流至藏，即藏河也。水驿有支船，四十里至拉木一名纳磨，有房舍，柴草稀少，寺院幽厂，人稠地广。绕河而下五十里，过占达塘，复西行三十里，至德庆。计程一百二十里。

德庆至蔡里尖，蔡里至西藏宿。德庆其地多候馆，往来者恒栖止之。路旁有塘铺，绕道而下四十里，至蔡里一作“平里”。俗传即《西游真诠》所记之高老庄，有碟巴供役、柴草。与西藏隔一水，二十里抵藏，有驻防在藏之北，名“三珠刚”。又其地西，山环峙，俨若城垣，水秀山奇，宛然福地。计程六十里。

以上自至途程共计一千零十里。

按：《西藏道里考》之通志并采《鱼通纪略》及《西涉便览》各书，其间参差互易，大约边徼遐荒，非耳目所易悉。凡尖宿地，有各因人栖止，适中而记之。仍详咨熟历其途者，故不稍事忽略，亦不遂为确凭，留待于役者援图省方，或不迷于所住欤。

附 录

泰宁惠远寺碑文

曙色欢欣动列屯，西南蜀国共朝元。

滴酥熬芋充供奉，宣往还分柏叶樽。

雍正乙卯元旦果亲王奉使泰宁作

四川雅州府知府张桂敬奉刊石

王谕惠远庙奉

旨赏赐达赖喇嘛弟子七十余人居住焚修。凡有拜佛、熬茶布施番人，勿得禁止，仍照从前可也。

雍正十三年二月初二日

御制惠远庙碑文

我国家受天眷命，抚御寰瀛，光被四表，莫不遵（尊）亲。

太宗文皇帝崇德七年，班禅额尔德尼、达赖喇嘛知东土有圣人，遣使通款，路涉万里，时经数载，始达盛京。逮世祖章皇帝时，遂亲至京师朝觐，备蒙恩眷。后以策妄阿喇蒲坦肆恶逞奸，残踪（蹂）西藏。皇考圣祖仁皇帝特遣大师，计日平定，抚绥人众，各复生业。赐令胡毕尔汗册印封号，安置禅榻，重兴黄教，用以慰番众皈依佛法之诚。并酬班禅、达赖喇嘛累世恭顺之悃也。朕御极［以来］，加意护持，俾安净土。因思古今之有佛教，特以劝善惩恶、济人觉世为本。黄教之传，所以惟广佛经之旨也，演教之地愈多，则佛法之流布愈广，而番彝之向善者益众。西藏既有班禅额尔德尼，而近边之番彝，离藏遥远，皆有皈依佛法之心，因思川省打箭炉之外有地曰“噶达”，昔年达赖喇嘛曾驻锡于此，爰相度川原，创建庙宇，发帑金数十万两，遣官董司工役，而仿西方白赖本佛庙之图式，凡为殿堂、楼房一千余间，又为平房四百间。赐额曰“惠远”。丹雘辉煌，器用充备，置兵以卫之。达赖喇嘛来登禅榻，率诸徒众咸就新居，诸番耆幼，踊跃欣喜。臣奏言：“彼土早寒，自造寺以来，气候和暖，深秋未冻，则知兹寺之建，人神胥庆，山川著灵。”朕所以仰体皇考厚酬达赖喇嘛累世恭顺之忱，且以广布黄教，宣讲经典，使番彝道俗，崇法慕义，亿万斯年，永跻仁寿之域，则于佐助王化，实有裨益。是用纪文竖碑，以昭示久［远焉］。

雍正九年四月初五日

泰宁惠远寺碑记

乙丑。夏。里塘夷务善后事竣奉命督师剿办瞻匪，新秋过噶达汛，驻军泰宁，敕建惠远寺。仰瞻御制碑文，知寺之建。昔年，达赖喇嘛曾驻锡于此，朝廷酬达赖喇嘛累世恭顺之忱，相度山川，发帑金数十万遣官董司工役，为殿宇楼房共一千余间，赐额曰“惠远”，置兵卫之。达赖喇嘛率诸徒众，咸就新居，广布黄教，宣讲经典，使番夷通俗，崇法慕义。雍正乙卯年，果亲王尚奉使至此，典至巨也。溯查乾隆朝，下瞻对为患，即劳王师，及嘉庆朝又经川省督提剿办。罗布七力带其子工布朗结先期逃遁，仅焚其寨落。至道光年间，罗布七力之子工布朗结为患，仍据中占（瞻）对，又侵占上、下占（瞻）对，各土司共同清剿，阁督部堂琦使善亲统汉、土官兵直抵该酋老巢，该酋被剿，穷蹙乞恩投诚。因予以自新之路，奏赏六品长官司。该酋挟各土司之嫌，寻衅报复。其时各土司心力不齐，未知唇亡齿寒之害。惟麻书土司力与之敌，其余如孔撒、章谷土司暗以金银贿赂，以求无事。各土司得力头人又为工布朗结暗中勾结，归降不数年，将霍耳五家一带据为已有。该酋惟取狡黠，即遣官理，旋结旋翻。各土司力不能支，分头远避。近年，复侵占德格，将土妇母子羁留占（瞻）对夷寨，侵夺灵葱拉妥土司地面，扰及金川、绰斯甲、俊松三处，西宁所属迭木其二十五族藏属察木多、乍丫等处，围攻里塘，烧毁台站。此时，亦时为所侵扰。时值川中内地用兵，不能筹拨兵饷，康迭次奉旨驰赴炉城，妥筹办理。驻炉年余，仅将大路疏通，安设台站，委弁添兵，保护此寺，并将明正土司与占（瞻）酋之案理结，永远息争。其后各土司俱遵上年密示机宜，披质之夷相率反正，适藏兵正防本境，反正各夷力请相助，遂直抵中占（瞻）对夷巢，相持数月，攻之不克。康又奉廷寄藏兵如尚可会同将各土司之案办结，再行撤退，康力陈利害。现当藏兵正在得手，未可遽撤。惟有川中助其声威，此收事半功倍之效。将军制□据情会奏，并准添兵驰赴占（瞻）境督剿。发运大炮、药铅，于是委派文、武各员授以机宜，分饬藏中带兵番官及汉、土官兵，相机进攻下占（瞻）对。旬日之间，已将夷寨围困，断其水道，攻破夷寨，生擒占（瞻）首次子东登工布并其妻妾、子女，地土、人民全行收复。其中占

（瞻）对虽迭获胜仗，但老巢坚固，非能力破。遂单骑由夷地捷道驰至中占（瞻）对境，边听调官兵、炮弹俱至，随密示火攻之法，迅饬各营夷寨下聚薪，暗挖地道，安设地雷，复令用火弹、火药烧其楼房，连朝霁□易为引火。八月初一日，将新、旧夷寨焚烧。老酋率二子扑火而亡，余孽悉数生擒。是役也，仰赖我皇上洪福。奉檄一月将一百二十余家巨患荡除尽净，未留遗孽。而达赖喇嘛派兵远来，输饷数十万，始能成此大功。其急公报主之忱，尤不可无所表者。从此西疆万里，永靖边陲。凯撤重过惠远寺，堪布、喇嘛以历年受占（瞻）对之害，寺中规章紊乱，请为严加整定，俾专心唪经，邀免力役。因为查明向例，给予断牌，使各土司差役不准索诸寺中支应。每岁应领之款并饬地方官随时发给。恐时久无所考证，因爰笔详记其事，而为惠远寺永远之规云尔。

同治四年九月朔日督办川藏夷务盐运使衔

四川候补班前补用道宛平史致康撰并书

禁种烟示

全衔王为禁种洋烟，永除患害，而图富强，剀切晓谕事。照得洋烟流毒为祸极深，愚贱无知，既嗜且种，见利忘害，贫弱随之。每念及斯，殊堪恻悯。现奉上谕，严行禁革。大宪认真举办，急宜痛除痼癖，力挽颓风。

故本县不惮舌敝唇焦，编为演说，敷陈其弊，又复制凡设局遍发乡场，使断瘾有资然戒者虽实烦有徒究非拔本塞源之计。今再详其害，为尔等反复言之：多种洋烟侵占地亩，一遇干旱毫无盖藏，其害一；种广吸多，人皆有瘾，伤脑及脏，大碍卫生，其害二；佣工、贩夫，日获有限，财为烟耗，事蓄无资，其害三；父、兄吸烟，子弟效尤，甘入迷途，莫能约束，其害四；夫吸妇随，精血衰弱，子嗣难育，育亦不强，其害五；吸烟贪眠，起辄过午，勤俭全失，立见家倾，其害六；开灯酬应，男女不分，俗堕风偷，道丧廉耻，其害七；家有烟膏，取携甚便，气愤吞服，易致轻生，其害八。

本县目击心伤，万难坐视。因念吸之者众，由于种之者多，欲禁其吸，先禁其种。此锄恶务尽之义，亦简当不易之方。况本县为尔等整顿棉桑，讲求种植，设学堂以研究农业，购机器以试行纺纱，果能人人究心，何难利源日辟？若论树艺，视土所宜，或种杂粮；或播黍稷；或植果木；或树桑麻，其利无涯。当穷地力，岂离土药，遽失利权？试念洋烟未行之初，中土不乏素封之户，盖五谷蕃熟，仓箱自盈。凡物皆养人之资，洋烟独戕生之品，与其违禁，以取咎何，如遵示以改良，合行示谕，为此示仰县属诸色人等，一体知悉：自示之后，尔等勿论自业、佃业，山田、水田，当详辨三壤之宜，广为百物之种，勿贪微利，再种洋烟。倘言之谆谆，听之藐藐，则是心甘鸩毒，自外生成。法固不容，情亦难恕。本县调查最密，不时下乡，一有见闻，立予严究。人必责饬，烟必芟夷。言出法随，决不宽宥。其各凛遵勿违！

特示！

附录

渔通问俗

清代《渔通问俗》，共一卷，凡2100余字，原书注作者“阙名”（佚名），为今所见专记打箭炉较早的一部历史古籍。

本书全录如下。焦虎三点校，文中○○为原书避讳，[] 为点校者勘误。

渔通者，古国名地，距蜀省会之西南千里，附近有城，曰“打箭炉”，即今西藏出入咽喉。

计由蜀晋藏应经道路，出省南关两站至临邛，又两站至雅州。州为建南观察驻节之所。沿途小山排闼，不碍行程。再前度金鸡关，越佛鸦岭，下岭至荥经县界，而山川景物豁然一新，瞩目间即见万峰环拱，千涧奔流，湿云封树。旭日晦光间，路则山腰峻绝，一线羊肠。乘舆则辕首高瞻，双牵马勒度小关山，越大相岭。过绝顶，宜肃静，或稍喧噪即有黑云一片旋转而来，如卵冰雹当头坠打。岭下忽开平阳，地形似龟就而砌城，即清溪县也。

由山麓分道，左则穿城达建昌镇，归宁远府属；右从牛市坡进西藏六站。至泸定桥，以铁索为之，上铺薄板，长百丈余，悬空高数百丈。下即泸水，昔武乡侯所渡者也。建昌接壤边陲，四种番夷错居：曰“苗”，曰“猺”，曰“猓”，曰“狢”，率皆穴处。渔通则统一为“蛮僧”，为“喇嘛”。建南所属横直千余里，惟建昌产稻谷，其他则只产苞谷，即芊麦也。

过泸定桥一站，地名“瓦司沟”，为渔通口径。山皆产金矿，芽长茁者为飞瀑冲断，或如瓜子，或如莞豆，流入溪涧石畔。渔通娃拾之亦知货售，故吴、楚金客旅于此处，专收细金。约有数十字号长年业此，获利颇厚。

再一站始抵炉城，距后藏尚有八十余站。内止一径可通滇省，城内居民大半“蛮子”，然喇嘛之数倍于俗人。天气有寒无暑，年如二八月，四季均有雪至。巳午便起罡风，摇山撼屋，四围皆山，林木最少，高下秃然。盖炉城本为蛮烟瘴雨之乡，自我朝归化后，皇上深仁厚泽，恩普四裔，柔远之道，无微不至。特设驻藏大臣、帮办大臣，督同番王、土官绥辑治各台站，要隘设同知一员，与土司分理民事。更设防营、丁勇，核其地面之繁简，驻札武弁，协同巡守，三年一更换。台站人员因公往来，络绎不绝。昔时偏僻之地，今日遂为冲要之区矣。

此处土产最富实，货亦多。上则珊瑚、玛瑙、鹿茸、麝香、虫草、贝母、琥珀、牛黄、沉香、阿魏、桑寄生、老鹳草；次则狐羊皮、猞猁狲、藏片绸段[缎]、毡毯等类。沿山均产金、银，蛮王向禁开矿。自设汉官化导而后，风俗渐改，应接多礼。所在土官职皆世袭，按所辖万、千、百户以分，大小佥由中国大皇帝谕旨册封。

民间贫富以畜牛多寡论。饮食以牛、羊乳煎提精华，炖成酥油。傍山自种短穗、胡麦，和面为剂，命名曰“糌粑”。勿论贵贱僧俗，悉以此二物为养身之需。余惟嗜酒，喜鼻烟。每炖酥油，非用中国所产之茶不可。故雅州六属之茶专销西藏。数有额引，六属别无土产，亦专藉茶务以养民生。然蛮、汉交易界以炉城为止。近时人烟稠密，渐习繁华者，实因互市之故也。按：茶务一宗，照引收税，每年约有十余万金之多。向以此金拨充台站饷需。城以内，另设百货厘卡，归地方官督收，为数亦巨。

驻炉官员协镇一，都司一，城守二，抚民同知一，照磨一，茶课委员一。蛮官明正土司一，红顶花翎，朝靴蟒服，衙署壮丽，近与汉官抗礼，治下有头人二，即渠耳目之官。例无生杀之权，小罪罚牛数头；大罪责杖数百；极恶不赦，即以□杖毙之。

男蛮身躯高大，官窍昂藏，左耳坠金环，如斗大，下络珊瑚珠一，重约二两有奇。发辫盘头以五色宝石，琢成大珠球，凿眼于中，贯十余枚于辫根，项际挂顶大珊瑚一串，披无面老羊裘，四围巾底用虎豹皮缠之，足登红色皮靴；蛮女则身材窈窕，多妍少媸，语音如惊燕，媚态可人，不椎髻，不裹足，发分双辫扎以彩绳。披衩衫，腰支纤细，足下靴堆云蝴蝶等。花衣料均驼羊□毛织成，不拘男女，喇嘛俱不着袴。风俗贵女贱男，男子司抚婴、守户、理炊各事，女子能操汉音握筹，日出与商贾交易，颖敏过于男子。所居之舍，名曰“锅庄”。栖止惟在楼上，其楼下则多荒敝，用以饲牛、犬，堆粗货而已。炉城四十八家均如中华之客栈，出藏蛮子均以牦牛驮其土产、宝货至炉，即藉各锅庄而居停焉，锅庄主人经纪互市，藏货售资，大半购茶，主人按例抽用，颇类牙行。然每货抵炉，先向厘关照章纳税。使用铜钱最稀，尚男女图花边银洋，大者□三钱二分；次一钱六、一钱二至八分、四分为□；余则散银。城以内所驻商贾□惟秦、晋两帮最夥，其久历该处，能操番语者亦众。一切服、食、器用皆仰给于内地，非藉□足夫背负肩揹，爬山越岭不能运至。米珠薪桂，不言可知矣。

炉城三门，向无北关。穿城一涧，南北通流，水声汹汹，昼夜聒耳。附近山麓多产硃砂、雄黄、虫草、贝母等药。数处温泉。但逢月夜，蛮家不分男女，往浴其中，名曰“泡水”。并挈所欢，汉人同浴不禁。有“笑贫不笑淫”俗习。今虽粗学汉人婚嫁之礼，而野合宵奔者仍复不少。

其性好佛，无论男女长幼，行止坐卧，其口中“咕咕噜噜”，不少休息，是为“唪经”。城内有大、小喇嘛寺各一。大者容三四千僧，小者一千余僧。寺建殿宇四五重，高大壮观，铸大小铜佛各千百列龛供奉。每重建层楼，排斗室如蜂房。一室容一僧，与今之火轮船舱差等。经梵皆番字，无卷帙，以黄纱布刊印，叠单张高数寸，夹以檀木板，捆成轴。经架满殿宇，布藏数目不可核计，“恒河沙”借喻也。① 值佛诞会期，开寺跳神。山门外平地宽逾百亩园地有坐楼，中竖幡竿挂龙、凤幢□，缚佛牌［牌］于上。万千僧众均用各禽兽假面具、笼首服，云帔霞裳，风带飘飖，按部伍立，手执麈尾。中设筐，大扁鼓数百面。以乙字锤击扣杂铜鼓数面，肩抬丈长铜筩一对，以大力僧吹之，声如鹤唳，鼓声相应，皆能中节，毫不紊乱。僧听鼓动，群舞如一盘旋。膜拜口宣佛号，其音难辨何辞。小喇嘛百余，尽装虎、豹、麋、鹿等形，两手贴地代足。征逐场面，肖像如生。至夜燃酥油灯数千盏，辉煌燦目。以糌粑面掐各种佛像，络金花架代龛供坐楼一周。先期即请合城官员安座，楼中布素筵享客。命妇夫人另设专座，垂帘而观。诚胜会也！会竣，报以金钱，主僧则怒形于色；赏以茶包，则喜谢不遑。

习俗民间生子数多者，例以一子承禋祀，以一子赴土司衙门当差，其余尽驱入寺剃度披缁矣。所谓“僧倍于俗”，盖由此也。

按道里行程，由炉起马四十里外，地敞风劲，迎面高峰，粉妆玉琢，名曰“遮多”［折多］。山下坚冰四时不解，颇碍行旅。山为积雪凝结而成，年复一

---

① “恒河沙”为佛教用语，喻极多之数。《金刚般若波罗蜜经》云：“须菩提，如恒河中所有沙数，如是沙等恒河。于意云何？是诸恒河沙，宁为多不？”

年，倍增高大。虽距炉城一站，宛然屏障焉。由渐而进，蛮皆洞居，旅无传舍，入藏官民必携牛皮帐棚，按站野宿。凡值日地、巴塘、章谷、里塘、木坪、倬司甲、哈尔巴、瞻对、察木眵［多］各台站，始有城垣，官府板屋，直至后藏活佛所居之地。驻藏大臣驻节于此，则风景大异，土产亦饶，百谷、百果咸备，起居、饮食亦均安善，不似沿途瘠苦矣。

参考资料

一、古籍

［明］陈子龙辑．明经世文编［M］．明崇祯平露堂刻本．

［清］方积．敬恕堂诗存［M］．清嘉庆十九年刻本．

［清］孙士毅．百一山房诗集［M］．清嘉庆二十一年刻本．

［清］徐长发．徐玉崖集［M］．清嘉庆间刻本．

二、专著

［法］加斯东·巴什拉．水与梦——论物质的想象［M］．顾嘉琛，译．长沙：岳麓书社，2005．

［法］米歇尔·福柯．知识考古学［M］．谢强，马月，译．北京：生活·读书·新知三联书店，2003．

甘肃省档案馆，中国藏学研究中心．甘肃省所存西藏和藏事档案史料目录1412—1949年［M］．北京：中国藏学出版社，1997．

高平．清人咏藏诗词选注［M］．北京：中国藏学出版社，2004．

龚伯勋，郭昌平．康定古今诗词选［M］．北京：中央民族大学出版社，2014．

郭卿友．民国藏事通鉴［M］．北京：中国藏学出版社，2008．

胡文和．西南石窟文献［M］．兰州：兰州大学出版社，2003．

蒋文中．茶马古道文献考释［M］．昆明：云南人民出版社，2013．

焦虎三，仲昭铭．扎坝藏族文史调查与研究辑要［M］．成都：西南交通大学出版社，2017.

焦虎三，焦好雨. 茶马古道“锅庄文化”文史调查与研究辑要［M］. 成都：西南交通大学出版社，2019.

雷梦水，潘超，孙忠铨，等. 中华竹枝词［M］. 北京：北京古籍出版社，1997.

亮炯·朗萨. 恢宏千年茶马古道［M］. 北京：中国旅游出版社，2004.

林超民，张学君，王水乔. 西南稀见方志文献［M］. 兰州：兰州大学出版社，2003.

刘凤强. 清代藏学历史文献研究［M］. 北京：人民出版社，2015.

刘赞廷著，四川省地方志编纂委员会编. 刘赞廷康区36部图志点校（上下）［M］. 成都：四川民族出版社，2017.

罗二虎. 西南考古文献［M］. 兰州：兰州大学出版社，2003.

骆小所. 西南民俗文献［M］. 兰州：兰州大学出版社，2003.

马大正. 民国边政史料汇编［M］. 北京：国家图书馆出版社，2009.

马大正. 民国边政史料续编［M］. 北京：国家图书馆出版社，2010.

［民国］刘虎如. 青海西康两省［M］. 北京：商务印书馆，1933.

木霁弘，陈保亚，等. 滇藏川“大三角”文化探秘［M］. 昆明：云南大学出版社，1992.

［清］鹿传霖. 筹瞻奏稿［M］. 北京：全国图书馆文献缩微复制中心，1992.

［清］孟保. 西藏奏疏［M］. 北京：全国图书馆文献缩微复制中心，1992.

青海省档案馆，中国藏学研究中心. 青海省档案馆所存西藏和藏事档案史料目录1724—1949［M］. 北京：中国藏学出版社，2002.

丘良壬，潘超，孙忠铨，等. 中华竹枝词全编［M］. 北京：北京出版社，2007.

［清］松溎，桂丰. 松溎桂丰奏稿［M］. 北京：全国图书馆文献缩微复制中心，1992.

［清］松筠. 镇抚事宜［M］. 北京：全国图书馆文献缩微复制中心，1991.

［清］温达. 亲征平定朔漠方略（上下）［M］. 北京：中国藏学出版社，1994.

［清］锡良．锡良遗稿奏稿［M］．北京：中华书局，1959．

［清］有泰．有泰驻藏日记［M］．北京：全国图书馆文献缩微复制中心，1991．

［清］姚莹．康辅纪行［M］．北京：全国图书馆文献缩微复制中心，1992．

［清］张其勤原稿，吴丰培增辑．清代藏事辑要［M］．拉萨：西藏人民出版社，1983．

［清］郑栖山编纂，张羽新校注．平定两金川军需例案［M］．北京：全国图书馆文献缩微复制中心，1991．

四川省档案馆，四川民族研究所．近代康区档案资料选编［M］．成都：四川大学出版社，1990．

四川省档案馆，中国藏学研究中心．四川省所存西藏和藏事档案史料目录1388—1949［M］．北京：中国藏学出版社，2000．

四川省地方志编纂委员会．四川历代旧志提要［M］．成都：四川科学技术出版社，2012．

四川省民族研究所．清末川滇边务档案史料（全三册）［M］．北京：中华书局，1989．

孙喆，王江．边疆、民族、国家——《禹贡》半月刊与20世纪30—40年代的中国边疆研究［M］．北京：中国人民大学出版社，2013．

孙杰．竹枝词发展史［M］．上海：上海人民出版社，2014．

王川．西康地区近代社会研究［M］．北京：人民出版社，2009．

吴丰培．联豫驻藏奏稿［M］．拉萨：西藏人民出版社，1979．

吴丰培．豫师青海奏稿［M］．西宁：青海人民出版社，1981．

吴丰培．赵尔丰川边奏牍［M］．成都：四川民族出版社，1984．

吴丰培．川藏游踪汇编［M］．成都：四川民族出版社，1985．

吴丰培．景纹驻藏奏稿［M］．成都：四川民族出版社，1986．

吴丰培，曾国庆：清朝驻藏大臣制度的建立与沿革［M］．北京：中国藏学出版社，1989．

吴丰培．清代藏事奏牍［M］．北京：中国藏学出版社，1994．

吴燕绍．西藏史大纲［M］．北京：全国图书馆文献缩微复制中心，1993．

徐希平，田耕宇．西南文学文献［M］．兰州：兰州大学出版社，2003．

杨长虹. 凤全家书笺证［M］. 北京：民族出版社，2012.

姚乐野.《康藏前锋》《康藏研究月刊》《康导月刊》校勘影印全本［M］. 成都：四川大学出版社，2011.

张羽新. 清朝治藏法规全编［M］. 北京：学苑出版社，2002.

张羽新. 中国西藏及甘青川滇藏区方志汇编［M］. 北京：学苑出版社，2003.

张羽新. 清代治藏要论［M］. 北京：中国藏学出版社，2004.

张羽新，张双志. 民国藏事史料汇编［M］. 北京：学苑出版社，2005.

张羽新. 唐宋元明清藏事史料汇编［M］. 北京：学苑出版社，2009.

赵心愚，秦和平. 清季民国康区藏族文献辑要［M］. 成都：四川民族出版社，2003.

赵心愚，秦和平. 康区藏族社会历史调查资料辑要［M］. 成都：四川民族出版社，2004.

赵心愚，秦和平，王川. 康区藏族社会珍稀资料辑要［M］. 成都：巴蜀书社，2006.

赵心愚. 清代西藏方志研究［M］. 北京：商务印书馆，2016.

赵宗福. 历代咏青诗选［M］. 西宁：青海人民出版社，1986.

赵宗福. 历代咏藏诗选［M］. 拉萨：西藏人民出版社，1987.

中国第一历史档案馆. 康熙起居注［M］. 北京：中华书局，1984.

中国第一历史档案馆，中国藏学研究中心. 中国第一历史档案馆所存西藏和藏事档案目录（汉文部分）［M］. 北京：中国藏学出版社，2000.

中国藏学研究中心，迪庆藏族自治州人民政府. 云南省迪庆藏族自治州所存西藏和藏事档案史料目录 1738—1949［M］. 北京：中国藏学出版社，2002.

中国民族图书馆. 民国时期西康资料汇编［M］. 北京：国家图书馆出版社，2018.

钟廷栋. 西康省财政概况［M］. 康定：西康省政府财政厅，1940.

三、工具书

陈宗懋. 中国茶叶大辞典［M］. 北京：中国轻工业出版社，2000.

丹珠昂奔，周润年，莫福山，等. 藏族大辞典［M］. 兰州：甘肃人民出版社，2003.

王尧，陈庆英．西藏历史文化辞典［M］．杭州：浙江人民出版社，1998.

谢启晃，李双剑，丹珠昂奔．藏族传统文化辞典［M］．兰州：甘肃人民出版社，1993.

四、论文

阿贵．西藏大学藏文文献数据库建设及其意义［J］．西藏科技，2017（3）.

艾金勇．藏学文献特色数据库建设实践［J］．智能计算机与应用，2016（4）.

边吉．中国藏学研究新硕果——《唐宋元明清藏事史料汇编》评介［J］．中国藏学，2008（4）.

陈庆英，杨洁．评《清代藏学历史文献研究》［J］．西藏研究，2018（1）.

陈世莉．论贵州省少数民族古籍数字化建设［J］．贵图学刊，2014（4）.

陈一石．清代瞻对事件在藏族地区的历史地位与影响（一）［J］．西藏研究，1986（1）.

金飞．南路边茶与康藏［J］．新西康，1938（2）.

李安陆．西藏风俗记［J］．地学杂志，1912（11、12）.

李仲楹．试论交通运输在民族地区发展战略中的地位［J］．中央民族学院学报，1984（3）.

林荣贵．《中国边疆图籍录》简介［J］．中国边疆史地研究导报，1989（6）.

吕桂珍．藏学文献及藏学文献学刍议［J］．西藏民族学院学报：哲学社会科学版，1993（2）.

李剑虹．十九世纪中后期西藏史地研究探讨［J］．西藏研究，1997（4）.

凌立，曾义．论康巴文化资源与馆藏数字化建设［J］．四川民族学院学报，2013（2）.

李子．关于西藏高校图书馆藏学文献资源建设的实践与思考［J］．新世纪图书馆，2013（5）.

龙肖毅．茶马古道25年研究文献回顾与评述［J］．大理大学学报，2017（11）.

刘立云．从“玉石之路”到“茶马古道”：论丝绸之路青海道的演变及其意义［J］. 西藏研究，2018（1）.

罗绍明，郎维伟. 民国政府处理涉藏事件的经验与教训［J］. 西藏研究，2018（1）.

凌文锋，罗招武，木霁弘. 茶马古道研究综述［J］. 云南社会科学，2018（3）.

李林澳，夏南强. 2008—2017 年我国典籍数字化研究综述［J］. 图书馆理论与实践，2019（11）.

马天祥. 清代西藏方志整理现状与走向［J］. 中国图书评论，2017（8）.

彭措.《中国少数民族古籍集成》内容介绍［J］. 高校社科信息，2003（5）.

任力. 清代前期治疆治藏方略［J］. 中国军事科学，2001（2）.

苏日娜. 蒙古文古籍文献数字化建设探析［J］. 图书情报工作，2012（S2）.

王宝红.《清人咏藏诗词选注》注释商榷［J］. 西藏民族学院学报：哲学社会科学版，2011（5）.

王宝红. 清代藏学汉文文献与大型语文辞书的编纂［J］. 贺州学院学报，2014（1）.

王川.《康藏前锋》《康藏研究月刊》《康导月刊》校勘影印全本刍议［J］. 西藏民族学院学报：哲学社会科学版，2015（2）.

王川. 40 年来近现代康藏汉文史料的整理与研究［J］. 四川师范大学学报：社会科学版，2019，232（1）.

王辉斌. 清代描写少数民族竹枝词述论［J］. 南都学坛（人文社会科学学报），2012（3）.

王启龙. 百年来汉藏关系史研究及相关问题［J］. 西南民族大学学报：人文社会科学版，2016（2）.

喜饶尼玛，马睿. 近代边疆史研究中不可或缺的特殊史料——以涉藏日记研究为中心［J］. 西藏大学学报：社会科学版，2019（2）.

于素香. 咏藏诗研究述略［J］. 语文教学通讯，2018（3）.

张保见. 近十余年来青藏高原历史地理研究综述——民族、文化、地名、文献部分［J］. 康定民族师范高等专科学校学报，2005（3）.

赵梅春. 民国时期少数民族社会历史调查与文献整理研究述论［J］. 郑州

大学学报：哲学社会科学版，2018（5）.

赵心愚．乾隆《打箭炉志略》著者及资料来源考［J］．西南民族大学学报：人文社科版，2003（9）.

赵心愚，秦和平．关于康区藏族论著索引及文献辑录的历史考索［J］．中国藏学，2003（4）.

朱士嘉．清代地方志的史料价值（上）［J］．文史知识，1983（3）.

周余姣．“图写边疆”——邓衍林《中国边疆图籍录》研究［J］．国家图书馆学刊，2018（3）.

五、报纸

大力提高我国自然灾害防治能力 全面启动川藏铁路规划建设［N］．人民日报，2018－10－11（1）.

王伟光．盛世修志助力中国梦［N］．人民日报，2015－09－10（10）.

晓勇．西藏图书馆数字文化资源建设成果丰硕［N］．西藏日报，2017－07－04（1）.

新华社．习近平：胸怀大局把握大势着眼大事 努力把宣传思想工作做得更好［N］．人民日报，2013－08－21（1）.

新华社．举旗帜聚民心育新人兴文化展形象 更好完成新形势下宣传思想工作使命任务［N］．人民日报，2018－08－23（1）.

历史在它该在的地方

法国学者加斯东·巴什拉（Gaston Bachelard，1884—1962 年）在《水与梦——论物质的想象》一书中，论述了物质想象的过程，当他将物质视为“一种需要土地和天空、实质和形式的植物”① 时，已将人类的文化与历史形象化了。在书中，他将人类历史的足迹也同样视为“一种需要土地和天空、实质和形式的植物”。而历史的“形象化”，在米歇尔·福柯（Michel Foucault，1926—1984 年）看来正是历史“物质化”的过程。

> 就其传统形式而言，历史从事于“记录”过去的重大遗迹，把它们转变为文献，并使这些印迹说话，而这些印迹本身常常是吐露不出任何东西的，或者它们无声地讲述着与它们所讲的是风马牛不相及的事情。在今天，历史则将文献转变成重大遗迹，并且在那些人们曾辨别前人遗留印迹的地方，在人们试图辨认这些印迹曾经是什么样的地方，历史便展示出大量的素材以供人们区分、组合、寻找合理性、建立联系，构成整体。②

在一些学者看来，“知识考古学”最大的贡献，就在于把寻觅的眼光变为了挖掘的铲子，把书写的工具变为了抹除尘土的毛刷。从知识的考古到历史的背负，所有的历史学家都从旁观者成为时空的穿越者。借用罗兰·巴特（Roland Barthes，1915—1980 年）的符号理论，我们也可以将之视为一种

---

① ［法］加斯东·巴什拉：《水与梦——论物质的想象》，顾嘉琛译，岳麓书社，2005 年，第 3 页。

② ［法］米歇尔·福柯：《知识考古学》，谢强、马月译，生活·读书·新知三联书店，2003 年，第 6 页。

“呈现的风格”，所有它的面对者都是“读者的文本”（readerly text）。

横跨千年、纵横万里的“川藏茶马古道”，至今仍蜿蜒在高耸的山岭与幽深的峡谷之中，但它的历史，已被冰雪凝固于彼岸，已被山风吹逝于过往。它的历史，在一瓣细嫩的茶芽上萌发，被人的脊梁与牦牛的驮背跋山涉水运送至天涯海角；它的历史，每天在行走中变得沧桑，每天在行走中变得厚重。现在，它安静下来，在崇山峻岭与澎湃江河的围绕下，回到了它起始前的寂静，回归到它该在的故园。就历史自身而言，“川藏茶马古道”从未消失，现在，它只是回归于它该在的地方。而它往昔的身影，仍行走在“历史风格”的博物园地，呈现于“历史文本”的阅览书柜。

本书付梓之际，我们首先要感谢“川藏茶马古道文献集成工程编委会”全体同仁，他们为本书的研究与顺利出版提供了大力的支持与帮助；感谢四川大学出版社的编辑老师，正是由于他们的努力，是书才得以从书斋走向社会；感谢四川省社会科学重点研究基地康巴文化研究中心将本书列为2020年重点项目（编号：KBYJ2020A004）。康巴文化研究中心一直扎根康巴大地，注重基础研究和应用研究的双结合，以关注康巴地区民族文化，促进地方优秀传统文化的保护、传承与创新性发展为己任，推出了不少在省内乃至全国有代表性的科研成果，本书能入选其中，我们倍感荣幸。西南科技大学外国语学院及“四川历史文化故事普及基地”多年来一直以“围绕中华文化圈层讲好中国故事”的思路，以内为主、中外融通，立足四川，辐射西南，致力于扩大四川历史、文化在国内外的影响力，要感谢该基地将本书列入四川历史文化故事普及基地2021年项目；感谢四川文化艺术学院将本书列为2020年重点项目，这一切鼓励和关心让我们心怀感恩。我们还要感谢龚珍旭、蒋秀英、任新建、李旭、孙前、曾雪玫、陈书谦、周安勇、高富华等茶马古道研究专家、学者对我们工作的支持和帮助。

由于梳理、搜集茶马古道历史文献工程浩大，加上我们学识有限，可能挂一漏万，不足之处万望学界批评指正。

我们编著此书时，正值非常时期，病毒肆虐，祸及苍生。遥想百年之前，康藏乃逐客之地，道艰路险，冰坚水寒；瘴疠四垂，缺衣少食。然报国之人，前仆后继；启山林者，筚路蓝缕。百年光阴，弹指而逝。吾之中华，屹立东方，恢宏千年，从古至今，焉缺请命之士，焉少奋勇之魂?！故今众志成城，战疫必胜。感时而发，赘述几言，以作后记。

本书编者

2020 年 2 月 20 日于成都